昭和十八（一九四三）	ガダルカナル島奪取《だっしゅ》される	学徒出陣《がくとしゅつじん》はじまる	伊《い》が無条件降伏《むじょうけんこうふく》、カイロ会談
昭和十九（一九四四）	特攻隊出撃《とっこうたいしゅつげき》はじまる	学童疎開《そかい》はじまる	ノルマンディー上陸作戦
昭和二十（一九四五）	原爆《げんばく》投下、ポツダム宣言受諾《せんげんじゅだく》	ラジオでの天皇《てんのう》放送	ヤルタ会談、独《どく》が降伏《こうふく》

太平洋戦争終戦

戦後

昭和二十（一九四五）	GHQの占領政策《せんりょうせいさく》はじまる	闇市《やみいち》が各地に登場	国際連合《こくさいれんごう》成立
昭和二十一（一九四六）	日本国憲法公布《けんぽうこうふ》	ソ連、中国からの引揚者《ひきあげしゃ》ぞくぞく	チャーチル「鉄のカーテン」演説《えんぜつ》
昭和二十三（一九四八）	東京裁判判決《さいばんはんけつ》		イスラエル建国
昭和二十五（一九五〇）	レッドパージはじまる	特需《とくじゅ》景気	朝鮮《ちょうせん》戦争はじまる
昭和二十六（一九五一）	日米安全保障条約《ほしょうじょうやく》調印		ンシスコ
昭和二十九（一九五四）	被災《ひさい》した第五福竜丸《ふくりゅうまる》が帰港	映画《えいが》『ゴジラ』公開	
昭和三十一（一九五六）	憲法調査会発足《けんぽうちょうさかいほっそく》、国際連合加盟《こくさいれんごうかめい》	「もはや戦後ではない」	回復《かいふく》
昭和三十五（一九六〇）	新安保条約《あんぽじょうやく》の強行採決《さいけつ》	安保闘争《あんぽとうそう》	
昭和三十九（一九六四）	東京オリンピック開催《かいさい》	東海道新幹線《しんかんせん》開業	ECD加盟《かめい》
昭和四十七（一九七二）	沖縄県本土復帰《ふっき》		回復《かいふく》
	…	…	…

「復興《ふっこう》への道のり 1945〜1989」上・下

＊2023年5月刊行

半《はん》藤《どう》先生の「昭《しょう》和《わ》史《し》」で学ぶ非《ひ》戦《せん》と平和

復《ふっ》興《こう》への道のり

1945～1989 下

講《こう》和《わ》条《じょう》約《やく》／安《あん》保《ぽ》闘《とう》争《そう》／高度経《けい》済《ざい》成長

半《はん》藤《どう》一《かず》利《とし》

シリーズ「半藤《はんどう》先生の『昭和史《しょうわし》』で学ぶ非戦《ひせん》と平和」は、二〇二一年に亡《な》くなられた半藤一利《はんどうかずとし》さんの昭和史《しょうわし》に関する四冊《さつ》の著書《ちょしょ》『昭和史《しょうわし》 1926-1945』『昭和史《しょうわし》 戦後篇《へん》 1945-1989』『B面昭和史《しょうわし》 1926-1945』『世界史《せかいし》のなかの昭和《しょうわ》史《し》』をそれぞれ二分冊《ぶんさつ》にして全八巻《かん》にまとめ直し、若《わか》い読者にも読みやすく再《さい》編集《へんしゅう》したものです。小学五年生以上で学習する漢字にはふりがなをふり、各章冒頭《ぼうとう》にポイントとキーワードをまとめ、巻末《かんまつ》には新たに解説《かいせつ》を加えました。歴《れき》史《し》学習に役立つよう巻末《かんまつ》に索引《さくいん》も加えています。

本書『復興《ふっこう》への道のり 1945-1989 下』は、『昭和史《しょうわし》 戦後篇《へん》 1945-1989』（二〇〇九年、平凡社《へいぼんしゃ》ライブラリー）を底本に再編集《さいへんしゅう》しました。

半藤《はんどう》先生の「昭和史《しょうわし》」で学ぶ非戦《ひせん》と平和

復興への道のり 1945〜1989〈下〉目次

半藤《はんどう》先生の「昭和史《しょうわし》」で学ぶ非戦《ひせん》と平和

復興《ふっこう》への道のり 1945〜1989〔上〕目次

第九章

新しい独《どく》立《りつ》国《こく》日本への船出

講《こう》和《わ》条約《じょうやく》への模《も》索《さく》

この章の
ポイント

一九五一（昭和二十六）年九月、朝鮮《ちょうせん》戦争のさなか、日本を独立国《どくりつこく》として味方陣営《じんえい》に加えたいというアメリカの戦略《せんりゃく》を背景《はいけい》として、サンフランシスコ講和条約《こうわじょうやく》が締結《ていけつ》されます。「全面講和《こうわ》」ではないという問題を残しつつも、日本は独立国《どくりつこく》として世界に認《みと》められました。同時に、日米安全保障 条約《ほしょうじょうやく》がアメリカとの間に結ばれます。ここで基地《きち》問題と沖縄問題を曖昧《あいまい》なままにしたことが、国内での闘争《とうそう》を招《まね》き、大きな問題となってしまいます。

キーワード

サンフランシスコ講和条約《こうわじょうやく》／日米安全保障 条約《ほしょうじょうやく》／芦田均《あしだひとし》／中ソ友好同盟相互援助条約《どうめいそうごえんじょじょうやく》／全面講和《こうわ》・単独講和《たんどくこうわ》／吉田内閣《よしだないかく》／南原繁《なんばらしげる》／ジョン・フォスター・ダレス／警察予備隊《けいさつよびたい》／駐留軍《ちゅうりゅうぐん》

◆反米ムードに苛立《いらだ》つアメリカ

今回は、サンフランシスコ講和《こうわ》会議について話します。念のために申しますが、昭和二十年（一九四五）九月二日にミズーリ号上で行なったのは、あくまで日本が降伏《こうふく》することを証明《しょうめい》する停戦《ていせん》の調印式でした。この後に、戦争の当事者が集まって、これから仲良く平和にやろうと会議を開くわけです。それによって賠償金《ばいしょうきん》、領土《りょうど》などの問題が決められます。したがって、講《こう》和《わ》会議を開くまでは日本は敗戦国のまま、つまりポツダム宣言《せんげん》を受諾《じゅだく》し軍事的に降伏《こうふく》して連合国の監視《かんし》下におかれている国でしかないわけです。講和《こうわ》会議で当事者同士《どうし》が平和条約《じょうやく》を結ぶことによって、日本ははじめて国際的《こくさいてき》に認知《にんち》され、独立国《どくりつこく》として再出発《さいしゅっぱつ》することができるのです。

ふつう、戦争が終わるとできるだけ早い時期に講和《こうわ》会議は開かれます。賠償金《ばいしょうきん》や領土《りょうど》の問題も早く決めなくてはいけません。しかし日本の場合は、変な話ですが、島国なので領土《りょうど》が直接《ちょくせつ》に隣《となり》と接《せっ》していませんし、賠償金《ばいしょうきん》といっても戦いに戦い抜《ぬ》いて完膚《かんぷ》なきまでに日本はやられてスッカンピン、もう何もない国であることを世界が知っているのです。またすでにお話ししましたように、世界情勢《じょうせい》が少しずつ微妙《びみょう》に変化してきたこともあって、講和《こうわ》会議を速《すみ》やかに開こうという意思はあったのでしょうが、結果的に延《の》び延《の》びになっていたのです。

ただ日本政府《せいふ》としては、いずれ講和《こうわ》会議は必ず開かれますので、早くから準備《じゅんび》は進めていました。そこで一番に出てくる問題は、戦後日本は新憲法《けんぽう》を制定《せいてい》し、軍備《ぐんび》を一切《いっさい》もたない平和国家を国是《こくぜ》とする宣言《せんげん》をしましたから、講和《こうわ》会議を経《へ》て占領軍《せんりょうぐん》が立ち去った後、国はいったい誰《だれ》が守ってくれるのかということでした。連合軍というか、もっぱらアメリカ軍が去って空っぽになったところへ、距離的《きょりてき》に一番近いソ連軍がするするすると入ってきたら、いったいどういうことになるのか、当然の心配ですから、外務省《がいむしょう》は早めに研究を進めていたわけです。

そして昭和二十二年（一九四七）九月十二日、ちょうど社会党《しゃかいとう》の片山内閣《かたやまないかく》の頃《ころ》です。外交官出身の芦田均外相《あしだひとしがいしょう》が中心となって、政府《せいふ》が考えている「講和《こうわ》後の日本」のプランを作り、青写真をアメリカ軍にそれとなく見せることにしました。その内容《ないよう》は、もし冷戦下の米ソ関係が最悪にならずやがて落ち着いた場合は、新しくできた国際連合《こくさいれんごう》にすべての安全保障《ほしょう》を委《ゆだ》ねて防《ぼう》衛《えい》その他を考えたい、しかし冷戦状態《じょうたい》がどんどん厳《きび》しくなっていった場合には、アメリカ軍が駐留《ちゅうりゅう》し日本を守ることを平和条約《じょうやく》に明記するというものでした。ところが、そんな前例のない、アメリカが日本を偽植民地《ぎしょくみんち》にするような平和条約《じょうやく》は、他の国から文句《もんく》が出るかもしれません。そこで日本政府《せいふ》としては、日米の特別な合意のもと、要するに話し合いによって日本の防衛《ぼうえい》をアメリカにお願いする、というかたちにして、その軍の駐留《ちゅうりゅう》や基地《きち》の問題の青写真を秘密《ひみつ》文書としてアメリカに見せることにしたわけです。

当時の芦田《あしだ》さんのメモに、この第二案、つまり相談の上、双方《そうほう》が合意して日本の防衛《ぼうえい》をアメリカにとりあえずお願いするという方針《ほうしん》でいきたい、とありまして、ここに後のいわゆる日米安全保障条約《ほしょうじょうやく》（安保条約《あんぽじょうやく》）の原型《げんけい》があるわけです。こんなことを言えば日本政府《せいふ》のだらしなさを指摘《してき》するようですが、なんだか世界的状況《じょうきょう》をまったく無視《むし》して自分の国のことしか考えていないというか、我《わ》が国《くに》だけを守ってもらおう、そのためにはアメリカが一番都合がいいじゃないかという意図が見え見えですね。

また別の話になりますが、芦田外相《あしだがいしょう》はこの案を天皇陛下《てんのうへいか》に見せたようです。これに従《したが》えば、アメリカ軍がすぐにでも日本本土に駐留《ちゅうりゅう》する可能性《かのうせい》が考えられます。たとえば神奈川県の三浦《みうら》半島全部を米軍基地《きち》にしてもらおうとかいった意見が出てくるような、あまり芳《かんば》しい話ではないのです。昭和天皇《てんのう》は、こういう日本政府《せいふ》のやり方は非常《ひじょう》に不満だったようです。新憲法《けんぽう》において天皇《てんのう》は政治《せいじ》に関与《かんよ》せずですから「そうかそうか」と聞いているほかないのですが、じつは別の記録によれば、日付もはっきりと昭和二十二年（一九四七）九月十九日、つまり外務省《がいむしょう》案ができた一週間後、天皇《てんのう》が自らの構想《こうそう》を、宮内府《くないふ》（新憲法施行《けんぽうしこう》により宮内省《くないしょう》改め）御用掛《ごようがかり》でマッカーサーとの会談にも通訳《つうやく》として同行した寺崎英成《てらさきひでなり》さんを通してアメリカの連合軍に伝えた記録が残っているのです。

「天皇《てんのう》は、アメリカが沖縄をはじめ琉球《りゅうきゅう》ほかの諸島《しょとう》を軍事占領《せんりょう》し続けることを希望している。天皇《てんのう》の意見によると、その占領《せんりょう》はアメリカの利益《りえき》になるし日本を守ることにもなる。（中略《ちゅうりゃく》）天皇《てんのう》がさらに思うに、アメリカによる沖縄（および要請《ようせい》があり次第《しだい》ほかの諸島《しょとう》嶼《しょ》）の軍事占領《せんりょう》は、日本に主権《しゅけん》を残存《ざんぞん》させたかたちで長期——二十五年から五十年ないしそれ以上——の貸与《たいよ》をするという擬制《ぎせい》のうえになされるべきである」

つまり、日本本土はもってのほかで、沖縄諸島《しょとう》をこのまま軍事占領《せんりょう》していくほうがいいのである。それも主権《しゅけん》は日本にあるのをアメリカが長期間借りる——いささかおかしなかたちなんですが——ことをお互《たが》いに承認《しょうにん》し合って沖縄の軍事占領《せんりょう》を続けたらいかがですか、そう天皇《てんのう》の方から言ったことになる。そして結果的には、アメリカ軍は「なるほど、名案」とばかりにこのアドバイスに乗っかり、後にはグアム、沖縄、そして台湾《たいわん》を結ぶ弧状《こじょう》の線をアジア戦略《せんりゃく》の防衛《ぼうえい》線にするのです。朝鮮《ちょうせん》半島に大部隊を置くとか余計《よけい》なことをせずに、大きな弧《こ》を描《えが》くようにアジアの防衛《ぼうえい》線をつくることをアメリカは目論《もくろ》んだのです。考えようによってはこれは、昭和天皇《てんのう》がものすごく戦略的《せんりゃくてき》にすぐれた頭をもっていたことになるのであって、片山首相《かたやましゅしょう》以下、芦田外相《あしだがいしょう》ら政府《せいふ》の連中はいったい何を考えているんだ、という話になるんですね。

そして後になりますが、昭和天皇《てんのう》が亡《な》くなる前にお倒《たお》れになった時、新聞にも出ましたが、「沖縄へは、私《わたし》はどうしても行かなければならなかった」と言っていた。その時私《わたし》は、本土決戦の時間稼《かせ》ぎのため米軍と戦い、徹底的《てっていてき》にやられた沖縄の人にはたいへんな迷惑《めいわく》をかけた、そんなお詫《わ》びの心を込《こ》めての言葉だと思ったのですが、その後、以上のような話を知り、そうか、こっちだと納得《なっとく》しました。地上戦が終わった直後から軍事占領《せんりょう》され、そのまま沖縄を四十年以上米軍の占領《せんりょう》下に置いたことに対して、もちろんこれは政治的《せいじてき》な介入《かいにゅう》ですから公式に言ったわけではないにしろ、結果的にそうなったことを本当に悪かった、そういう思いを昭和天皇《てんのう》はずーっと抱《いだ》いていての言葉だったのだなと、私《わたし》などは後で唸《うな》りました。

いずれにしろ、講和《こうわ》会議の話が具体的になっていく前哨戦《ぜんしょうせん》としてこういった話が昭和二十二、三年にかけてあったのです。ところがその後、講和条約《こうわじょうやく》の話がスパッと消えてしまいます。前にも話しましたように、GHQが日本をあくまで民主主義《しゅぎ》国家にしようとしていたさなか、世界情勢《じょうせい》の急変でガラリと政策転換《せいさくてんかん》し、日本をアジアの防波堤《ぼうはてい》にするにはどういう国家にすべきか、アメリカ国務省《こくむしょう》で設計図《せっけいず》が書けなくなり、講和《こうわ》会議を開く条件《じょうけん》が整わないということでストップしてしまったのです。

ところがいつまでも放っておくわけにはいきませんので、再《ふたた》び昭和二十四年（一九四九）の秋頃《あきごろ》から、講和《こうわ》会議の話が再燃《さいねん》してきました。ひとつには、アメリカが日本をアジア防衛《ぼうえい》の最前線にしようと強硬《きょうこう》な政策《せいさく》をとりはじめ、レッドパージなどで共産党《きょうさんとう》とそのシンパを追放し、少しでも社会主義的《しゅぎてき》な考えをもった人を排除《はいじょ》しましたので、日本国内でも俄然《がぜん》、「GHQの好き放題にさせておくことはない」といった声も出はじめました。ナショナリズムというのか、GHQ何するものぞの反米ムードも高まりますし、同時にストライキなど直接的《ちょくせつてき》な反米運動も盛《さか》んになってきたのです。「ヤンキー・ゴー・ホーム」です。アメリカは怖《おそ》れました。苛立《いらだ》ちました。このままだと、日本がどんどん反米排米《はい》になり、目論見《もくろみ》とは違《ちが》う方向へ進むかもしれません。そこで、日本を少しでも自分の陣営《じんえい》に引き付けておくためにも早めに講和《こうわ》会議を開き、日本を独立《どくりつ》させ、かつアメリカ側に引《ひ》っ張《ぱ》り込《こ》もうという風潮《ふうちょう》になってきたのです。

さらに昭和二十五年（一九五〇）二月、モスクワでソ連と中華人民共和国《ちゅうかじんみんきょうわこく》の話し合いが行なわれ、中ソ友好同盟相互援助条約《どうめいそうごえんじょじょうやく》が締結《ていけつ》されます。両国が手を組むということは、隣《となり》の中国大陸がまさにソ連陣営《じんえい》に入ったどころか、強力な右腕《みぎうで》になったわけです。アメリカにとっては大変なことです。これはますます、日本をなんとかなだめすかしながら仲間にとどめておかなければと、アメリカは躍起《やっき》になりはじめました。

◆全面講和《こうわ》か、単独講和《たんどくこうわ》か

昭和二十五年（一九五〇）、当時、日本は片山内閣《かたやまないかく》から芦田内閣《あしだないかく》を経《へ》て、前にも話しましたように吉田内閣《よしだないかく》の時代でした。吉田内閣《よしだないかく》のやらねばならない大事な仕事といえば、まず日本を貧《まず》しさから脱却《だっきゃく》させ、一本立ちできる国にする経済復興《けいざいふっこう》です。加えてこの時浮上《ふじょう》してきた講《こう》和条約《わじょうやく》をどう結ぶか、同時にその裏側《うらがわ》にある独立《どくりつ》日本の安全保障《ほしょう》をいかにすべきか。これが吉田内閣《よしだないかく》の二大課題となりました。

吉田《よしだ》さんはもともと反共、ソ連が嫌《きら》いなんです。中国もあまり好きでありません。また外交官上がりですから目先が利《き》きます。講和《こうわ》会議には当然、最後に戦争に加わったソ連も参加しますが、日本が思うような条件《じょうけん》でハンコをついてくれることはまずない、といって、相手の言い分を聞かざるを得《え》なくなったら大変だというので、共産主義《しゅぎ》の東側陣営《じんえい》はある程度無視《ていどむし》し、西側陣営《じんえい》とだけ講和条約《こうわじょうやく》を結んだほうがよいという決意を相当前からしていたようなのです。つまり、すべての国との全面講和《こうわ》は不可能《ふかのう》、いくらか片務《へんむ》的であっていいから早く講和《こうわ》を結んだほうがいいというわけです。

ところが、世論《よろん》はどうだったか。昭和二十五年、雑誌《ざっし》「世界」三月号（二月五日頃《ごろ》発売）で、平和問題談話会という学者たちの集まりが全面講和《こうわ》を訴《うった》える声明を発表したのです。試みにメンバーを挙げてみますと、安倍能成《あべよししげ》、有《あり》沢広巳《さわひろみ》、和辻哲郎《わつじてつろう》、恒藤恭《つねとうきょう》、清水幾太《しみずいくた》郎《ろう》、丸山真男《まるやままさお》、桑原武夫《くわばらたけお》、羽仁五郎《はにごろう》、久《く》野収《のおさむ》、都留重人《つるしげと》、田中耕太郎《たなかこうたろう》、大内兵《おおうちひょう》衛《え》、中野好夫《なかのよしお》、蠟山政道《ろうやままさみち》、矢内原忠雄《やないはらただお》、といった自然と頭が下がるような人びとがダーッと名を連ね、要するに日本のインテリゲンチャのトップが勢《せい》ぞろいして、「いいですか、やるなら全面講和《こうわ》です、それが世界平和のためですぞ」と大々的にその主張《しゅちょう》を発表したわけです。つまりソ連およびソ連ブロックの国々も外すことなく、世界じゅうの国々と仲良くしようと。

木戸幸一（右、1889 - 1977）と談笑する吉田茂（1878 - 1967）

南原繁（1889 - 1974）

まあ、後になっていろんなことを言う人はたくさんいて、清水幾太郎《しみずいくたろう》さんなどは転向したせいもあって、「あの時は、どなたの頭の中にもソ連や共産ブロックの脅威《きようい》への恐怖《きようふ》感があった。おっかなかったので、この際《さい》ああいう発表をしたほうがいいとまとまった」とあっけらかんと語るのですが、どこまで本当かわかりません。それぞれの方がいろんな思惑《おもわく》を含《ふく》みながら名前を連ね、吉田《よしだ》さんは「全面講和《こうわ》は不可能《ふかのう》」とはまだ言っていないのですが、ちらちら見《み》え隠《かく》れしているその政策《せいさく》に反対を示《しめ》したのです。

表立《おもてだ》ってはともかく、吉田《よしだ》さんはカンカンに怒《おこ》ったようです。「ナニクソ」、の次に何がカンにさわったのか、五月三日、自由党《じゆうとう》の秘密《ひみつ》両院議員総会《そうかい》で、南原繁《なんばらしげる》東大総長《そうちよう》を指して「あいつの言っていることはまさに曲学阿世《きよくがくあせい》だ」と言ったのです。公《おおやけ》の場の発言ではなかったにもかかわらず、これが毎日新聞のスクープで第一面にデカデカと出たんですね。

「南原《なんばら》東大総長《そうちよう》がアメリカで全面講和《こうわ》を叫《さけ》んだが、これは国際《こくさい》問題を知らない曲学阿世《きよくがくあせい》の徒で学者の空論《くうろん》にすぎない。全面講和《こうわ》を望むことはわれわれとしては当然であるが、現在《げんざい》は逐次《ちくじ》事実上の講和《こうわ》を結んでゆく以外にない」

理想はともかく現実的《げんじつてき》には全面講和《こうわ》はできないのだ、おかれた情勢《じょうせい》からは一つ一つつぶしながらなんとか講和《こうわ》にもっていくよりしょうがないのだと。ただし、考えてみれば、先ほどの「世界」の平和問題懇談会《こんだんかい》の中に南原《なんばら》先生の名前はないんです。ないんですけれど、吉田《よしだ》さんは「コノヤロー」と思ったんでしょうね。なぜかというと、じつは南原《なんばら》さんは前年、昭和二十四年十二月にワシントンで演説《えんぜつ》し、その内容《ないよう》が新聞に載《の》ったのです。

「世界は現実《げんじつ》において二つの相対峙《あいたいじ》する陣営《じんえい》に分かれ、所在《しょざい》に対立し、ヨーロッパもアジアも冷たい戦争の舞台《ぶたい》と化している。私《わたし》自身は、これが直《ただ》ちに近い将来《しょうらい》において、世界大戦に導《みちび》くものとは思わない。しかし万一かく想像《そうぞう》するも恐《おそ》ろしい最悪の事態《じたい》が仮《かり》にも起こったとしたならば、如何《いかが》であろうか。その際《さい》に日本のとるべき道は既《すで》に明らかである。日本は厳正《げんせい》なる中立を守り、いかなる戦争にも絶対《ぜったい》に参加すべきではない。……」

だからこそ、日本の立場としては全面講和《こうわ》が望ましい、という意図を示《しめ》していたのです。しかし、半年も前の演説《えんぜつ》です。忘《わす》れた頃《ころ》に突然《とつぜん》、南原《なんばら》さんを槍玉《やりだま》にあげて吉田《よしだ》さんが曲学阿世《きょくがくあせい》とやったもんですから、ご本人はもちろん、談話会の人たちも「エッ!?」と驚《おどろ》いたことでしょう。南原《なんばら》さんは直《ただ》ちに反発して記者会見を行ないました。

「かかる刻印《こくいん》（曲学阿世《きょくがくあせい》）は、かつて学者に対し、軍部とその一派《いっぱ》によって押《お》しつけられたもので、学問の冒瀆《ぼうとく》、学者に対する権力的弾圧《けんりょくてきだんあつ》以外のものではない。全面講和《こうわ》は国民の何人《なんぴと》もが欲《ほっ》するところであって、それを理論《りろん》づけ国民の覚悟《かくご》を論《ろん》ずるのは、殊《こと》に私《わたし》には政《せい》治《じ》学者としての責務《せきむ》である。また、それは、現実《げんじつ》を知らぬ空論《くうろん》であるというが、国際《こくさい》の現《げん》実《じつ》は政府《せいふ》関係者だけが知っているとするのは、官僚的独善《かんりょうてきどくぜん》といわなければならない」

南原《なんばら》さんは非常《ひじょう》に常識的《じょうしきてき》に、自分が言うのは政治《せいじ》学者としての一つの責任《せきにん》であり、全面講《こう》和《わ》に関して言えば空論《くうろん》かもしれないが、国民が等しく望んでいることではないだろうかと、吉《よし》田《だ》さんのようにカッカと喧嘩《けんか》を売るかたちではなく述《の》べたのですが、これが大変話題になりました。平和条約《じょうやく》が全面講和《こうわ》になるのか、それとも単独講和《たんどくこうわ》——実際《じっさい》は対米単独《たんどく》というわけではなく調印する相手はたくさんいるのですが——か大議論《だいぎろん》となりました。

ところで南原《なんばら》さんの言葉のなかに、政府《せいふ》関係者だけが国際情勢《こくさいじょうせい》をわかるというのはおかしいとありますが、実際《じっさい》当時の新聞はせいぜい四ページ程度《ていど》で、国際情勢《こくさいじょうせい》など詳《くわ》しく載《の》ってないといえば載《の》ってないのです。だから吉田《よしだ》さんにすれば、「おまえら、いろんなことを言うけど、新聞を見ている程度《ていど》じゃあ何もわからないじゃないか」と感じたんでしょうね。当時大学生だった私《わたし》も、確《たし》かにそれほど国際情勢《こくさいじょうせい》をわかっていたとは思いません。ですが、南原《なんばら》さんのように英語もできて、いろんな新聞や雑誌《ざっし》をどんどん読んでいる人はその範疇《はんちゅう》に入りません。ですから、そういう人に「国際《こくさい》問題を知らない」などと言うのは非常《ひじょう》に失礼なことであったと思いますよ。

ちなみに「曲学阿世《きょくがくあせい》」という言葉は、司馬遷《しばせん》の『史記《しき》』に出てきます。うんと昔、漢の武帝《ぶてい》時代（紀元前《きげんぜん》一五八〜前八七）に、轅固《えんこ》という九十歳《さい》の学者が、若《わか》い公孫弘《こうそんこう》を諭《さと》して、「常《つね》に正しい学問を考え、それにもとづいて発言することにお努めなさい。学問を曲げて世の中におもねることにならぬように」と言ったことから、学を曲げて世に阿《おもね》ることを「曲学阿世《きょくがくあせい》」というわけです。

実は私《わたし》はボート部の選手時代、一橋《ひとつばし》大学との対校戦に勝ち、応援《おうえん》に来ていた南原《なんばら》さんがものすごく喜《よろこ》んでいっしょに祝賀会でお酒を飲んだことがあります。記念に、一緒《いっしょ》に並《なら》んで撮《と》った写真もあります。話した印象《いんしょう》からも、たいへん立派《りっぱ》な方だと思います。学を曲げるなんておよそしないでしょうし、況《いわん》や世におもねるなど、これっぱかりもやらないでしょう。やはり吉《よし》田《だ》さんは方向を間違《まちが》えたんじゃないか、某先生《ぼうせんせい》あたりならどうかな……などという気がしないでもありませんが。

まあ、こういう騒動《そうどう》を経《へ》て本格的《ほんかくてき》な講和《こうわ》会議がはじまるのです。そこはさすがに政治家《せいじか》、吉《よし》田《だ》さんはすでに手を打っていて、曲学阿世《きょくがくあせい》発言の少し前、昭和二十五年四月に池田勇人《いけだはやと》大蔵《おおくら》大臣《だいじん》を首相《しゅしょう》の密使《みっし》として渡米《とべい》させています。これは表向き、ドッジ・ラインにともなう財政経《ざいせいけい》済《ざい》問題を協議するため、つまり経済政策《けいざいせいさく》の一つとしながら、じつは密《ひそ》かに池田《いけだ》さんに与《あた》えられた使命は講和《こうわ》をどういうかたちでやるかということの瀬踏《せぶ》みでした。そしてアメリカで池田《いけだ》さんはドッジさんに会い、もちろん財政経済《ざいせいけいざい》問題も話したとは思いますが、連れ立って吉田《よしだ》さんの極秘《ごくひ》メッセージをトルーマン大統領《だいとうりょう》以下、アメリカ国務省《こくむしょう》の人たちに渡《わた》したのです。それによりますと、

1、全面講和《こうわ》でなく、多数講和《こうわ》（マスコミの言う単独講和《たんどくこうわ》）の方式で講和《こうわ》条約《じようやく》を結びたい。
2、条約締結《じようやくていけつ》後、米軍の日本駐留《ちゆうりゆう》を認《みと》める。
3、必要ならば、日本政府《せいふ》から何らかのかたちで駐留《ちゆうりゆう》の依頼《いらい》を申し出る方法を研究してもよい。この点は憲法違反《けんぽういはん》にならないように留意《りゆうい》する。

アメリカにすれば、各国のいる席上で自ら「日本に駐留《ちゆうりゆう》する」と言えば「なんだ、お前だけがいい思いをするのか」と非難《ひなん》されますので、日本の方からお願いするかたちにしてほしい、と密《ひそ》かに思っているわけです。それを先取りし、日本から申し出る何らかの方法を考えてもいい、ただし憲法違反《けんぽういはん》にならないことだけは互《たが》いに注意したい、というのです。とにかくこの案はアメリカ側を喜《よろこ》ばせました。国務省《こくむしよう》はもとより、早期講和《こうわ》に難色《なんしよく》を示《しめ》していた国防省《こくぼうしよう》も乗ってきたのですから。

当時、こんなメッセージを密《ひそ》かにアメリカに伝えていることは、吉田《よしだ》さんと池田《いけだ》さん、そしておそらく同行した宮沢喜一《みやざわきいち》秘書官《ひしよかん》以外、誰《だれ》も知りません。そしてこれが、結果的には日米安保条約《ぽじようやく》の基礎《きそ》と思われるものになったのです。

こういうかたちで講和《こうわ》についての工作が進められていたのですが、なんといっても吉田《よしだ》さんは運のいい人でした。いちいちごちゃごちゃやっていたら大変なことになる、という時に朝鮮《ちようせん》戦争が起きちゃったんですね。もう、アメリカにすれば日本を味方にするのが最大の目的になりまして、他のことなど一切《いつさい》かまっていられません。前にも話しましたように、日本ではドッジ・ラインのために汲々《きゅうきゅう》とし、経済再建《けいざいさいけん》でふうふう言ってる時に朝鮮《ちょうせん》戦争が起こり、多くの難問《なんもん》がいっぺんに吹《ふ》っ飛《と》んでしまいました。経済《けいざい》をどうするかという大事な議論《ぎろん》をあまりしなくていい状態《じょうたい》になると、内閣《ないかく》の仕事はあとは講和条約《こうわじょうやく》だけです。そしてアメリカはとにかく日本を味方にしたい、なんのことはない、ここでもまさに「神風《かみかぜ》」が吹《ふ》いたのです。

◆吉田《よしだ》VSダレスの攻防《こうぼう》

朝鮮《ちょうせん》戦争がはじまる直前の五月十八日、トルーマンはわざわざ野党《やとう》の共和党《きょうわとう》から大物ジョン・フォスター・ダレス――この人は今後も非常《ひじょう》によく出てきます――を引《ひ》っ張《ぱ》ってきて極東問題担当《たんとう》の国務省顧問《こくむしょうこもん》に任《にん》命《めい》し、かつ特使として日本へ派《は》遣《けん》します。彼《かれ》に専任《せんにん》として対日講和《こうわ》を進めてもらえば大変うまくいくだろう、つまり、トルーマンは対日講和《こうわ》問題を超党派《ちょうとうは》で一丸《いちがん》となって進めようと意図

ジョン・フォスター・ダレス（1888 - 1959）

したのです。

ちなみにトルーマンは、ミズーリ州出身の田舎《いなか》のとっつぁんです。戦争中、副大統領《だいとうりょう》の時にルーズベルトが突然《とつぜん》死んでそのまま大統領《だいとうりょう》になったものの、実は日本のことなど何も知らず、関心もなかったのです。まして愛情《あいじょう》など少しもなく、だから原爆《げんばく》を落としたと言えるところもあるような、自分のこれまでの人生においては日本などまったく無関係の人でした。だから尚《なお》更《さら》のこと人任《ひとまか》せというか、対日講和《こうわ》問題も共和党《きょうわとう》の大物に放り投げてしまえば話は済《す》むだろうといった、まことにいい加減《かげん》な部分もあったと思います。まあ、大統領《だいとうりょう》ですからなんでも好きにできるんです、今の日本の小泉首相《こいずみしゅしょう》もそれに近いところはありますが。

じゃあダレスさんがどの程度《ていど》日本のことを知っていたかといえば、これも大問題ですが、ともかく彼《かれ》について確《たし》かなのはコチコチの反共主義者《しゅぎしゃ》だったことで、ソ連に有利な対日講和《こうわ》になることは決してありません。かつ有能《ゆうのう》な実務家《じつむか》で、損《そん》になることは一つもしたくない人でした。彼《かれ》はアメリカを発《た》つ時、対日講和《こうわ》について「ヴェルサイユの誤《あやま》りを繰《く》り返《かえ》さない」ということを言っています。第一次世界大戦後の対ドイツ講和条約《こうわじょうやく》であるヴェルサイユ条約《じょうやく》では、非常《ひじょう》に過酷《かこく》な条項《じょうこう》を連ねてドイツを締《し》め上《あ》げ、ドイツ国民が悲鳴を上げているところにヒトラーが現《あらわ》れたために、皆《みな》がワーッと乗っかっていったんですね。同じことを日本でやればとんでもない事態《じたい》になってしまうので、過酷《かこく》な条約《じょうやく》を押《お》し付《つ》けることはしないというのです。吉田内閣《よしだないかく》も、今度アメリカから来る特使が反共主義者《しゅぎしゃ》で有能《ゆうのう》な実務家《じつむか》ということは知っていましたが、当人のこの発言を聞いて胸《むね》をなでおろしたそうです。

こうしてダレスは、昭和二十五年六月にはじめて日本を訪《おとず》れて以来、翌《よく》二十六年末まで約一年半の間に実に四回来日し、吉田《よしだ》首相《しゅしょう》と講和《こうわ》条約《じょうやく》に関する下交渉《こうしょう》を十分に行ないました。まあ、三、四回目あたりは、すでにでき上がっているかたちに目鼻をつけるようなものでしたが、一回目、二回目などはそれこそ大激論《だいげきろん》を交《か》わしたという記録が残っています。

一回目の来日は六月二十一日で、朝鮮《ちょうせん》戦争が起こる直前でした。ダレスはまず国内を旅行し、日本人に触《ふ》れ、土地を眺《なが》めながら、さてどのように吉田内閣《よしだないかく》とやり合うかと思案していたところ、二十五日に朝鮮《ちょうせん》戦争がはじまり、状況《じょうきょう》が一変しました。アメリカにとって大事なのは、とにかく日本を味方に引《ひ》っ張《ぱ》り込《こ》み、戦争を有利に進めるため日本の国土を最大に使うことを許可《きょか》してもらうことです。「基地《きち》はお貸《か》しできません」とか「憲法《けんぽう》に違反《いはん》するので困《こま》ります」とか難癖《なんくせ》をつけられると面倒《めんどう》くさいわけです。今はとにかく基地《きち》の自由使用を認《みと》めさせる、講和条約《こうわじょうやく》を手早く結ばず少し先延《さきの》ばしする、など本国の方針《ほうしん》がこうしてダレスのもとにどんどん届《とど》くようになりました。

ダレスは日本を旅しながら、人びとの気持ちや生活ぶりを観察していたんでしょう、本国の方針《ほうしん》を承知《しょうち》しながら、それに従《したが》えば日本はますます反米の空気を強くすると感じました。基地《きち》は自由に使用させるが、講和条約《こうわじょうやく》を先延《さきの》ばしにするなんて方針《ほうしん》ではダメ、日本の内閣《ないかく》の希望を容《い》れて講和《こうわ》会議を早いことやったほうがいい、と返答しました。ワシントン、とりわけ国防《こくぼう》省《しょう》はもともと早期に反対でしたから、「今は戦争が大事、講和《こうわ》のコの字も迷惑《めいわく》だ」と反論《はんろん》するものの、ダレスも頑《がん》として聞かず、国防省《こくぼうしょう》のお偉方《えらがた》を説得《せっとく》するのに「このままだと日本は本当に反米となり、基地《きち》なんて貸《か》してくれなくなる」と主張《しゅちょう》し、「とにかくやるんだ」と言《い》い張《は》ります。そこに事情《じじょう》をあまり知らないトルーマンが出てきて「ダレス特使の言うのはもっともだ」と抑《おさ》えつけたものですから、国防省《こくぼうしょう》もしぶしぶ交渉《こうしょう》開始を認《みと》めました。

さて、ダレスの交渉《こうしょう》の相手は、かの吉田茂《よしだしげる》さんであります。これまたダレスに劣《おと》らぬ反共主義者《しゅぎしゃ》、しかも頑固《がんこ》さでも負けません。ダレスが余計《よけい》なことを言うといちいち突《つ》き返《かえ》すかたちで大喧嘩《おおげんか》がえんえんと繰《く》り広《ひろ》げられるのです。ダレスの使命は、なんとか講和《こうわ》後の日本を再軍《さいぐん》備《び》させ、アメリカ陣営《じんえい》に引き入れることでした。かたや吉田《よしだ》さんの反論《はんろん》の骨子《こっし》は、あの独特《どくとく》のキィキィ声で言ったと思うんですが「日本は再軍備《さいぐんび》などできましぇん！」でした。なかで一番面白《おもしろ》いのは六月二十二日の交渉《こうしょう》で、再軍備《さいぐんび》、再軍備《さいぐんび》というダレスに吉田《よしだ》さんはひと言、「たとえ非武装《ひぶそう》でも世界世論《よろん》の力で日本の安全は保障《ほしょう》されると思うのであります」とやったんですね。ダレスは目を丸くして「不思議の国のアリスに会ったような気がする」とつぶやきました。本当の話ですよ。ダレスさんのような現実主義者《げんじつしゅぎしゃ》からすれば、「世界世論《よろん》が国を守ってくれる」なんていってのほほんとしている総理《そうり》大臣を前に、それこそ「不思議の国」に来た思いだったかもしれません。

いずれにしろ、交渉《こうしょう》を重ねているうちに双方《そうほう》の言いたいこともわかってきます。アメリカはとにかく日本を再軍備《さいぐんび》させて味方陣営《じんえい》にとり込《こ》むという条件《じょうけん》つきで講和《こうわ》条約《じょうやく》を結びたいわけです。その交渉《こうしょう》の真っ最中の七月二十九日、参議院外務《がいむ》委員会で社会党《しゃかいとう》議員の質問《しつもん》に吉田《よしだ》首相《しゅしょう》はこう答えています。

「私《わたし》は軍事基地《きち》は貸《か》したくないと考えております」

ホントにそう言ったのかなと思うのですが、記録に残っているのです。先ほど話しましたように、彼《かれ》は池田《いけだ》蔵相《ぞうしょう》を密使《みっし》としてアメリカに送り、条約締結《じょうやくていけつ》後の米軍の日本駐留《ちゅうりゅう》は認《みと》める、こちらから依頼《いらい》するかたちにする、などと伝えているのです。しかしそんなこと知らぬ存《ぞん》ぜぬの顔をして答弁《とうべん》を続けます。吉田《よしだ》さんの口調で言いますと、

「単独講和《たんどくこうわ》の餌《えさ》に軍事基地《きち》を提供《ていきょう》したいというようなことは事実毛頭《もうとう》ございましぇん！」

吉田《よしだ》さんというのはまあ、タヌキですねえ、社会党《しゃかいとう》議員は何も知りませんから、「おお、いいことを言っている」と納得《なっとく》するんでしょうが、後ろでは何をやっているんだか、ということになるわけです。

そしてダレスさんはいったん帰国します。日本側の意向を斟酌《しんしゃく》した講和《こうわ》条約《じょうやく》の条項《じょうこう》を作成し直し、二回目として昭和二十六年一月から二月にかけて来日しました。ちょうどこの頃《ころ》、朝《ちょう》鮮《せん》半島ではアメリカと韓国《かんこく》の連合軍が、中国から義勇軍《ぎゆうぐん》の介入《かいにゅう》もあって大苦戦中でした。ダレスさんはこの時、アメリカ国内の軍部と議会のタカ派《は》を説得《せっとく》するため、「なんとか日本に軍事的貢献《こうけん》、とくに再軍備《さいぐんび》をさせ、同時に沖縄などの基地《きち》を自由に使える施政権《しせいけん》をアメリカがもつこ

とに対して必ずうんと言わせてみせるから」と言って乗《の》り込《こ》んできました。再《ふたた》び、再軍備論《さいぐんびろん》をぶつダレスさんに対し、吉田《よしだ》さんは「えー、ダメダメダメでしゅ。とにかく現在復興再建《げんざいふっこうさいけん》中の日本はまことに脆弱《ぜいじゃく》でありますから、再軍備《さいぐんび》などすれば国はつぶれちゃいます」「今の日本国民はとにかく平和を望み、武器《ぶき》をとることはまったく望んでおりましぇん。平和主義的《しゅぎてき》国民世《よ》論《ろん》を尊重《そんちょう》しなきゃなりましぇん、再軍備《さいぐんび》はおろか、朝鮮派兵《ちょうせんはへい》など真《ま》っ向《こう》から反対しましゅ」と頑《がん》として再軍備《さいぐんび》できないの一点張《いってんば》りでした。

両者のやり合いの圧巻《あっかん》は、一月末から二月にかけて、実に五回にわたった会談のようです。言い合い、押《お》し合《あ》い、圧《へ》し合《あ》い、土俵《どひょう》の上でとにかく共に転びませんからもう大変、横綱同士《よこづなどうし》の大相撲《おおずもう》以上の取り組みです。そこで吉田《よしだ》さんはダレスさんをマッカーサーのもとへ連れていき、元帥《げんすい》を交えての議論《ぎろん》となりました。吉田《よしだ》さんてのは非常《ひじょう》に外交上手です。マッカーサーが再軍備《さいぐんび》に賛成《さんせい》するわけないからですね。

ダレスさんはとうとう、「どうも吉田総理《よしだそうり》大臣という人は、私《わたし》の言ってる英語がぜんぜん理《り》解《かい》できていないのではないか」と嘆息《たんそく》したそうです。マッカーサーはダレスの肩《かた》を叩《たた》き、「あなたの言うこともよくわかるが、自由世界が今、日本に求めているのは軍事力じゃないんだ。平和憲法《けんぽう》を作った日本が再《ふたた》び軍事力をもつなんてことは、実際《じっさい》できないのだ」と吉田《よしだ》さんに加勢《かせい》しました。これがまたワシントンに伝わると、トルーマンを筆頭に国防省筋《こくぼうしょうすじ》の怒《いか》りを買い、「あのマッカーサーの野郎《やろう》、また出しゃばりおって」と嫌《きら》われるもとになりまして、「あいつを早くクビにしなくては」とこのへんから狙《ねら》われていたわけです。

けれども、しつこいダレスとの交渉を進めるうち、吉田《よしだ》さんはついに、「今すぐに再軍備《さいぐんび》をするのでなく、ゆっくりと、段階的《だんかいてき》に長期的に、いずれ日本も軍備《ぐんび》をもつ方向にしていきたい」と提案《ていあん》せざるを得《え》なくなります。また、ついては過去《かこ》の旧《きゅう》日本軍とは異《こと》なり統帥権《とうすいけん》がなくなったのだから、代わる文民統制《ぶんみんとうせい》*1が何であるか、まったく知らない日本人に一からわからせる必要があり、そのためにも時間がかかる。そして将来《しょうらい》は、五万人程度《ていど》の国防軍《こくぼうぐん》をつくるプランを研究してみたい——まあ、それくらいのことを言わないとダレスも引き下がらないんですね、ワシントンに請《う》け合《あ》ってきたのですから——と言いまして、相手も「それならまあいいだろう」と不承不承《ふしょうぶしょう》ながら納得《なっとく》します。吉田《よしだ》さんは付け加えました。

「ただし私《わたし》が言ったことは、二人だけの極秘《ごくひ》の話であって、外に漏《も》らしてもらっては非常《ひじょう》に困《こま》る。絶対《ぜったい》に秘密《ひみつ》にしておいてほしい」

ダレスさんも「わかった、わかった」と答えました。

◆〝軍隊の卵《たまご》〟警察予備隊《けいさつよびたい》の編成《へんせい》へ

さて、講和《こうわ》会議のためにこういった議論《ぎろん》をしているのですが、すでに話しましたように、その前から朝鮮《ちょうせん》半島の戦況《せんきょう》はどんどん変化してきています。この激《はげ》しい交渉《こうしょう》の前、昭和二十五年七月八日には、マッカーサーその人から吉田《よしだ》さん宛《あて》に手紙がきていて、実はそのなかで、日本に警察予備隊《けいさつよびたい》をつくるようにと言ってきているのです。軍隊ではありません、あくまで警察《けいさつ》の予備隊《よびたい》(National Police Reserve)でした。この書簡《しょかん》は残っています。まあマッカーサー独特《どくとく》の、飾《かざ》った言葉で偉《えら》そうなことをもってまわって書きつらね、何を言いたいのかわからないような文章なのですが、一番大事なのは次の箇所《かしょ》です。

「この(アメリカと日本の)良好な状態《じょうたい》を維持《いじ》し、法の違反《いはん》や平和と公安を乱《みだ》すことを常習《じょうしゅう》とする不法な少数者によって乗じられる隙《すき》を与《あた》えないように……警察力《けいさつりょく》を増大《ぞうだい》強化すべき段階《だんかい》に達した」(とまず自分の認識《にんしき》を示《しめ》したうえで、)「従《したが》って私《わたし》は日本政府《せいふ》に対して七万五千名からなる国家警察予備隊《けいさつよびたい》を設置《せっち》するとともに、海上保安庁《ほあんちょう》の現有《げんゆう》海上保安《ほあん》力に八千名を増員《ぞういん》するよう必要な措置《そち》を講《こう》ずることを認可《にんか》する」

日本から何もお願いしてないのですが、〝神様〟であるマッカーサーが「認可《にんか》」する、つまり「早くやれ」という「命令」です。日本政府《せいふ》は驚《おどろ》いて、すぐに岡崎勝男《おかざきかつお》官房長官《かんぼうちょうかん》がホイットニーのもとへとんで行き、「これはいったい何を意味するのか」と聞くと、もちろん内緒《ないしょ》ではあるが、単なる警察《けいさつ》の増員《ぞういん》ではなく、ゆくゆくは銃火器《じゅうかき》や戦車を持った「軍隊の卵《たまご》」をつくってほしいのだと判明《はんめい》します。要するに日本に軍隊をもてということなのだな、と納得《なっとく》して岡崎《おかざき》さんは帰りました。

七万五千人はだいたい四個師団《こしだん》分の人数で、これは朝鮮《ちょうせん》戦争がはじまった時に日本本土にいた米陸軍兵力数そのものに相当します。戦争勃発《ぼっぱつ》で全員が朝鮮《ちょうせん》半島に行き、空っぽになった本土の真空状態《じょうたい》を「軍隊の卵《たまご》」で埋《う》めてほしいという意味だったのです。

日本政府《せいふ》としては、憲法違反《けんぽういはん》じゃないかと思いながらも、命令ですからやらなくてはなりません。ところが、話はそんなに急にはじまったものではなく、もうずっと前から、ダレスと吉《よし》田《だ》さんの大喧嘩《おおげんか》とは関係なしに、GHQ内部で日本再軍備論《さいぐんびろん》の賛成派《さんせいは》と反対派《はんたいは》が大喧嘩《おおげんか》していたのです――かのウィロビーの参謀《さんぼう》第二部（G2）と、ホイットニーの民政局《みんせいきょく》の例の対立ですね。反対派《はんたいは》である民政局《みんせいきょく》の根拠《こんきょ》は、①アメリカそのものが戦争状態《じょうたい》にならないかぎり日本の再軍備《さいぐんび》は望ましくない、②警察力《けいさつりょく》を軍隊になどと簡単《かんたん》に言うが非現実《ひげんじつ》である、③平和条約締《じょうやくてい》結《けつ》前に再軍備《さいぐんび》するなど、アメリカは何を考えているのかと世界世論《よろん》に疑惑《ぎわく》を生じさせる、さらに④その前に憲法《けんぽう》改正が必要になってくる、でした。

しかし「カタイことを言うな」とばかりに、参謀《さんぼう》第二部はウィロビー少将《しょうしょう》を中心にすでに密《ひそ》かに準備《じゅんび》をはじめていました。厚生省《こうせいしょう》の中につくられていた第一復員《ふくいん》局（陸軍）と第二復《ふく》員《いん》局（海軍）に、将来《しょうらい》に備《そな》えて非常《ひじょう》に優秀《ゆうしゅう》な旧《きゅう》日本軍人を雇《やと》っていたのです。彼《かれ》らは、少《しょう》尉《い》以上のプロの軍人がすべて追放されたのに対し、アメリカ軍が雇《やと》うというのでそれを免《まぬが》れ、再軍備《さいぐんび》のための研究をどんどん進めていたのです。しかも連中は、いざという時のために、追放をくった七万人以上の正規《せいき》の軍人、士官《しかん》たちの完全な資料《しりょう》を持ってきていました。通常《つうじょう》、これは「服部《はっとり》機関」といわれ、またウィロビーがつけた暗号名で「森機関」とも呼《よ》ばれます。

服部《はっとり》機関（森機関）のメンバー（カッコ内は士官《しかん》学校の期数）は、ノモンハン事件《じけん》の参謀《さんぼう》で太平洋戦争前の作戦課長、また戦争中に作戦部長だった服部卓四郎《はっとりたくしろう》大佐（34）、そして西浦進《にしうらすすむ》（34）、堀場一雄《ほりばかずお》（34）――彼《かれ》らは陸軍士官《しかん》学校34期の大秀才《だいしゅうさい》三羽ガラスといわれます、そして井本熊男《いもとくまお》（37）、稲葉正夫《いなばまさお》（42）、原四郎《はらしろう》（44）、田中耕二《たなかこうじ》、田中兼五郎《たなかけんごろう》（45）。稲葉《いなば》さんや原《はら》さんは、後にできた防衛庁戦史室長《ぼうえいちょうせんしし》時代に、私《わたし》など大変ご厄介《やっかい》になりました。また田中耕二《たなかこうじ》さんは陸軍の航空参謀《こうくうさんぼう》で、特攻《とっこう》についてかなり詳細《しょうさい》に研究・考案された人です。晩年《ばんねん》の松本清張《まつもとせいちょう》さんがこの服部《はっとり》機関を主題に書こうとされたのですが……。いずれにしろ、旧《きゅう》陸軍きっての秀才《しゅうさい》連中である佐官クラスがキープされていたわけで、その彼《かれ》らが「時こそ来たれ」と動き出したのです。ところで、ここに辻政信《つじまさのぶ》が入っていないのはなぜか、と考える人もあろうかと思いますが、残念ながらこの時はまだＢＣ級戦争犯罪人《はんざいにん》としてイギリス軍に追われ、〝潜行《せんこう》三千里〟の最中で行方《ゆくえ》がわからなかったためです。でなければ当然登場していたでしょう。いずれにしても「大日本帝国《ていこく》」時代の陸海軍を昔どおりに復活《ふっかつ》させようと考える人たちの集まりです。いやはや恐《おそ》ろしい話ですが、この件《けん》が今まで調べられたことはありません。おそらくかなり周到《しゅうとう》なものだったでしょうが、どのくらいきちんとプランを立ててやっていたか詳細《しょうさい》はわかりません。

そこに、やがて吉田《よしだ》さんとダレスさんの交渉《こうしょう》もあって日本の再軍備《さいぐんび》問題が取《と》り沙汰《ざた》されるようになったため、連中も少しずつ元気になって、この動きが表立《おもてだ》ってきたんですね。これにいち早く気付いたのが民政局《みんせいきょく》のホイットニーでした。仇敵《きゅうてき》のウィロビーがとんでもないことをやっている、というのですぐにマッカーサーに告《つ》げ口《ぐち》に行くと、マッカーサーも「何をやっとるのか」とカンカンに怒《おこ》って、それが吉田《よしだ》さんに伝えられます。

すると吉田《よしだ》さんと側近たちは、「なにぃ!?　東条英機《とうじょうひでき》の元秘書官《ひしょかん》が三人（服部《はっとり》、西浦《にしうら》、井《い》本《もと》）もいるではないか。そんな旧参謀《きゅうさんぼう》たちにコソコソ動かれて、揚句《あげく》にそれを警察予備隊《けいさつよびたい》に入れるなどとんでもない」と猛反対《もうはんたい》しました。もしこの動きが見つからなければ、警察予備隊《けいさつよびたい》は本当に「軍隊の卵《たまご》」として登場するくらいのものになったかもしれません。結局、マッカーサーが「服部機関排除《はっとりきかんはいじょ》」を決定し、メンバー全員を警察予備隊《けいさつよびたい》から排除《はいじょ》することとなります。八月九日、ウィロビーが服部《はっとり》たちを呼《よ》んで経緯《けいい》を話し、メンバーたちは無念の涙《なみだ》をのんで解散《かいさん》しました。ただし彼《かれ》らはその後も、復員局《ふくいんきょく》にずっと在籍《ざいせき》し、防衛庁《ぼうえいちょう》ができた時にそれぞれ、戦史《せんし》室長などにおさまることになります。

いずれにしろ、こうして警察予備隊《けいさつよびたい》は、プロを排除《はいじょ》した「素人《しろうと》」ではじまるのです。

第一回の隊員募集《ぼしゅう》は満三十五歳《さい》までで、健康で軍隊経験《けいけん》があればなお結構《けっこう》だったでしょう。給与《きゅうよ》は衣食住つきで月給五千円、二年勤務《きんむ》後に退職金《たいしょくきん》六万円――私《わたし》が昭和二十八年（一九五三）に文藝春秋《ぶんげいしゅんじゅう》に入社した時の月給は一万二千円でしたから、昭和二十五年ですと割《わり》といい方かもしれませんね。そして八月十七日、全国の百八十三カ所で試験が実施《じっし》されます。『自衛《じえい》隊《たい》十年史《ねんし》』とかいう本に出てくるのですが、大変な就職難《しゅうしょくなん》時代にいい月給のうえ衣食住つきですから三十八万二千三百人が応募《おうぼ》したそうで、競争率《きょうそうりつ》は五・一倍になりました。とにかく「早くつくれ」と急がれたのです。とりわけ朝鮮《ちょうせん》戦争で最後の米軍師団《しだん》が九月十日に朝鮮《ちょうせん》へと出兵することになっていた北海道配置部隊が、その補充《ほじゅう》の配置に急を要しました。どうも当時、樺太《からふと》に旧《きゅう》日本軍を交えた二個師団《こしだん》のソ連軍が集結し、北海道上陸を狙《ねら》っているという情報《じょうほう》があったようで——こんな話あり得《え》ないと思うのですが、それこそ素人《しろうと》の観測《かんそく》でしょうか。いずれにしろ、アメリカ軍が出て行くと同時に警察予備隊《けいさつよびたい》を駐屯《ちゅうとん》させたかったのですね。

こうして警察予備隊《けいさつよびたい》の組織化《そしきか》が完了《かんりょう》したのが昭和二十五年十二月二十九日でした。当然のことながら、あれは軍隊ではないか、警察《けいさつ》にしては武器《ぶき》が違《ちが》うではないか、という声が上がります。そこで翌《よく》昭和二十六年（一九五一）三月六日、参議院予算委員会で問《と》い詰《つ》められて吉田首相《よしだしゅしょう》が答えたのが、「自衛《じえい》のための戦力は合憲《ごうけん》である」という発言で、これが後の自衛隊合憲論《じえいたいごうけんろん》のスタートとなりました。

こんなふうに、日本の再軍備《さいぐんび》が急がれ、ダレスが焚《た》きつけ、吉田《よしだ》さんの必死の抵抗《ていこう》もものかは、マッカーサー命令で「軍隊（のちの自衛隊《じえいたい》）の卵《たまご》」は出来上がる、といった状況《じょうきょう》のなか、GHQも政策《せいさく》をどんどん日本を助ける方向にしていかなければというわけで、八月以降《いこう》、中佐から下の旧《きゅう》軍人のパージ（追放）はぞくぞく解除《かいじょ》となり、またその秋までには、一部の将官《しょうかん》を除《のぞ》いて大佐をも含《ふく》むすべての旧《きゅう》軍人の追放も解除《かいじょ》されました。警察予備隊《けいさつよびたい》は昭和二十七年（一九五二）八月に「保安庁《ほあんちょう》」となるのですが、その発足《ほっそく》の折、元陸軍大佐十人、元海軍大佐一人が頂点《ちょうてん》の幹部《かんぶ》となりました。さらにこれが自衛隊《じえいたい》になってゆく過程《かてい》は、後の話になります。

◆講和《こうわ》・安保《あんぽ》条約《じょうやく》の二つの問題

そうこうするうち、いよいよ日本は講和条約《こうわじょうやく》を結ぶことになりました。何度も申しますが、朝鮮《ちょうせん》戦争のさなか、日本を早く独立国《どくりつこく》にして味方陣営《じんえい》に入《い》れ込《こ》もうというアメリカの戦略《せんりゃく》を背景《はいけい》にして、条約《じょうやく》は昭和二十六年（一九五一）九月八日、サンフランシスコで結ばれました。発効《はっこう》は翌年《よくねん》ですが、ともかくこの時から戦後の独立国《どくりつこく》日本がスタートします。そしてかたちとしては、親米的な、アメリカの傘下《さんか》に入った、同時に重装備《じゅうそうび》の軍事力を持たない「通商国家」として国際復帰《こくさいふっき》することが決定づけられたのです。つまり戦後日本は「通商国家」として世界の一員になったものの、さて実際《じっさい》どうなるかは今後の大問題となります。

条約《じょうやく》は、参加五十二カ国のうち日本と四十八カ国が署名《しょめい》し、ソ連、チェコスロヴァキア（当時）、ポーランドのいずれも共産主義《しゅぎ》の三カ国が拒否《きょひ》しました。ソ連は日本再軍備制限案《さいぐんびせいげんあん》を盛《も》り込《こ》む修正案《しゅうせいあん》を提出《ていしゅつ》し、それが否決《ひけつ》されて調印を拒《こば》んだのです。ここになぜ中国がないのか、というのはややこしい話ですが、国民政府《せいふ》はいたのに中華人民共和国《ちゅうかじんみんきょうわこく》はまだ国連に入っていなかったのです。この時、吉田首相《よしだしゅしょう》は謝礼《しゃれい》の演説《えんぜつ》で、講和条約《こうわじょうやく》の文書は実に「和解《わかい》と信《しん》頼《らい》の文書」であり、「公正にしてかつ史上《しじょう》かつて見ざる寛大《かんだい》なもの」と述《の》べましたが、そう感《かん》謝《しゃ》するほどのものだったかは疑問《ぎもん》です。ともかく、条項《じょうこう》の一つに「請求権《せいきゅうけん》」がありまして、そこには「すべての当事国は賠償請求権《ばいしょうせいきゅうけん》を放棄《ほうき》する」とあります。当事国とは「日本と交戦関係にある国でアメリカの提案《ていあん》を基礎《きそ》に講和《こうわ》の意思をもつ国」を指すとあり、それが四十八カ国だったわけです。まあ、日本と戦争した国が五十一カ国あったこと自体、驚《おどろ》くべき数字です。宣戦布告《せんせんふこく》だけした国もあるかと思いますが。とにかくうち四十八カ国が日本への賠償金《ばいしょうきん》の請求《せいきゅう》を放棄《ほうき》すると決まりましたが、先の三カ国と中国が入っていませんから、問題点は残ります。もちろん日本は独立《どくりつ》したのですからたいへんなプラスなのですが、払《はら》った代償《だいしょう》がないわけではなく、その最大のものが、つまり全面講和《こうわ》でなく多数講和《こうわ》であることからくる問題でした。

一つは中国問題です。アメリカの強い要請《ようせい》で、日本は署名《しょめい》した四十八カ国に含《ふく》まれる台湾《たいわん》の国民党政府《こくみんとうせいふ》を中国の代表として扱《あつか》うことを余儀《よぎ》なくさせられたので、以後、中華人民共和国《ちゅうかじんみんきょうわこく》との国交回復《かいふく》に長い長い時間を要することになったのです。これは他の共産主義《しゅぎ》三カ国にも言えることで、ソ連とは未《いま》だに講和条約《こうわじょうやく》を調印していないと言いがかりをつけられることもあるほどです。昭和三十一年（一九五六）に鳩山一郎《はとやまいちろう》さんが出向いて行ってやったじゃないか、いやあれはちゃんとした講和条約《こうわじょうやく》ではないんだと。北方四島の問題は依然《いぜん》として何も解決《かいけつ》していませんしね。いずれにしろ、大きな宿題を残したのです。

そして講和条約《こうわじょうやく》と同時に、日米安全保障条約《ほしょうじょうやく》（日米安保《あんぽ》）が結ばれました。これは日本とアメリカだけの二国間で署名《しょめい》しました。しかし、本来は講和条約締結《こうわじょうやくていけつ》後にゆっくり、改めて相談し合って結ぶべきものだという意見が日本には根強くあります。挙国一致《きょこくいっち》で結んだものではない。同行した民主党《みんしゅとう》最高委員長の苫米地義三《とまべちぎぞう》さん、参議院の緑風会《りょくふうかい》議長の徳川宗敬《とくがわむねよし》さんの両全権《ぜんけん》大使は調印の席にも出席しませんでした。また、全権随員《ぜんけんずいいん》の池田勇人《いけだはやと》、星島二郎《ほしじまにろう》、一万田尚登《いちまだひさと》さんらは、列席したものの署名《しょめい》しませんでした。というのも、吉田《よしだ》さんが「これはおそらく日本でたいそう評判《ひょうばん》がよくないだろう」と一人だけで、「悪者になるなら俺《おれ》だけで」とばかりに署名《しょめい》したからです。

そして代表団《だいひょうだん》が日本に帰り、講和条約《こうわじょうやく》と安保条約《あんぽじょうやく》について衆参《しゅうさん》両院が討議《とうぎ》して賛否《さんぴ》を投票した結果、衆議院《しゅうぎいん》では講和条約《こうわじょうやく》については「賛成《さんせい》」が三〇七票、「反対」が四七票、参議院では「賛成《さんせい》」が一七四票、「反対」は四五票、いっぽう、日米安保条約《あんぽじょうやく》については衆議院《しゅうぎいん》での「賛成《さんせい》」が二八九票、「反対」が七一票、参議院での「賛成《さんせい》」は一四七票、「反対」が七六票にのぼりました。吉田《よしだ》さんが予想したように、講和条約《こうわじょうやく》に対しては大方が賛成《さんせい》ですが、安保《あんぽ》条約《じょうやく》については反対が少なくなかったわけです。なお、社会党《しゃかいとう》はこの時、両条約《じょうやく》の賛否《さんぴ》で激《はげ》しく対立して左右に分裂《ぶんれつ》します。右派《うは》は講和条約《こうわじょうやく》のみ賛成《さんせい》、左派《さは》は両条約《じょうやく》ともに反対でした。後にまた統一《とういつ》されますが、社会党《しゃかいとう》はこのへんから離合集散《りごうしゅうさん》をくり返し、土台がガタガタしはじめるのです。

さて講和条約《こうわじょうやく》と安保条約《あんぽじょうやく》の問題点がどこにあるかを改めて考えてみます。

まずこの時から、「占領軍《せんりょうぐん》」は「駐留軍《ちゅうりゅうぐん》」になりました――もっとも「占領軍《せんりょうぐん》」なんて言葉はそれ以前からあまり使いませんでした――が、安保条約《あんぽじょうやく》の条項《じょうこう》は非常《ひじょう》にややこしく後からどんどん改定されますけれど、ともかく最初期の条項《じょうこう》では、アメリカが日本の安全の責任《せきにん》を全面的に負《お》う、そのかわり日本は基地《きち》を提供《ていきょう》するとあります。この基本《きほん》関係はわかりやすいのですが、肝心《かんじん》の「どこに基地《きち》をおくか」を決めていませんでした。日本の政府《せいふ》が協議をしてノーと言わない限《かぎ》り、あらゆる場所を基地《きち》にしてもよいということになってしまうのです。これは非常《ひじょう》にまずいんじゃないかということで、後に改定されます。

また、いざという時の事前協議を一切《いっさい》しない、つまり事前協議制度《せいど》を欠いていました。こういうのは独立《どくりつ》国家としては異例《いれい》です。国内に他国の軍隊がいて、それが何かをやる時に勝手にできるとなると、たとえばいったん緩急《かんきゅう》ある時は「羽田基地《はねだきち》をよこせ」といきなりアメリカの戦闘機《せんとうき》がダーッと羽田《はねだ》に降《お》りてくる……なんてことはふつうあり得《え》ない話です。日本には義務《ぎむ》だけあって権利《けんり》がないのです。一方アメリカは、徹底的《てっていてき》に日本を防衛《ぼうえい》することは必ずしも義務《ぎむ》づけられず、日本防衛《ぼうえい》の名のもとに責任《せきにん》の範囲《はんい》を極東全域《ぜんいき》に拡大《かくだい》してしまえたのです。これを「極東条項《じょうこう》」といいます。つまり、安保条約《あんぽじょうやく》はアメリカにとっては極東戦略《せんりゃく》を最大限《さいだいげん》に拡大《かくだい》したものであり得《え》たのです。

二つ目の問題は、領土《りょうど》です。軍事占領《せんりょう》を続けている沖縄はアメリカの領土《りょうど》なのか、アメリカが日本政府《せいふ》から借りるのか、はっきりしなかったのです。ダレスは「戦略的《せんりゃくてき》必要に基《もと》づいて管理する」部分以外の「主権《しゅけん》は日本に残されている」と言い、吉田《よしだ》さんは講和《こうわ》条約受諾《じょうやくじゅだく》演説《えんぜつ》のなかで「これらの地域《ちいき》の主権《しゅけん》は日本に残されている」と述《の》べました。こうして、主権《しゅけん》は日本にあるといいながら、戦略《せんりゃく》上は必要に基《もと》づいてアメリカが管理する、というのでは、沖縄統治《とうち》の主権《しゅけん》は本当はどっちにあるのか曖昧模糊《あいまいもこ》としたまま条約《じょうやく》が結ばれたのです。主権《しゅけん》の確認《かくにん》がもし無理ならば、日米共同の施設《しせつ》にするか、あるいは将来《しょうらい》は日本に復帰《ふっき》させることを約束してほしい、と日本は必死に粘《ねば》ったのですが、アメリカ側が聞かないので、結局はあやふやのまま引き下がったという経緯《けいい》があるようです。現実主義者《げんじつしゅぎしゃ》のダレスさんに「軍事力の一つもなしに、どうして主権《しゅけん》が確保《かくほ》できるのか」とガンガン言われれば、吉田《よしだ》さんも唸《うな》ってしまうだけだったのでしょう。結局、アメリカに基地《きち》を貸《か》すこと、そして沖縄および近くの島々をアメリカが管理することについて全面的に譲歩《じょうほ》してしまったのです。

そして戦後の独立国《どくりつこく》日本は、この曖昧《あいまい》な二点をきちっとさせるために多大のエネルギーや時間やあらゆる努力を費《つい》やして解決《かいけつ》に当たることになりました。

要するに、「通商国家」として国際復帰《こくさいふっき》した戦後日本ですが、安保条約《あんぽじょうやく》のもとに、基地《きち》問題、沖縄問題を曖昧《あいまい》なままずーっと引《ひ》っ張《ぱ》って、えっちらおっちら交渉《こうしょう》を続けていかねばならない、これは大変な重荷でした。そのために国内でさまざまな騒動《そうどう》や事件《じけん》が起こりますが、当時、蔵相秘書官《ぞうしょうひしょかん》だった宮沢喜一《みやざわきいち》さんが回顧録《かいころく》に書いています。

「現実《げんじつ》には米国の保護《ほご》を受けるとしても、独立《どくりつ》した国家がいかなる説明と構成《こうせい》によって他国の軍隊の駐留《ちゅうりゅう》を認《みと》め得《う》るかという点について、大多数の国民が納得《なっとく》する方式は容易《ようい》に見《み》出《いだ》しえなかった」

国民皆《みな》が納得《なっとく》できるような米軍駐留《ちゅうりゅう》への方策《ほうさく》を見出《みいだ》し得《え》ないままに安保条約《あんぽじょうやく》を結んでしま

ったということです。作家の大岡昇平《おおおかしょうへい》さんが「俺《おれ》は日本を大事と思うが、日の丸の旗は掲《かか》げない。アメリカ兵が一人でもいる間は独立国《どくりつこく》日本ではないからだ」というようなことを書いていますが、それほど強情《ごうじょう》な人も出てくるくらい、ずぅーっと後を引く大変な問題でした。

ともかく昭和二十七年（一九五二）四月二十八日、サンフランシスコ講和条約《こうわじょうやく》と日米安保《あんぽ》条約《じょうやく》が発効《はっこう》します。この日から日本は被占領《ひせんりょう》国家ではなく、独立《どくりつ》国家となりました。ＧＨＱも廃止《はいし》になりました。ここからが戦後日本のスタートなのですが、その後三カ月の間に大きな騒擾事件《そうじょうじけん》が次々と起こるのです。

まず五月一日の「血のメーデー事件《じけん》」です。皇居前《こうきょまえ》広場を借りた大市民大会ですが「貸《か》した覚えはない」「いやそんなことはない」と警察《けいさつ》とデモ隊がぶつかり合い、まさに大射撃《しゃげき》戦が繰《く》り広《ひろ》げられました。まるで戦争のような騒動《そうどう》になり、自家用車はひっくり返され、警官隊《けいかんたい》はピストルを撃《う》つで、二人が射殺《しゃさつ》され、千二百三十人が逮捕《たいほ》されました。私《わたし》は当時、ボート部員で、春先のまだ掌《てのひら》がしっかりしていない頃《ころ》なのでマメができて包帯を巻《ま》いていたのですが、地下鉄浅草《あさくさ》駅を降《お》りたところでおまわりさんにつかまりまして、メーデー事件《じけん》に参加した負傷者《ふしょうしゃ》と思われたらしいのです。それほど大層《たいそう》な騒《さわ》ぎだったわけです。

また六月二十四日、大阪の吹田《すいた》で朝鮮動乱《ちょうせんどうらん》二周年記念集会が行なわれ、デモ隊九百人が警官隊《けいかんたい》と真正面から衝突《しょうとつ》し、六十人が逮捕《たいほ》されました。

さらに七月七日、名古屋市大須《おおす》でデモ隊と警官隊《けいかんたい》が衝突《しょうとつ》し、ここでは火炎瓶《かえんびん》とピストルの投げ合い、撃《う》ち合《あ》いで百二十一人が逮捕《たいほ》されました。

これらは国が独立《どくりつ》してすぐの事件《じけん》ですから、いかに安保条約《あんぽじょうやく》が国民に不人気だったかがわかります。その後、早稲田《わせだ》大学構内《こうない》をはじめ、至《いた》るところで条約《じょうやく》に反発した騒動《そうどう》が起きたことは歴史《れきし》の年表を見ればわかります。また基地《きち》問題に関してもあらゆるところで騒動《そうどう》が起こり、沖縄に関しては現在《げんざい》に至《いた》ってもいろんな事件《じけん》が絶《た》えません。

◆〝天皇退位《てんのうたいい》〟発言は「非国民《ひこくみん》」なり

ここで一つ、補足的《ほそくてき》にお話しておきます。昭和天皇《てんのう》の問題です。前にも何べんか出たと思いますが、天皇陛下《てんのうへいか》はご自分で「退位《たいい》」について発言されたことが大きくいって三度あります。

最初は終戦直後の八月二十九日、戦犯《せんぱん》として逮捕《たいほ》される人が出はじめた時、「戦争責任者《せきにんしゃ》を連合国に引《ひ》き渡《わた》すは真に苦痛《くつう》にして忍《しの》び難《がた》きところなるが、自分が一人引き受けて退位《たいい》でもして納《おさ》めるわけにはいかないだろうか」と木戸幸一《きどこういち》内大臣にもらしています。前にふれておきましたね。この時は、「今、退位《たいい》をされるとかえって戦犯《せんぱん》指名につながってしまいます。あるいは（強硬《きょうこう》に天皇制廃止《てんのうせいはいし》を主張《しゅちょう》する国もあるなか）天皇制廃止《てんのうせいはいし》にもつながります」と、木戸《きど》さんと藤田尚徳《ふじたひさのり》侍従長《じじゅうちょう》が反対し、陛下《へいか》も気持ちを仕舞《しま》い込《こ》まれました。ところが当時の東久邇宮《ひがしくにのみや》首《しゅ》相《しょう》と近衛文麿《このえふみまろ》さんは、むしろ退位《たいい》を期待し、口にも出していました。そこで、木下道雄《きのしたみちお》侍従《じじゅう》次長が御用掛《ごようがかり》の寺崎英成《てらさきひでなり》さんを通してＧＨＱの考えを打診《だしん》すると、マッカーサーは「アメリカはまったく天皇退位《てんのうたいい》を希望しとらん」と答え、話は立ち消えになったのです。もっともその後に、木戸《きど》さんが戦犯《せんぱん》として巣鴨刑務所《すがもけいむしょ》に出頭する前、十二月十日に昭和天皇《てんのう》に会った時に、「講和条約《こうわじょうやく》の成立した時、皇祖皇宗《こうそこうそう》に対し、また国民に対し、責任《せきにん》をおとり遊ばされ、御退位《ごたいい》されるのが正当なり」と恭《うやうや》しく申し上げたのは確《たし》かで、天皇陛下《てんのうへいか》もまたこれを「そうか」と聞くだけは聞いたようです。

二回目は、東京裁判《さいばん》の判決《はんけつ》が出た時です。この時は、世論《よろん》でも天皇退位論《てんのうたいいろん》が高まり、マスコミにもたくさんの議論《ぎろん》が出ました。天皇《てんのう》もそう思われたらしい。GHQが心配して「退位《たいい》など考えないでくださいよ」というような手紙を寄越《よこ》したのに対する昭和二十三年（一九四八）十一月十二日付の返事が残っています。

「閣下《かっか》が過日《かじつ》、吉田首相《よしだしゅしょう》を通じて私《わたし》に寄《よ》せられたご懇意《こんい》かつご厚意《こうい》あふれるメッセージに厚《あつ》く感謝《かんしゃ》いたします。私《わたし》は国民の福祉《ふくし》と安寧《あんねい》を図《はか》り、世界平和のために尽《つ》くすことは、私《わたし》の終生の願いとするところであります。いまや私《わたし》は一層《いっそう》の決意をもって、万難《ばんなん》を排《はい》し、日本の国家再建《さいけん》を速《すみ》やかならしめるために、国民と力を合わせ、最善《さいぜん》を尽《つ》くす所存《しょぞん》であります」

こうしてこの時も、自分は退位《たいい》などせず、国民とともに国家再建《さいけん》と世界平和のために最善《さいぜん》を尽《つ》くすという決意を示《しめ》され、この時も話は立ち消えになりました。

そして三回目ですが、さきほど木戸《きど》内大臣が天皇《てんのう》に言上《ごんじょう》したように、講和《こうわ》会議の調印後、国家が独立《どくりつ》した時に退位《たいい》されるのがよいのでは、という意見はかなりの人がもっていたんですね。例の南原繁《なんばらしげる》さんもどこかで「日本が独立《どくりつ》した時に、天皇陛下《てんのうへいか》は責任《せきにん》をお取りになって退位《たいい》されるのがよいのでは」という意見を喋《しゃべ》っています。その一つの面白《おもしろ》い話の代表として、講和《こうわ》会議が済《す》み、条約《じょうやく》の発効《はっこう》を待っている昭和二十七年（一九五二）一月の衆議院《しゅうぎいん》予算委員会で、中《なか》曾根康弘《そねやすひろ》議員がこう質問《しつもん》しました。長いので抜粋《ばっすい》してみます。

「……神聖不可侵《しんせいふかしん》のご身分より解放《かいほう》せられた天皇《てんのう》が、地上のわれわれと同じ一員として、過去《かこ》の戦争について人間的苦悩《くのう》を感ぜられておることもあり得《え》るのであります。もしこの天皇《てんのう》の人間的苦悩《くのう》が、外からの束縛《そくばく》によってほぐされない状態《じょうたい》であるならば、この束縛《そくばく》を解《と》くことが、古くして新しい天皇制《てんのうせい》にふさわしいことといわなければなりません」

おやおや、と思うところもあります。天皇陛下《てんのうへいか》は「人間的苦悩《くのう》」なんて安易《あんい》な言葉で扱《あつか》ってもらっちゃ困《こま》ると感じていたかもしれませんが。そして次は一般的《いっぱんてき》な意見です。

「天皇《てんのう》が御《おん》みずからのご意思でご退位《たいい》あそばされるなら、……最後の機会として、平和条約《じょうやく》発効《はっこう》の日がもっとも適当《てきとう》であると思われるのであります」

「皇太子《こうたいし》も成年に達せられ……今日、天皇《てんのう》がみずからご退位《たいい》あそばされることは、遺家族《いかぞく》その他の戦争犠牲者《ぎせいしゃ》たちに多大の感銘《かんめい》を与《あた》え、天皇制《てんのうせい》の道徳的基礎《きそ》を確立《かくりつ》し、天皇制《てんのうせい》を若返《わかがえ》らせるとともに、確固不抜《かっこふばつ》のものに護持《ごじ》するゆえんのものであると説《と》く者もありますが、政府《せいふ》の見解《けんかい》はこの点いかがなものでございましょうか」

「説《と》く者もありますが」なんて他人に被《かず》けたようですが、ご自分が思ってらっしゃることなんでしょうね、ともかくこれに対して吉田首相《よしだしゅしょう》はこう答えます。

「日本民族の愛国心の象徴《しょうちょう》であり、日本国民が心から敬愛《けいあい》している陛下《へいか》……そのご退位《たいい》を希望するがごときは、私《わたし》は非国民《ひこくみん》と思うのであります」

忠臣《ちゅうしん》吉田茂《よしだしげる》の面目躍如《めんもくやくじょ》です。一言のもとにはねつけて中曾根《なかそね》議員を「非国民《ひこくみん》」にしてしまった——という話が残っているくらい、議会においてもマスコミにおいても論《ろん》ぜられたわけです。そして、天皇陛下《てんのうへいか》ご自身も退位《たいい》のご意思をかなり固められていた。この時、猛反対《もうはんたい》したのが吉田首相《よしだしゅしょう》でした。今、退位《たいい》などすればかえって混乱《こんらん》を招《まね》く、これから日本が再出発《さいしゅっぱつ》しようという時に、それを引《ひ》っ張《ぱ》っていくためにも天皇陛下《てんのうへいか》はますます大事である、と。

五月三日、皇居前《こうきょまえ》広場で大々的に講和条約発効《こうわじょうやくはっこう》式典が催《もよお》されましたが、そこで天皇陛下《てんのうへいか》が読むお言葉について、ご本人がこういうことを言いたいというものを文章化したものを、事前に小泉信三《こいずみしんぞう》元慶応義塾《けいおうぎじゅく》大学塾長《じゅくちょう》、三谷隆信《みたにたかのぶ》侍従長《じじゅうちょう》、宇佐美毅《うさみたけし》侍従《じじゅう》次長らが目を通して検討《けんとう》した際《さい》、「退位《たいい》」などという言葉などもってのほか、さらに原案に二、三カ所あった「敗戦の責任《せきにん》を国民に詫《わ》びる」に近い表現《ひょうげん》など「今さら陛下《へいか》が謝罪《しゃざい》するのはおかしい」と削《けず》ってしまったという。側近はそれほど、今に及《およ》んで天皇《てんのう》が戦争責任《せきにん》問題を云々《うんぬん》したり、まして退位《たいい》などを口にすることなど必要ない、という態度《たいど》でしたから、天皇《てんのう》も再《ふたた》びお気持ちを引《ひ》っ込《こ》められました。そして当日、天皇《てんのう》が読み上げられた言葉は以下のようでした。

「この時にあたり、身寡薄《かはく》なれども、過去《かこ》を顧《かえり》み、世論《よろん》に察し、沈思熟慮《ちんしじゆくりよ》、あえてみずからを励《はげ》まして、負荷《ふか》の重きに堪《た》えんことを期し、日夜ただおよばざることを恐《おそ》れるのみであります。こいねがわくば、共に分を尽《つ》くし事に勉《つと》め、相《あい》たずさえて国家再建《さいけん》の志業《しぎよう》を大成し、もって永《なが》くその慶福《けいふく》を共にせんことを切望してやみません」

相当に悩《なや》まれたことははっきり述《の》べられています。新しい日本の出発を考え、「自分も」と思ったところもあったけれども、じっと考え抜《ぬ》いてやはりここは国民と一緒《いつしよ》に歩いていくことを決意した、そう日本の船出を祝ったのです。

そしてこれ以後は、昭和天皇《てんのう》の退位《たいい》や戦争責任《せきにん》に関する問題が云々《うんぬん》されることはなくなりました。こうして日本は、新しい国づくりに出発したわけです。

＊1——文民統制《ぶんみんとうせい》　軍部の政治介入《せいじかいにゆう》を防《ふせ》ぐため、職業《しよくぎよう》軍人の経歴《けいれき》をもたない政治家《せいじか》が国防《こくぼう》に関する最高指導権《しどうけん》をもつこと。シビリアン・コントロールの訳語《やくご》。

第十章

混迷《こんめい》する世相・さまざまな事件《じけん》

基地《きち》問題、核実験《かくじっけん》への抵抗《ていこう》

この章のポイント

一九五二（昭和二十七）年四月、前年結ばれたサンフランシスコ講和条約《こうわじょうやく》が発効《はっこう》。日本国内から占領《せんりょう》の影《かげ》が薄《うす》れ、同年開催《かいさい》のヘルシンキ五輪への参加が認《みと》められたことは、国際社会の一員となったことを国民に実感させました。一方で、混血児《こんけつじ》や引《ひ》き揚《あ》げ、基地《きち》問題など、戦争の傷跡《きずあと》は社会の至《いた》る所《ところ》に残っていました。さらにビキニ環礁《かんしょう》での第五福竜丸《ふくりゅうまる》の被爆《ひばく》など、国民を不安にさせる重大な事件が相次いだことで、世相《せそう》は混迷《こんめい》していきます。

キーワード

メーデー事件《じけん》／破壊《はかい》活動防止法《ぼうしほう》（破防法《はぼうほう》）／羽田《はねだ》空港の返還《へんかん》／ヘルシンキ五輪への参加／アメリカの水爆《すいばく》実験／第五福竜丸《ふくりゅうまる》事件《じけん》／内灘闘争《うちなだとうそう》／ＮＨＫがテレビ放送を開始／力道山《りきどうざん》／旭丘《あさひがおか》中学事件《じけん》

◆消え行く占領《せんりょう》の〝影《かげ》〟

少し前回の復習《ふくしゅう》を兼《か》ねたお話をします。昭和二十六年（一九五一）九月八日、サンフランシスコ講和《こうわ》条約《じょうやく》が締結《ていけつ》され、日本は占領《せんりょう》が終わり、国家主権《しゅけん》を取り戻《もど》して独立国《どくりつこく》となることが世界的に認《みと》められました。講和《こうわ》会議が開催《かいさい》された九月四日、全権《ぜんけん》大使・吉田茂《よしだしげる》首相《しゅしょう》が短い演《えん》説《ぜつ》をしたなかでこう述《の》べています。

「外交の権力《けんりょく》をもっていない国は亡《ほろ》びるともいいますが、この条約《じょうやく》によって国際《こくさい》社会に戻《もど》ることになった日本は、真に外交能力《のうりょく》をもつ国になりたい」

これは非常《ひじょう》に意味のある言葉で、日本は昭和八年（一九三三）、「栄光ある孤立《こりつ》」といって国際連盟《こくさいれんめい》を脱退《だったい》してから、外交はほとんどないといっていいくらいでした。それがはじめて孤《こ》立《りつ》から脱《だつ》し、世界の一員に加わったのです。会議場では参加五十二カ国の国旗の最後尾《さいこうび》に日の丸が掲《かか》げられ、世界の仲間入りをしたことが国際的《こくさいてき》に認証《にんしょう》されたのです。

吉田《よしだ》さんの言葉をわざわざ引いたのは、「真に外交能力《のうりょく》をもつ国になりたい」と強く主張《しゅちょう》したものの、その後の日本は果たしてどうであったか、これが今後の昭和史《しょうわし》を考えるうえで大きなテーマとなるからです。この講義《こうぎ》はおそらく多くは語れないと思いますが、ともかく日本の外交はどうあるべきかをしっかりと考えなくてはなりません。結論《けつろん》だけ先に言ってしまえば、昭和八年以降《いこう》の国際的孤立《こくさいてきこりつ》、それに続く占領《せんりょう》によって日本の外交は、どうもおんぶに抱《だ》っこと言いますか、世界の情勢《じょうせい》とあまり深く関係しない場で考えられ続けてきた気がしてなりません。自前の情報《じょうほう》をもたず、自立的に判断《はんだん》したことがない。「外交の権力《けんりょく》をもっていない国は亡《ほろ》びる」という吉田《よしだ》さんの言葉を、今の日本はどのように聞くでしょうか――それを最初に問うておいて、本題に入りたいと思います。

講和《こうわ》条約《じょうやく》と同時に安保《あんぽ》条約《じょうやく》が結ばれたことは前回にお話しました。日本にある米軍の軍事基地《きち》は認《みと》める、そのかわり日本の防衛《ぼうえい》をすべてアメリカが担《にな》うという内容《ないよう》です。そして昭和二十七年（一九五二）四月二十八日、平和条約《じょうやく》が発効《はっこう》し、日本は完全な独立国《どくりつこく》になって国家主権《しゅけん》を回復《かいふく》しました。日本人は、喜《よろこ》んだと同時に、占領《せんりょう》時の不満は山ほどたまっていましたし、国家の政策《せいさく》がアメリカべったりですから、果たして一国に頼《たよ》り切《き》った状態《じょうたい》でいいのかという声も出て、五月にはメーデー事件《じけん》、早大事件《じけん》などの争乱《そうらん》が相次ぎます。さらに新宿《しんじゅく》駅前でデモ隊と警官隊《けいかんたい》が衝突《しょうとつ》して市街戦となった時は、学生が投げた火炎瓶《かえんびん》が燃《も》え上《あ》がり、西口から南口にかけてはさながら火炎瓶《かえんびん》広場でした。

これを受けて政府《せいふ》は「破壊《はかい》活動防止法《ぼうしほう》（破防法《はぼうほう》）」を作成、七月、一気に施行《しこう》にもっていきます。国内的な暴動《ぼうどう》に対処《たいしょ》するための法律《ほうりつ》でしたが、左翼弾圧《さよくだんあつ》のための法律《ほうりつ》ではないかと勘《かん》ぐって、「特高警察《とっこうけいさつ》の再現《さいげん》だ」と猛反対《もうはんたい》した人たちと揉《も》め、一連の騒動《そうどう》は破防法闘争《はぼうほうとうそう》といわれました。ちなみに、惨憺《さんたん》たる悪評《あくひょう》のもとで施行《しこう》された破防法《はぼうほう》ですが、実際《じっさい》に適用《てきよう》されることはほとんどなく、近年になってオウム事件《じけん》で大々的に適用《てきよう》が議論《ぎろん》されました。

いずれにしろ、昭和二十七年から、過去《かこ》七年間の占領《せんりょう》の〝影《かげ》〟と言いますか、至《いた》る所《ところ》にアメリカ兵がいてパンパンと腕《うで》を組んで歩き、ジープが街の中を疾走《しっそう》するといった風景が、面白《おもしろ》いくらいにどんどん消えていきました。いっぺんになくなるのではなく、まるで映画《えいが》のフェイド・アウト——溶暗《ようあん》と訳《やく》すそうですが——のようにスーッと薄《うす》くなって消えていく感じでした。そしてその代わりというように、アメリカの「文化」がどかどかと入ってきたのです。

一例として、キャメルやフィリップ・モリスなど、それまで手に入らなかったような外国タバコが自由に買えるようになりました。こんな話があります。永井荷風《ながいかふう》のもとへ、朝日新聞の人が何か書いてもらおうと外国タバコをワンカートン持って訪《おとず》れ、「先生これお好きでしょう」と差し出したんですね、すると荷風《かふう》さんは、「いやぁ、こんな珍《めずら》しいもの、はじめて見ました」と喜《よろこ》んでおし戴《いただ》き、早速《さっそく》しまい込《こ》もうと後ろの押入《おしい》れを開けると、同じタバコがダーッと積んであった……。まあ、当時は非常《ひじょう》に珍《めずら》しかったですから、各新聞雑誌社《ざっししゃ》が次々に持ってきたのを荷風《かふう》先生、そのたんびに「いやぁ、こんな珍《めずら》しいもの」と言って溜《た》め込《こ》んでいたという、時代を感じさせる笑い話です。

同時に、競技場《きょうぎじょう》やゴルフ場、羽田《はねだ》空港、の港湾施設《こうわんしせつ》などのほか、GHQに接収《せっしゅう》されていた土地や建物が次々に返還《へんかん》されます。四月二十八日現在《げんざい》で、返還施設《へんかんしせつ》は一般施設《いっぱんしせつ》が一四二八件《けん》、個人住宅《こじんじゅうたく》が一九六七件《けん》でした。個人住宅《こじんじゅうたく》というのは、たとえば、いま鎌倉《かまくら》文学館になっている旧前田公爵邸《きゅうまえだこうしゃくてい》をアメリカ軍が接収《せっしゅう》してどなたかが住んでいた、といったケースがたくさん

銀座４丁目の服部時計店はPXとして敗戦直後、アメリカ兵で賑わっていた

ありまして、それらも皆戻《みなもど》ってきたんですね。当然、マッカーサーの牙城《がじょう》があったお濠端《ほりばた》の第一生命相互《そうご》ビルも返され、GHQは今自衛隊《じえいたい》のある市ケ谷《いちがや》へ去り、各局は小さな部屋をいくつか占《し》めるくらいに縮小《しゅくしょう》されました。また当時、銀座《ぎんざ》四丁目でPXといってアメリカ兵用のお土産《みやげ》などを売っていた場所も、もとの服《はっ》部《とり》時計店に戻《もど》されました。今の和光《わこう》ですね。さらに太平洋戦争で殉職《じゅんしょく》した新聞記者の名を取ってアーニィ・パイル劇《げき》場《じょう》と呼《よ》ばれた有楽町の東京宝塚劇場《たからづかげきじょう》も返還《へんかん》されました。もちろん東京だけでなく、関西や九州やその他の地域《ちいき》でも接《せっ》収施設《しゅうしせつ》はどんどん返還《へんかん》され、いかにも「ああ占領《せんりょう》時代が終わったなあ」といった風景に映《うつ》りました。

七月には羽田《はねだ》空港も返還《へんかん》されます。飛べるのはすべて連合軍機のみという時代が終わったのです。そしていよいよ日本の民間航空《こうくう》がスタート、とはいうものの、残念ながらすぐに実現《じつげん》したわけではなく、日本の空は依然《いぜん》としてアメリカ軍の管制《かんせい》下にありました。戦後、軍需《ぐんじゅ》は一切《いっさい》許《ゆる》されないということで、飛行機製造《せいぞう》は日本の産業からまったく消えていました。フランス文学者の辰野隆《たつのゆたか》さんが、「この空はわが空ならず秋の空」といった作者不詳《ふしょう》の句《く》をエッセイに引いていますが、空を見上げながら、ここに広がっているのは日本の空じゃないんだよなあ、占領軍《せんりょうぐん》だけが飛べる、つまりアメリカの空なんだよなあ、と日本人の誰《だれ》もが考えたんじゃないでしょうか。それがこの羽田《はねだ》空港の返還《へんかん》でようやく日本人のパイロットによって日本の飛行機が空を飛べる。日本の空が戻《もど》ってきたということになります。

また、昭和二十七年（一九五二）夏のヘルシンキ五輪に参加を認《みと》められたのは大きな出来事でした。戦犯《せんぱん》国はオリンピックには参加させないと言っていたＩＯＣ（国際《こくさい》オリンピック委員会）がまずドイツ、そして日本の参加を認《みと》めたのです。そうして日本の選手団《せんしゅだん》が晴れ晴れとした顔をしてヘルシンキに行きましたが、そこに実は、ボート選手として私《わたし》もいたはずでした……前年の代表決定戦で、慶応《けいおう》大学に三〇センチ、いや六〇センチ、いやいや一メートルという人もいますが、ともかく僅差《きんさ》で敗れ、まことに残念ながら私《わたし》は出場できなかったのです。それはともかく、日本人が五輪に参加できたことは大変な喜《よろこ》びであったのは事実です。この時、前回昭和二十三年（一九四八）のロンドン五輪には日本は参加を許《ゆる》されませんので、そのロンドン大会に時間を合わせて日本水泳選手権《せんしゆけん》が行なわれ、五輪の優勝者《ゆうしようしや》のタイムをはるかに凌《しの》ぐ世界記録で、古橋広之進《ふるはしひろのしん》選手が優勝《ゆうしよう》しました。で、日本のストップウォッチは壊《こわ》れているんじゃないかとさえ言われたほどでした。その古橋《ふるはし》選手が出場しましたが、四〇〇メートル自由形決勝で八人中八位の惨敗《ざんぱい》に終わりました。峠《とうげ》を越《こ》えている歳《とし》で、五輪には縁《えん》が薄《うす》かったのですね。その時、ご本人かあるいはどなたかが「飛魚《とびうお》敗れて北欧《ほくおう》の月を眺《なが》む」と詠《よ》んだそうです。

◆「金は一年、土地は万年」

こんなふうに、独立《どくりつ》後の日本が活気づいてきたことは確《たし》かで、それが顕著《けんちょ》だったのは芸能界《げいのうかい》です。その筆頭がラジオ番組「君の名は」でした。菊田一夫《きくたかずお》さんの作で、真知子《まちこ》さんと春樹《はるき》さんがすれ違《ちが》いを重ねる話ですが、あんまり人気が出たものですから、毎夕、放送時間になると銭湯《せんとう》の女湯が空《から》になったと言われまして、本当かどうか知りませんが。映画《えいが》にもなりました。また放送開始は四月ですが、延々《えんえん》と続いて寒い季節になると、街では若《わか》い女性《じよせい》に「真知子巻《まちこま》き」が流行《はや》りました。皆《みな》が映画《えいが》における真知子《まちこ》さんの真似《まね》をして頭にくるくると布《ぬの》を巻《ま》いたんですね。さらに、番組の冒頭《ぼうとう》のせりふ「忘却《ぼうきやく》とは忘《わす》れ去《さ》ることなり」、当たり前じゃないかと思うのですが、これがまた非常《ひじよう》に流行《はや》りまして、「あの苦しかった戦争は忘《わす》れようよ」といった思いがどこか、それぞれの人の心に湧《わ》いたのかもしれません。

また私《わたし》は全然記憶《きおく》にないのですが、四月二十八・二十九日、デビューして五年目の美空《みそら》ひばりさんがなんと、東京の歌舞伎座《かぶきざ》でリサイタルを開いたというんです。超満員《ちょうまんいん》だったそうです。その昔、オッペケペー節で知られる川上音二郎《かわかみおとじろう》（明治四十四年没《ぼつ》）が歌舞伎座《かぶきざ》の舞台《ぶたい》に立った時、九代目市川団十郎《いちかわだんじゅうろう》（明治三十六年没《ぼつ》）は「あんなやつが踏《ふ》んだ舞台《ぶたい》を踏《ふ》めるか」とカンカンに怒《おこ》ったそうですが、この時に生きていれば「あんなこまっちゃくれた娘《むすめ》が？」と窒息《ちっそく》してしまったのではないでしょうか。

その他、アメリカン・ジャズがどんどん入ってきて、トニー谷《たに》、ロイ・ジェームス、E・H・エリックなど横文字名前の人がわんさか出てきます。もちろん少し前から兆《きざ》しはあったのですが、ブーム到来《とうらい》というか、ジャズ演奏会《えんそうかい》などがますます盛《さか》んになりました。

それともっとアメリカ的なものが輸入《ゆにゅう》されてきました。ジーンズです。辞書によると「丈《じょう》夫《ぶ》な粗《あら》い布地《ぬのじ》でつくったズボン」とあります。東京都内のジーンズショップが百軒《けん》を超《こ》えたのがこの年の九月。ヨーロッパ諸国《しょこく》からみると、日本はかなりの後進国であったようです。

どうも、当時の日本人は「いやなことは忘《わす》れよう」と、とにかく明るいことを好んだんですね。うんと皮肉っぽく社会を諷刺《ふうし》したラジオの「日曜娯楽版《ごらくばん》」は「世相批判《ひはん》がひどすぎる」というので逆《ぎゃく》にダメになりまして、「ユーモア劇場《げきじょう》」と名前を変えて奮闘《ふんとう》したものの、ワサビがきかなくなって人気は凋落《ちょうらく》の一途《いっと》を辿《たど》りました。つまり、なんとなく世相が全体的に、尻《しり》をまくったり後ろからポカンとやるような陰湿《いんしつ》で暗い感じのものから、ともかく楽しく明るい感じの方へと傾《かたむ》いていったのです。そういう流れのなかに、ひばりちゃんの歌舞伎座《かぶきざ》リサイタルやジャズのブームがあるのかもしれません。

国際的《こくさいてき》には、アメリカが十一月一日、マーシャル諸島《しょとう》エニウェトク環礁《かんしょう》で人類初の水爆《すいばく》実験を行ないました。広島の原爆《げんばく》の七百倍以上の威力《いりょく》をもつもので、これで核戦争《かくせんそう》の可能性《かのうせい》はうんと減《へ》ったと考えられました。もし戦争が起こるようなことがあったら人類は滅亡《めつぼう》です。冷戦は続くであろうが、「恐怖《きょうふ》による平和」というものが保《たも》たれるだろう——と楽観的なことをいう学者が、とくにアメリカに多く現《あらわ》れました。これは翌年《よくねん》の話に絡《から》みますので記憶《きおく》しておいてください。

ともかく昭和二十七年、日本は独立《どくりつ》し、日本人は元気になり、わっさわっさと国づくりがはじまりました。ボートの選手だった私《わたし》は、以前は腹《はら》をへらしてばかりでしたが、この頃《ころ》になると食う物もだんだん豊《ゆた》かになって、眼《め》の色を変えてガツガツする必要もなくなり、隅田川《すみだがわ》で猛《もう》練習《れんしゅう》のあと、吾妻橋畔《あづまばしほとり》のビヤホールで先輩《せんぱい》にビールをおごってもらって何度も乾杯《かんぱい》した思い出があります。国全体が豊《ゆた》かになってきたことを実感できるようになりつつありました。

とは言いながら、戦争から占領《せんりょう》時代にかけての依然《いぜん》として消えない〝傷痕《きずあと》〟のようなものが、社会の至《いた》る所《ところ》に残っていました。見れども見えず、まあできるだけ見えないようにしていても、ちゃんとあったのです。混血児《こんけつじ》、引《ひ》き揚《あ》げ——シベリアにはまだたくさんの抑留者《よくりゅうしゃ》が残っていました——、そして基地《きち》問題です。安保《あんぽ》条約《じょうやく》で、日本の方々《ほうぼう》に残る基地《きち》をそのまま認《みと》めることになりましたが、そこで起こるアメリカ兵の犯罪《はんざい》などの刑事《けいじ》裁判権《さいばんけん》は日本にはありません。さらに大きな問題として、沖縄と奄美《あまみ》諸島《しょとう》、小笠原諸島《おがさわらしょとう》がそっくり占領《せんりょう》されたままでした。基地《きち》問題はこの後、住民の反抗《はんこう》や左翼勢力《さよくせいりょく》の厳重抗議《げんじゅうこうぎ》など、あらゆる地域《ちいき》で紛争《ふんそう》として表れます。その一番最初の大騒動《おおそうどう》として象徴的《しょうちょうてき》なのが、内灘闘争《うちなだとうそう》でした。

石川県内灘《うちなだ》村にあった米軍の試射場《ししゃじょう》で、米軍が実弾《じつだん》を撃《う》つことを日本政府《せいふ》が承認《しょうにん》したことが発端《ほったん》です。弾丸《だんがん》が海にどんどんぶち込《こ》まれますから、漁業が大変な痛手《いたで》を被《こうむ》るので村民は猛《もう》反対《はんたい》します。ついにムシロ旗を立てて県庁《けんちょう》に抗議《こうぎ》に行ったことから「内灘紛争《うちなだふんそう》」は社会的大問題となり、全国の反基地闘争《きちとうそう》の先陣《せんじん》を切ったわけです。そして翌年《よくねん》、雑誌《ざっし》「世界」九月号に清水幾太郎《しみずいくたろう》さんが「内灘《うちなだ》」という論文《ろんぶん》を発表するや大反響《だいはんきょう》を呼《よ》びます。基地《きち》を日本が全面的に認《みと》めているのは独立《どくりつ》国家とはいえない、と論調《ろんちょう》は明快《めいかい》で、清水《しみず》さんは「内灘《うちなだ》のスター」とさえ言われました。こうして土地や生活権《せいかつけん》を守ろうとする住民が政府《せいふ》と正面衝突《しょうとつ》した紛争《ふんそう》は四年間ほども続き、「金は一年、土地は万年」というスローガンまで生まれます。アメリカ軍にだまされて、日本政府《せいふ》が基地《きち》使用を認可《にんか》した代わりに金をもらうとはとんでもない、金は一年で終わるが、われわれが住む先祖《せんぞ》伝来の土地は万年も続くのである、という意味で、この後、基地闘《きちとう》争《そう》が起こるたびに必ず登場する言葉になりました。

ところが現実《げんじつ》には、内灘《うちなだ》村の漁獲量《ぎょかくりょう》は年間二百万円に満たないのに対し、米軍が試射場《ししゃじょう》の使用に対して日本政府《せいふ》に支払《しはら》った金額《きんがく》は四年間で約七億円に上るんです。つまり今になって中味をひっくり返し、基地闘争《きちとうそう》とは何ぞやという話を金銭《きんせん》で換算《かんさん》すると、訳《わけ》がわからなくなるんです。しかし当時はそういう展開《てんかい》にはならず、当事者は本気になって闘争《とうそう》しました。内灘《うちなだ》は昭和三十二年（一九五七）の米軍撤収《てっしゅう》で終わりましたが、政府《せいふ》対土地住民及《およ》びその支援者《しえんしゃ》の基《き》地闘争《ちとうそう》は、この後も全国各地で延々《えんえん》と続きます。

当時の日本を振《ふ》り返《かえ》れば、占領《せんりょう》が終わってなんとなしに明るい気持ちになり、大多数の人は、至《いた》る所《ところ》に残る傷痕《きずあと》は見ないように、というかあまり本気になって考えず、自分たちの生活を維《い》持《じ》するのが大切とばかりに懸命《けんめい》に働いていたのが実状《じつじょう》じゃなかったでしょうか。

◆『東京物語』が描《えが》いた戦後の気分

さて年が明けて昭和二十八年（一九五三）です。基地《きち》問題があちこちで表立《おもてだ》った年でした。細かく言えばとても拾い切れませんが、横浜《よこはま》の岸根《きしね》基地《きち》、群馬県の妙義山《みょうぎさん》訓練所、長野県の浅《あさ》間山演習場《まやまえんしゅうじょう》、富士山麓《ふじさんろく》など、日本じゅうあらゆる地域《ちいき》で土地問題から漁業権《ぎょぎょうけん》、農業権《のうぎょうけん》の絡《から》んだ反対闘争《とうそう》が見られました。その中で最大の紛争《ふんそう》となるのが、昭和三十年（一九五五）から翌《よく》三十一年にかけての東京立川《たちかわ》の砂川基地闘争《すながわきちとうそう》でした。占領《せんりょう》は終わった、独立《どくりつ》はした、なのに至《いた》る所《ところ》にアメリカ軍の基地《きち》、訓練場、演習場《えんしゅうじょう》がある、ならば国家主権《しゅけん》はどこにあるのか——というのが当時の日本でした。しかしうんと皮肉っぽくいえば、基地《きち》周辺の人たちにとっては大変な問題ではあっても、それ以外の人にとってはどうだったか？　どうも無関心なところがあるというか、日本人はこれに本気で取り組んだとは思えない気がします。それは、政治《せいじ》に関して選挙の投票結果を見ればよくわかります。

そしてそんな時代を語るのに一番いい例じゃないかと思うのが、この年に制作《せいさく》、封切《ふうき》られた小津安二郎監督《おづやすじろうかんとく》の映画《えいが》『東京物語』です。広島県尾道《おのみち》に住む老夫婦《ろうふうふ》が、戦争が終わって平和になり、元気なうちに東京にいる息子《むすこ》たちに会いにいこうじゃないかと上京してきます。東京には町医者をしている長男坊《ちょうなんぼう》、美容院《びよういん》をやっている娘《むすめ》、戦死した次男坊《じなんぼう》のお嫁《よめ》さんがいて、夫婦《ふうふ》は順番に訪《たず》ねるのですが、食うのに一所懸命《いっしょけんめい》な息子《むすこ》も娘《むすめ》も、せっせと働いていて忙《いそが》しく、一応歓迎《いちおうかんげい》はしてくれるものの、どこか喜《よろこ》ばないわけです。ついに兄妹《きょうだい》が相談し、両親を熱海《あたみ》の温泉《おんせん》へと送り出すのですが、そこでは団体客《だんたいきゃく》が夜通し大騒《おおさわ》ぎして老夫婦《ろうふうふ》は寝《ね》てもいられない――考えてみればこの頃《ころ》すでに熱海《あたみ》へ団体《だんたい》旅行が来ていたんですね――とても静かに温泉《おんせん》をたのしむ雰囲気《ふんいき》じゃありませんので、二人は一泊《ぱく》しただけで東京に戻《もど》ってしまいます。兄妹《きょうだい》は「もう帰って来たの」と参ったようす。たしかに家も狭《せま》い、子供《こども》たちもいて大変なわけで、結局は嫌《いや》な顔をしてしまうんですね。そこで父親役の笠智衆《りゅうちしゅう》がこんなふうに言うんです。「とうとう宿無しになってしもうた」。すると奥《おく》さん役の東山千栄子《ひがしやまちえこ》が、例ののんびりした調子で「そうですねえ」と答えます。

仕方なく二人は、原節子《はらせつこ》さん演《えん》じる次男のお嫁《よめ》さんのところに転《ころ》がり込《こ》みますと、彼女《かのじょ》はやはり忙《いそが》しく働きながらも懸命《けんめい》に二人の面倒《めんどう》を見るわけです。まあ、結果的には原節子《はらせつこ》さんの美しさとやさしさと、なんともいえない温かさが浮《う》かび上《あ》がってくるというまことにうまい仕組みなんですが、なによりも、無下にあしらわれながら両親は、愚痴《ぐち》もこぼさずに息子《むすこ》たちに「お前も忙《いそが》しいじゃろうに」とねぎらい（実際彼《じっさいかれ》らはそれぐらい働いていたんでしょうね）、「こんなに散財《さんざい》かけて」と感謝《かんしゃ》さえするのです。この情景《じょうけい》が、私《わたし》は、あの時代の日本人の全体的な気分に非常《ひじょう》に合っているように感じました。狭《せま》い家に暮《く》らしながら、周囲《しゅうい》をかまっているひまがないほど皆《みな》が本当によく働いているようすが出ていましたし、さらにその両親の思いが、当時の日本のお父さんお母さん、おじいさんおばあさん、つまりある意味で戦争責任《せきにん》ある人たちの共通の思いであった気がするのです。

夫婦《ふうふ》は旅の帰途《きと》、大阪の三男夫婦《ふうふ》の家に寄《よ》ります。そこで二人がしみじみ語り合うのはなかなかいい場面でした。父親が「まあ、欲《よく》を言えばきりがない。われわれはいい方だと思うよ」と言えば、母親は「いい方でさあ」と受けます。「よっぽどいい方でさあ。幸せな方でさあ」と、東山千栄子《ひがしやまちえこ》さんの悠々《ゆうゆう》たる口調がじつに印象的《いんしょうてき》で、もっと不幸な人が世の中に山ほどいるのに比《くら》べれば、自分たちはまったくいい方なんだと――二人が本気でそう思ったかは知りません、むしろ自らに言い聞かせるような、なにか淋《さび》しさや哀《かな》しさが漂《ただよ》っていて、ともかく当時の日本がよく描《えが》かれているなあと思いました。つい最近テレビで放映《ほうえい》していたので見直したのですが、戦後東京の風景も実によく描《えが》かれていて、ああこんなふうだったなあ、と身につまされて思い出したものです。いずれにしろ、当時の日本人は本当によく働いていましたね。

さて、この年の出来事をいくらかトピック的にお話しますと、まず天皇皇后《てんのうこうごう》両陛下《へいか》がはじめて歌舞伎《かぶき》を鑑賞《かんしょう》されました。私《わたし》も知らなかったのですが、明治天皇《てんのう》が明治二十年（一八八七）に観覧《かんらん》して以来六十余年間、天皇家《てんのうけ》は歌舞伎《かぶき》に関係しなかったようで、しかもなにより、天皇《てんのう》と皇后《こうごう》が並《なら》んで席に座《すわ》った姿《すがた》を日本人が見るのはこれがはじめてだったそうです。今はなんでもない話ですが、当時は「男女同権《どうけん》はかくなるものか」というわけで、天皇皇后《てんのうこうごう》自らが新しい時代の到来《とうらい》をしっかりと日本国民に見せた、非常《ひじょう》に印象深《いんしょうぶか》い場面なのだそうです。

そして二月一日、いよいよＮＨＫがテレビの本放送を開始しました。前年の実験放送を経《へ》て、われわれ一般《いっぱん》視聴者《しちょうしゃ》の前についに現《あらわ》れたのです。ここから日本のテレビ時代はスタートするのです。民放は八月二十八日の日本テレビ、ＮＴＶが最初でした。当初、受像機《じゅぞうき》（テレビ）は八百六十六台あったそうで、会社などが購入《こうにゅう》したのでしょう。まあ高いものなので、庶民《しょみん》は簡《かん》単《たん》には買えません。これまた小津安二郎《おづやすじろう》さんの映画《えいが》『お早《は》よう』（昭和三十四年、佐田啓二《さだけいじ》、久《く》我美子《がよしこ》、笠智衆《りゅうちしゅう》ら出演《しゅつえん》）がその周辺を描《えが》いていて、子供《こども》たちがどうしてもテレビを欲《ほ》しいとお父さんにねだる話です。土手下の、昔でいう長屋《ながや》（戦後に多く建てられた共同住宅《じゅうたく》）を舞台《ぶたい》に、当時の雰囲気《ふんいき》がよく出たユーモラスな傑作《けっさく》でした。

私《わたし》はこの年の三月に就職《しゅうしょく》していましたが、新橋《しんばし》駅前に街頭テレビが五台ほど置かれ、仕事の帰りにそこで力道山《りきどうざん》のプロレスを、黒山の人だかりとはあのことを言うんでしょうが、皆《みな》と一緒《いっしょ》に見たのを覚えています。五台とも同じものを流していましたが、あれは読売新聞社社長で日本テレビを創《つく》った正力松太郎《しょうりきまつたろう》さんの発案だそうです。テレビが見たくてしょうがない人が大勢《おおぜい》いるんだけど、皆《みな》買えないんだから街頭で流して見せてあげようというわけで、もっぱらプロレスが中心でしたが、会社の帰り道にあそこで空手チョップの力道山《りきどうざん》を応援《おうえん》して、終われば飲み屋に入って大酒飲んでプロレスごっこをやった思い出があります。

そういえば私《わたし》が文藝春秋《ぶんげいしゅんじゅう》に入ってすぐ、ガーデン・パーティがありまして、何事かと聞けば社長夫妻《ふさい》がイギリスに行くというんですね。あの頃《ころ》の渡英《とえい》なんて大変なことで、エリザベス女王（今もって現役《げんえき》ですよね）の戴冠式《たいかんしき》を見るためと知って、ほやほやの新米としてはへえーっと驚《おどろ》いたもんです。さらに聞けば、皇太子殿下《こうたいしでんか》（現在《げんざい》の天皇陛下《てんのうへいか》）も日本の皇族《こうぞく》代表で列席されるという。日本が独立《どくりつ》して平和になったおかげで、おめでたい席に皇族《こうぞく》が参加できたのですね。六月二日に行なわれたその戴冠式《たいかんしき》の華々《はなばな》しい模様《もよう》は新聞に出まして、各国のそれなりの高貴《こうき》な方々に混《ま》じってわが皇太子殿下《こうたいしでんか》もいらしたわけですが、ものすごく後ろの席で、なんでもネパールの王子様の隣《となり》だったということが話題になりまして、その位置は果たしてどれほどのものなのか、どうも大したことないらしい——これが当時われわれが新聞を読んで受けた印象《いんしょう》でした。日本はまだ世界で本当に大したことのない国と見られているのだなあ、と言い合ったものです。

世界情勢《じょうせい》としてさらにおめでたかったのは、七月に朝鮮《ちょうせん》戦争の休戦協定が結ばれたことです。けれど、これは本当の平和協定というより、両軍がへとへとになって戦闘《せんとう》を止めたようなもので、いわゆる儀式《ぎしき》らしい儀式《ぎしき》はありませんでした。アメリカの代表が「戦争が終わったのではない、ただ戦闘《せんとう》が終わっただけである」と言ったのが非常《ひじょう》に印象的《いんしょうてき》でした。米ソの対立はいっそう激《はげ》しく続き、アジアで言えば、アメリカとそれに加担《かたん》する日本と、ソ連・中国・北《きた》朝鮮《ちょうせん》は依然《いぜん》として敵対《てきたい》国家であり続けたのです。

もう一つ言えば、その少し前、三月にスターリンが亡《な》くなりました。正直なところ、「やっと死んでくれたか」の思いでした。とにかく彼《かれ》が世界をかき回している印象《いんしょう》がありましたから。これでともかくも米ソの緊張《きんちょう》が緩和《かんわ》するだろう、朝鮮《ちょうせん》戦争も終わるだろうと皆《みな》が予想したものですが、同時に株価《かぶか》がだーっと下がりました。「スターリン暴落《ぼうらく》」と言いまして、変な話ですが、米ソ冷戦が緩和《かんわ》され、朝鮮《ちょうせん》で火を噴《ふ》いている戦いが終われば、戦争景気も終息するからというわけなんですね。とどのつまり戦争が景気の世界ではいかに貴重《きちょう》であり、金儲《かねもう》けの種であるかがよくわかる話です。情《なさ》けないことに、日本の新聞史《しんぶんし》を見てもそうです。満洲《まんしゅう》事変で新聞社は大儲《おおもう》けをした。このことひとつをとってみても瞭然《りょうぜん》のように、戦争が不景気を吹《ふ》っ飛《と》ばす仕組みになっているわけで、それを象《しょう》

スターリン（1879 - 1953）

徴《ちょう》するようなスターリンの死による株価《かぶか》の暴落《ぼうらく》でした。

私《わたし》は雑誌《ざっし》をつくっていましたから、スターリンの死の際《さい》にはいかに特集を組むか、朝鮮戦《ちょうせん》争の休戦で世界はどうなるかといった誌面《しめん》作りなど、いろいろ記憶《きおく》に残ってはいるのですが、ま、略《りゃく》します。

楽しい話題としては、伊東絹子《いとうきぬこ》さんがミス・ユニバースの世界第三位になった話があります。それまでミス・ユニバースそのものも知らなかったのですが、日本の女性《じょせい》が世界の晴れ舞台《ぶたい》で三位になったというので驚《おどろ》きましたよ。彼女《かのじょ》は身長一六四センチ、日本の女性《じょせい》も大きくなったなあと皆《みな》が感嘆《かんたん》していましたが、同時に「八頭身《はっとうしん》」という言葉がはやりまして、これも聞いたことなかった言葉ですが、要するに首から上の顔の部分が身長の八分の一、それまでの日本人は周りの女性《じょせい》たちを見てもまあたいてい六頭身くらいでしたからね。それで「ハッとするようなシャン（ハットウシャン、シャンは「美人」の意）」なんて言葉がはやりましたな。

さらに映画《えいが》『ローマの休日』が封切《ふうき》られ、主役のオードリー・ヘップバーンさんを見た時はびっくりしましたねえ、こんなにきれいな人が世界にはいるのかいなと。ビリー・ワイルダー監督《かんとく》は、「彼女《かのじょ》は女優《じょゆう》の大きなバストを過去《かこ》のものとする」と評《ひょう》しまして、これはうまいこと言ったなあと感心したものです。

とまあ、賑《にぎ》やかに昭和二十八年も終わるのですが、最後にニュースになったのが、皇居《こうきょ》のお濠《ほり》に白鳥が浮《う》かんだという話。私《わたし》もわざわざ見に行った覚えがあります。何年ぶりだったんでしょう、戦争中はまったく見ませんでしたから。ただ、マッカーサーがやって来た時に浮《う》かんでいたとかいう話もあるようですが……。

◆改憲《かいけん》・再軍備論《さいぐんびろん》を生んだ復古調《ふっこちょう》の波

翌《よく》昭和二十九年（一九五四）に入ります。この時代を見ますと、日本はすっかり復古調《ふっこちょう》なんですね。前年秋くらいから、それまでのGHQ政策《せいさく》による改革《かいかく》や革命的《かくめいてき》な流れに反して、どんどん〝逆《ぎゃく》コース〟を辿《たど》りはじめたのです。

たとえば祝祭日。この一、二年前の法律《ほうりつ》で改めて名称《めいしょう》が決められていたのですが、二月十一日を昔のように「紀元節《きげんせつ》」と呼《よ》ぼう、などと声高《こわだか》に叫《さけ》ばれたのが象徴的《しょうちょうてき》で、着物が流行《はや》ったりもしました。ところが、紀元節復活《きげんせつふっかつ》が唱えられている最中に、三笠宮殿下《みかさのみやでんか》が「神武天皇《じんむてんのう》が橿《かし》原神宮《はらじんぐう》でどうのこうのは神話であって紀元節《きげんせつ》なんておかしい」などと言い出したんで、今度は右翼《うよく》が怒《おこ》って脅《おど》す脅《おど》さないの騒動《そうどう》になったとか……どうもデマのようなのですが、そんな噂《うわさ》もありました。

そんな時代の流れを受けて、六月に防衛庁設置法《ぼうえいちょうせっちほう》ができ、自衛隊法《じえいたいほう》が公布《こうふ》されました。防衛《ぼうえい》庁《ちょう》は、前に申しましたように、アメリカの要請《ようせい》で日本の国を守るために吉田内閣《よしだないかく》がつくった警《けい》察予備隊《さつよびたい》がその後、保安庁《ほあんちょう》の発足《ほっそく》によって保安隊《ほあんたい》となり（昭和二十七年七月）、さらにきちっとしたものにというので、防衛庁《ぼうえいちょう》が設置《せっち》され自衛隊《じえいたい》となったわけです。これが現在《げんざい》の自衛隊《じえいたい》で、当時の隊員は十五万人だったそうです（現在《げんざい》は約二十四万人）。

このころから復古調《ふっこちょう》の波に乗って再軍備論《さいぐんびろん》が復活《ふっかつ》するのです。当然、裏側《うらがわ》に改憲論《かいけんろん》がちらちらします。後に鳩山内閣《はとやまないかく》がそれを唱え世論《よろん》が二分します。以後現在《げんざい》まで、再軍備《さいぐんび》について、レベルは違《ちが》いますが同様の論議《ろんぎ》が続くのです。日本人は懲《こ》りない民族だなあと思わないでもありませんが。

また、教員の政治《せいじ》活動を禁止《きんし》し、教育の中立を守るための教育二法がつくられます。さらに警察制度《けいさつせいど》の一本化を図《はか》るために警察法《けいさつほう》が改正されます。

こんなふうに、戦後ＧＨＱの改革《かいかく》によってガラガラと崩《くず》された国のかたちを再《ふたた》び立て直そう、できるだけ昔どおりに戻《もど》そうといった法律《ほうりつ》がどんどんつくられたのです。当時の国会はさながら〝法案製造所《せいぞうしょ》〟であって、一つひとつ丁寧《ていねい》に見ていきますと、法案の内容《ないよう》はすべて官僚《かんりょう》によってつくられています。政治主導《せいじしゅどう》ではないんですね。日本の官僚《かんりょう》は、戦前から代々東大の成績《せいせき》上位者といった非常《ひじょう》に優秀《ゆうしゅう》な人材が多く、ＧＨＱもこれを利用したほうが占領政策《せんりょうせいさく》がうまくいくというので戦後もうまく温存《おんぞん》されました。昔どおりに残したわけではないにもかかわらず当人たちの意識《いしき》は昔のまま、すなわち「天皇の官僚《てんのうのかんりょう》」です。「天皇の軍隊《てんのう》」は消滅《しょうめつ》したが、民《たみ》を導《みちび》く「天皇の官僚《てんのうのかんりょう》」は残った。そして官僚《かんりょう》が法案をつくるという慣習《かんしゅう》はこの後もずーっと続きます。要するに、国会は〝法案製造所《せいぞうしょ》〟で、その法案のもともとは官僚《かんりょう》がつくり、受け取った与党《よとう》はそれを議会に提出《ていしゅつ》して成立させる〝ゴリ押《お》し部隊〟、対する野党《やとう》は「絶対《ぜったい》反対！」

と唱える、つまり〝絶対《ぜったい》反対人形〟という構図《こうず》です。当時のニュース映画《えいが》などを見ればわかりますが、国会といえば議長席周辺で与党《よとう》と野党《やとう》が揉《も》み合《あ》っているシーンばかり、乱闘《らんとう》国会のはじまりですね。

法案は、最初はでかいものが多くても、そのうちだんだん細かいものになっていきます。するとたとえば、金儲《かねもう》けになる法案を官僚《かんりょう》がつくって与党《よとう》が通す、それによって大いに利益《りえき》を得《え》る業界があり、その業界がニコニコと与党《よとう》に献金《けんきん》をする、おこぼれが官僚《かんりょう》に流れる、そして天下りなどの余得《よとく》にあずかる——という流れ、のちにいうところの〝輸送船団《ゆそうせんだん》方式〟、そのシステムがこの頃《ころ》にはじまりました。独立《どくりつ》した日本が動き出した時のこのかたちは、その後もずーっと続いていくのです。

そうそう、この年最大の事件《じけん》といえば、一月二日、皇居《こうきょ》の二重橋《にじゅうばし》上で参賀に来た人びとが押《お》すな押《お》すなで倒《たお》れ、十六人が圧死《あっし》したことです。これは皇室《こうしつ》に対する国民感情《かんじょう》がものすごくやわらかくなったことの裏返《うらがえ》しでもありました。かつてのように、「天皇《てんのう》は退位《たいい》せよ」「天皇《てんのう》の戦争責任《せきにん》は」なんてことはほとんど論《ろん》じられなくなり、この前年あたりから皇室《こうしつ》参賀が流行といっては変ですが、国民が盛《さか》んに天皇陛下《てんのうへいか》にごあいさつに出かけたのです。

この時ちょうど、先年（二〇〇六年一月六日）お亡《な》くなりになった加藤芳郎《かとうよしろう》さんの漫画《まんが》「まっぴら君」が、毎日新聞夕刊《ゆうかん》で連載《れんさい》をはじめようとしていました。加藤《かとう》さんはすでに出来上がっていた第一回の原稿《げんこう》を、この事件《じけん》を受けて描《か》き直します。亡《な》くなった人へはもちろん、負傷《ふしょう》

皇居二重橋圧死事件をユーモラスに描いた加藤芳郎作「まっぴら君」第１回

者《しゃ》にも天皇家《てんのうけ》からお見舞《みま》いが下賜《かし》されたため、「わしにもおがませてくれ」と見舞《みま》い客《きゃく》が殺到《さっとう》して負傷者《ふしょうしゃ》がまた一人ふえた……という笑い話になっています（昭和二十九年一月五日付）。もちろん事件《じけん》は悲劇《ひげき》なのですが、国民に皇室《こうしつ》へのやさしい気持ちが芽生え、退位《たいい》や戦争責任《せきにん》などのぎすぎすした論議《ろんぎ》がほとんどなくなってきたことをも表しているわけです。

さらに重要な事件《じけん》をお話しておきます。昭和二十七年にアメリカが人類初の水爆《すいばく》実験を行なったことには触《ふ》れましたが、この年三月、ビキニ環礁《かんしょう》で再《ふたた》び実験があり、ちょうど日本からマグロを捕《と》りに来ていた漁船・第五福竜丸《ふくりゅうまる》がまともにその灰《はい》を浴びたのです。三月十四日、第五福竜丸《ふくりゅうまる》は静岡県焼津港《やいづこう》に帰港しますが、放射能《ほうしゃのう》を受けた乗組員全員が原爆症《げんばくしょう》になってしまい、「死の灰《はい》」という言葉が生まれてたいへんな流行語になりました。同時に灰《はい》を浴びたマグロも「原爆《げんばく》マグロ」として、食べてはいけないのではと大騒《おおさわ》ぎになりました。

当時、私《わたし》は「文藝春秋《ぶんげいしゅんじゅう》」編集部《へんしゅうぶ》にいまして、ルポルタージュを書いてもらうために東京工業大学の桶谷繁雄《おけたにしげお》先生と一緒《いっしょ》に焼津港《やいづこう》へとんで行きました。周辺をあちこち歩き、いろいろと取材をし、インタビューなどをしたことを今でもよく覚えています。乗組員の一人で間もなく亡《な》くなった久保山愛吉《くぼやまあいきち》さんに話を聞いた時、「とにかくこの苦しみは、オレ一人で沢山《たくさん》だ」と語られたのが非常《ひじょう》に印象《いんしょう》に残っています。髪《かみ》がはげ落ちるなどはもちろんですが、ともかくその苦しさは大変なものらしく、広島や長崎でわかっていることとはいえ、核爆弾《かくばくだん》が人体に与《あた》える影響《えいきょう》は想像《そうぞう》を超《こ》えてものすごいものだと実感しました。辺りには、「この店では原爆《げんばく》マグロは出しません」と貼紙《はりがみ》をした店が見られたものです。

ほかにも印象《いんしょう》に残っている事件《じけん》があります。五月、京都の旭丘《あさひがおか》中学校で、日教組《にっきょうそ》（日本教職員《きょうしょくいん》組合）と教育委員会が対立して分裂授業《ぶんれつじゅぎょう》が行なわれ、「旭丘《あさひがおか》中学事件《じけん》」としてものすごい騒《さわ》ぎになりました。当時は日教組《にっきょうそ》が強く、マスコミもまた大いに肩《かた》をもったんで優勢《ゆうせい》だったんです。以後もよく出てきますので日教組《にっきょうそ》について説明しておきますと、昭和二十二年（一九四七）六月に結成されまして、当初の組合員は五十万人。もちろん、給料を上げろという経済闘争《けいざいとうそう》とともに、民主教育、平和教育を追求することを主眼《しゅがん》として全国的に運動を展開《てんかい》していました。この日教組《にっきょうそ》のあり方の是非《ぜひ》をめぐってはのちのちまで大問題が続くのですが、その最初の典型的《てんけいてき》な騒動《そうどう》が旭丘《あさひがおか》中学事件《じけん》だったのです。

この時も私《わたし》は、評論家《ひょうろんか》の臼井吉見《うすいよしみ》さんと現場《げんば》に行ってあちこち取材したのですが、まあ日《にっ》教組《きょうそ》の先生たちの徹底《てってい》した平和教育ぶりにはなかなかにびっくりしました。これじゃあ生徒たちもたまったものじゃないと感じたのも確《たし》かで、臼井《うすい》さんが日教組《にっきょうそ》を少し冷やかしたルポを書いたんですが、方々《ほうぼう》から総《そう》スカンを食《く》らいましたね。

◆定まらぬ目標にガタガタゆれる日本人

さらにもう一つ、忘《わす》れられない話と言えば、六月の近江絹糸《おうみけんし》ストライキ騒動《そうどう》です。経営者《けいえいしゃ》の超封建的《ちょうほうけんてき》なやり方が許《ゆる》せないと立ち上がった組合員五千七百人対夏川嘉久次《なつかわかくじ》社長という「大組合員VS個人《こじん》」の闘争《とうそう》でした。糸工場で女性《じょせい》工員が多いのですが、彼女《かのじょ》たちの主張《しゅちょう》といっても、「結婚《けっこん》の自由を認《みと》めよ」「宗教《しゅうきょう》の強制《きょうせい》をするな」「信書を開封《かいふう》するな」などという根本的なもの。つまり社長の許可《きょか》がないと結婚《けっこん》できなかったり、宗教《しゅうきょう》を強制《きょうせい》されたり、手紙を開封《かいふう》されたりしていたわけで、実に人権《じんけん》の根本的な問題でストが行なわれているわけです。ところが夏《なつ》川《かわ》社長というのは、頑迷固陋《がんめいころう》とはこの人に使う言葉じゃないかというすごい人物で、要求を一《いっ》切《さい》認《みと》めない。女工さんたちの『らくがき帳』を見せてもらうと、「このままではとてもお嫁《よめ》にいけない」とか、「こんなに安い月給では遊びにも行けない」「金のことばかり言うな」「お前だってお金がなくて困《こま》ってるだろう」なんてことがだーっと綴《つづ》ってあって、なかに「タワムレに財《さい》布《ふ》測《はか》りてそのあまりカルキに泣きて三日間寝《ね》ゆ」という歌もありました。これも私《わたし》は取材に行きまして、夏川嘉久次《なつかわかくじ》さんの名で「人われを民衆《みんしゅう》の敵《てき》という」の見出しがついた記事が「文藝《ぶんげい》春秋《しゅんじゅう》」に載《の》ったことを覚えています。今思えば、この会社には〝戦後〟はまだ来ていなかった、GHQの民主化もいまだ及《およ》ばざるところがあった、ということになります。

また、映画《えいが》『ゴジラ』の第一作が封切《ふうき》られました。娯楽《ごらく》の話かとお思いでしょうが、あの怪《かい》獣《じゅう》が東京湾《とうきょうわん》の外側に設定《せってい》された大戸島《おおとじま》にグワァーッと姿《すがた》を見せるのがこの年三月十三日なのです。東京上陸はそのすぐ後ということになっています。ということは、先ほど話しました第五福竜丸《ふくりゅうまる》が焼津港《やいづこう》に帰港（三月十四日）した直後に当たるのです。つまりあの映画《えいが》は、海底に眠《ねむ》っていたゴジラが水爆《すいばく》実験によって突然《とつぜん》目を覚まし東京を襲《おそ》ったという話で（ニューヨークを襲《おそ》えばいいのにと思いますがそうはいきませんで）、「原爆《げんばく》や水爆《すいばく》をやめろ」と、平和を願う日本人がかたちを変えて行なった〝抗議《こうぎ》〟ともとれるわけです。とすればまことに意味深い話で、ゴジラは水爆《すいばく》の恐怖《きょうふ》の象徴《しょうちょう》としてつくられたわけです。世界がそういう危険《きけん》な状態《じょうたい》にあることを、この頃《ころ》すでに日本人が懸命《けんめい》に警告《けいこく》し、世界に発信していたんですね。しかしその一方では、独立国《どくりつこく》日本は、今こそ再軍備《さいぐんび》を、の声もたいへんかまびすしくなってきた――と、まあ、まことに複雑《ふくざつ》な、そういう時代でもありました。

最後にひとつ申し上げますと、この年六月二十九日の朝日新聞に「国民所得《しょとく》戦前水準《すいじゅん》を抜《ぬ》く／消費増《しようひぞう》で国際収支《こくさいしゆうし》赤字」という記事が出ました。変な話で、国民所得《しよとく》は戦前の水準《すいじゆん》を抜《ぬ》いたのに、消費《しようひ》が増《ふ》えて収支《しゆうし》が赤字というのです。調べてみますと、昭和二十八年度の国民所得《しよとく》は、昭和九年（一九三四）から昭和十一年（一九三六）――日中戦争がはじまる前で、満洲《まんしゆう》国建国のあとまだ戦争らしい戦争もなく、全体的な生活水準《すいじゆん》と言いますか、経済的《けいざいてき》には戦前の日本で一番いい時期です――の平均《へいきん》を一〇〇とすれば、総額《そうがく》で一三四、個人《こじん》当たりで一〇六。ですから、戦後の生活がかなり安定し、所得《しよとく》もどんどん増《ふ》えていたわけですね。ところが、なぜ国際収支《こくさいしゆうし》がそんなに大幅《おおはば》の赤字なのか。どうも焼け野原から立ち上がって、懸命《けんめい》に働き、やっとまとまった金が入ってきたというので日本人は気が大きくなり、金をぼかぼか使って贅沢《ぜいたく》ざんまいしはじめたようなのです。それ以外には考えられません。このあたり、日本人のあっさりしたというか、懲《こ》りない一面がうかがわれるわけです。『東京物語』の熱海《あたみ》でのどんちゃん騒《さわ》ぎもそうかもしれませんね。そこで日銀はおったまげて突如《とつじよ》として金融《きんゆう》を引《ひ》き締《し》めました。お蔭《かげ》でこの年から昭和三十年にかけての二、三年はたいそうな不景気となり、大就職《しゆうしよく》難《なん》が続きました。といっても、もとに戻《もど》れば日本人はすぐにどんちゃん騒《さわ》ぎをはじめちゃうんですね。

　こうして独立《どくりつ》した日本は、あっちを向いたりこっちを向いたり、より改革《かいかく》へ進もうとしたり後戻《あともど》りをしたりしながらもとにかく皆《みな》がせっせと働きました――おもしろいことに、それは明治維新《いしん》後の日本とよく似《に》ているんです。維新《いしん》のあと明治十年（一八七七）の西南戦争まで、政《せい》府《ふ》内部でもどういう国家をつくればよいのか、どんな国家目標を立てればいいか、国家形態《けいたい》をどのようにすればよいのか、やはり大揉《おおも》めに揉《も》めていましたし、国民のなかにも政府《せいふ》への不安があって、なんとなしにまとまらずガタガタしていました。それが昭和二十七年（一九五二）に独立《どくりつ》してから昭和三十六年（一九六一）くらいまでの十年間の日本と同じなんです。どういうかたちの国家をつくり、どの方向に進んだらいいのか、よくわからないままガタガタと揉《も》めるのです。その揉《も》めていたようすをこれからお話することになります。

結論的《けつろんてき》にいえば、一方には吉田《よしだ》ドクトリンと言われる、「日本は通商国家ないし貿易《ぼうえき》国家としてしか生きられず、軍備《ぐんび》などは不要だ」という吉田茂首相《よしだしげるしゅしょう》の主張《しゅちょう》があります。軍備《ぐんび》はアメリカにお任《まか》せして日本はせいぜい経済《けいざい》を立て直し、貿易《ぼうえき》国家として生き延《いの》びたほうがいいという意見ですね。またその一方に、鳩山一郎《はとやまいちろう》さんを中心に、「何でもかんでもおんぶに抱《だ》っこはいけない、やはり憲法《けんぽう》も変えて再軍備《さいぐんび》して堂々《どうどう》たる国家にすべきだ」という主張《しゅちょう》が出てくるのです。つまりこの二つの政治《せいじ》路線の衝突《しょうとつ》です。

以上のように、今回お話した時代は、日本にとにかくいろんな考えの人たちが出てきて、さまざまなことが主張《しゅちょう》され行なわれ、かつてのようにアメリカだけに向いているのではなく、あっちこっち向きながら、それでも皆《みな》が仲良くやって、大いに働いていました。それはまあ面白《おもしろ》くて活気のある時代ではありました。

次回は、この吉田《よしだ》さんと鳩山《はとやま》さんの対立にはじまるごたごたをお話することにします。

第十一章

いわゆる「五五年体制《たいせい》」ができた日

吉田《よしだ》ドクトリンから保守《ほしゅ》合同へ

この章の

ポイント

独立後《どくりつご》の日本は、国家形態《けいたい》をどのようにするべきか、大きく二つの考えで対立します。吉田茂首相《よしだしげるしゅしょう》は「通商国家ないし貿易《ぼうえき》国家としてしか生きられない日本に軍備《ぐんび》は不要」と主張《しゅちょう》する一方、鳩山一郎《はとやまいちろう》を中心に「憲法《けんぽう》を変えて再軍備《さいぐんび》し、堂々《どうどう》たる国家にすべきだ」という主張《しゅちょう》が出てきます。しかし、やがて吉田内閣《よしだないかく》が退陣《たいじん》に追《お》い込《こ》まれると、保《ほ》守《しゅ》が一つになり、一九五五（昭和三十）年十一月に「自由民主党《みんしゅとう》」が誕生《たんじょう》することとなりました。

キーワード

吉田《よしだ》ドクトリン／党人派《とうじんは》／岸信介《きしのぶすけ》／佐藤栄作《さとうえいさく》／憲法調査会《けんぽうちょうさかい》／日本社会党《しゃかいとう》／三木武吉《みきぶきち》／大野伴睦《おおのばんぼく》／正力松太郎《しょうりきまつたろう》／自由民主党《みんしゅとう》／保守《ほしゅ》合同／五五年体制《たいせい》

◆吉田《よしだ》ワンマンの長期政権《せいけん》

さて、サンフランシスコ講和《こうわ》条約《じょうやく》当時の総理《そうり》大臣吉田茂《よしだしげる》さんが、アメリカに依存《いぞん》しすぎではないかと悪口を言われても、軽武装《けいぶそう》と経済復興《けいざいふっこう》を主眼《しゅがん》においた政策《せいさく》をぐんぐん推《お》し進《すす》めていました。そしてそのために、自分の手助けになる池田勇人《いけだはやと》さんや岡崎勝男《おかざきかつお》さんら、有能《ゆうのう》な官僚《かんりょう》をどんどん引き立てました。

ところが、吉田《よしだ》さんのそういう政策《せいさく》を勘弁《かんべん》できないと思っている人が、とくに〝党人派《とうじんは》〟といわれる、戦前の政友会《せいゆうかい》、民政党《みんせいとう》などの政党《せいとう》出身の政治家《せいじか》の中にたくさんいたのです。軽武装《けいぶそう》で経済復興《けいざいふっこう》など生ぬるい、むしろ占領軍《せんりょうぐん》の押《お》しつけ憲法《けんぽう》を改正して再軍備《さいぐんび》を推《お》し進《すす》め、昔ながらの強力な国家をつくろうという意見でした。彼《かれ》らは吉田《よしだ》さんの内閣《ないかく》の間は追放をくっていましたが、まもなく解除《かいじょ》されて次々と政界《せいかい》に復活《ふっかつ》してきます。その御大将《おんたいしょう》が鳩山一郎《はとやまいちろう》さんでした。彼《かれ》は戦前の昭和史《しょうわし》でも、たとえばロンドン軍縮《ぐんしゅく》条約《じょうやく》をめぐって議会で「統帥権干犯《とうすいけんかんぱん》じゃないか」と叫《さけ》んだ人で、つまりそのくらい昔からの大政治家《だいせいじか》でした。もう一人が岸信介《きしのぶすけ》さんです。これまた戦前からの大物で、復帰《ふっき》すると声を合わせたように「憲法《けんぽう》改正」「再軍備《さいぐんび》」と叫《さけ》ぶのです。そして一日も早く吉田内閣《よしだないかく》を倒《たお》そうと政治闘争《せいじとうそう》を進めるわけです。

今日は、その吉田《よしだ》路線がいかに敷《し》かれ、いかに反対派《はんたいは》によって潰《つぶ》され、次の路線が出てどういう形になっていったか、という話をします。ところが、このへんは本当にごちゃごちゃごちやごちゃやっこしくて、やたらにいろいろな人間が出てくる。それが離合集散《りごうしゅうさん》、くっついたり敵視《てきし》したり、まさに歌の文句《もんく》ではありませんが「昨日勤皇《きんのう》、明日は佐幕《さばく》」というわけで、正直申せばわかりやすく整然と明快《めいかい》に喋《しゃべ》るなんてとてもできません。そこで、かいつまんで、わかってもわからなくてもいい、まあこういうもんだというふうに突《つ》っ走《ぱし》ることにします。

ずいぶん前に話しましたが、民主・社会・国民協同の三党《とう》連立の芦田内閣《あしだないかく》が昭電疑獄《しょうでんぎごく》で倒《たお》れたあとを受けて昭和二十三年（一九四八）十月、自由党内閣《じゆうとうないかく》として成立したのが吉田内閣《よしだないかく》で、ここから吉田《よしだ》さんの長ーい時代が続きます。昭和二十九年（一九五四）十二月まで第五次までの内閣《ないかく》、実に六年二カ月の長期政権《せいけん》でした。この間に講和条約《こうわじょうやく》を締結《ていけつ》し、さらに安保条約《あんぽじょうやく》を、署名《しょめい》としては個人《こじん》で結んできました。吉田内閣《よしだないかく》としてはそれが最大の使命でしたから、見事に成《な》し遂げた当時が人気が絶頂《ぜっちょう》といいますか、国民の中に吉田《よしだ》さんへの敬愛《けいあい》の念もあったのです。が、この時期を過《す》ぎますと、いくらたっても辞《や》めないうえに、独特《どくとく》の風格《ふうかく》をもった人物で、まことに傲岸《ごうがん》無類、新聞記者なんて相手にしない。しかも和服を着て白足袋《しろたび》を履《は》き、葉巻《はまき》をぷかぷかふかす貴族趣味《きぞくしゅみ》、その辺の政治家《せいじか》とはまったく違《ちが》って、吉田《よしだ》ワンマンといえば知らない人はない、というくらいでしたから悪口も出てきます。

ちなみに吉田《よしだ》さんが辞《や》めたうんと後の、昭和三十年代終わり頃《ごろ》に、私《わたし》は「文藝春秋《ぶんげいしゅんじゅう》」編《へん》集部《しゅうぶ》にいて吉田《よしだ》さんにインタビューしたことがあります。「お元気ですねえ」と声をかけると、葉巻《はまき》をふかしながら、

「うーん、俺《おれ》はなにしろ人を食って生きてるからねえ」

「おいしいですか」

「いやぁ、あんまりうまくねえなあ」

といった調子でした。ともかく面白《おもしろ》い人ではあるんですね。ただ新聞記者嫌《ぎら》いであったばかりに、どうにもならないくらいに評判《ひょうばん》が悪かったのです。長すぎるのはよくないんですなあ。

清水崑《しみずこん》さんという漫画家《まんがか》が新聞などに描《か》いた作品のうち、吉田《よしだ》さんを題材にしたものだけで分厚《ぶあつ》い一冊《さつ》の本になっていたり（吉田茂《よしだしげる》記念事業財団編《ざいだんへん》『吉田茂諷刺漫画集《よしだしげるふうしまんが》』原書房《しょぼう》）、実に辛辣《しんらつ》な諷刺《ふうし》で見ているとまことに楽しいのですが、当時は清水《しみず》さんだけでなく、近藤日出造《こんどうひでぞう》さんや横山泰三《よこやまたいぞう》さんらが寄《よ》ってたかって吉田《よしだ》ワンマンのほとんど悪口そのものの漫画《まんが》を描《か》きました。まあ、ある意味で人気があったゆえにとも言えるのですが。

そこに、先ほど申しました戦前からの政治家《せいじか》が追放解除《かいじょ》されて登場してくる。〝打倒吉田《だとうよしだ》〟で結束する。そして党内《とうない》でいろいろと画策《かくさく》がはじまるわけです。

◆鳩山派《はとやまは》の反抗《はんこう》で自由党《じゆうとう》はまっぷたつ

さて吉田《よしだ》さんは、自由党《じゆうとう》内のごたごたに関しては嫌《いや》がって手をつけず、代わりに戦前からの党人派《とうじんは》、大野伴睦《おおのばんぼく》、広川弘禅《ひろかわこうぜん》の二人の大物に党務《とうむ》は任《まか》せていました。また政策面《せいさくめん》では池田勇人《いけだはやと》、佐藤栄作《さとうえいさく》、岡崎勝男《おかざきかつお》などもっぱら官僚《かんりょう》出身者にやらせていました。そして軍事費《ぐんじひ》をどーんと削《さく》

清水崑の漫画「絶対多数」に、党人派の大野伴睦（右端、1890 - 1964）、広川弘禅（中央、1902 - 1967）と吉田茂が登場。昭和24年１月の総選挙で吉田率いる民主自由党が絶対多数を得た時のもの。吉田茂が閣僚候補として２人を鑑定する「古着屋」の主人として描かれている

減《げん》し、防衛《ぼうえい》はアメリカにお任《まか》せすることにして、余《あま》った金といっちゃなんですが、残りの予算でもって復興《ふっこう》に全力を注いだのです。

そこに昭和二十六年（一九五一）六月以降《いこう》、吉田《よしだ》の政策《せいさく》はアメリカ依《い》存《ぞん》で日本の独自性《どくじせい》がない、と不満をもつ人たちが追放解除《かいじょ》されて政界《せいかい》に戻《もど》ってきます。その最初に挙げるべき旗頭《はたがしら》となった人が先ほど申しました鳩山一郎《はとやまいちろう》さんで、以下、石橋湛《いしばしたん》山《ざん》、三木武夫《みきたけお》、安藤正純《あんどうまさずみ》らが政界復《せいかいふっ》帰《き》します。岸信介《きしのぶすけ》さんは情勢《じょうせい》を見るのに聡《さと》く、すぐには復帰《ふっき》せずじっと様子を見ていました。

鳩山《はとやま》さんは、実はうんと前に、自《じ》由党《ゆうとう》ができた時の総裁《そうさい》でした。です

から当然、総理《そうり》大臣になれるはずだったのですが、追放が決まったため、復帰《ふっき》するまで党《とう》を誰《だれ》かに任《まか》そうということで吉田《よしだ》さんが首相《しゅしょう》になった経緯《けいい》がありました。「留守《るす》の間は頼《たの》む」「わかった」というはずだったのです。ところが妙《みょう》なもので、追放解除《かいじょ》で出てきた途端《とたん》に鳩山《はとやま》さんは、脳溢血《のういっけつ》で倒《たお》れてしまいました。吉田《よしだ》さんが、実際《じっさい》はそう思っていなくても「鳩山《はとやま》さんに譲《ゆず》ろうか」という姿勢《しせい》をちらっと見せた時に鳩山《はとやま》さんが倒《たお》れたものですから、やっぱりだめじゃないかと続行することになった。そうすると鳩山《はとやま》さんの周囲《しゅうい》はカンカンに怒《おこ》り、いろんな怨念《おんねん》も絡《から》んで、吉田《よしだ》さんの足を引《ひ》っ張《ぱ》りはじめました。そういうわけで、吉田内閣《よしだないかく》は長く続きましたが、党内的《とうないてき》にはのべつごたごたがあったことになります。対立がどんどん大きくなり、鳩山《はとやま》グループが吉田《よしだ》さんに「早く政権《せいけん》を寄越《よこ》せ」「いつまでもやってるんじゃない」としつこく突《つ》き、対する吉田《よしだ》さんも「うるさい！」と頑張《がんば》る。自由党内《じゆうとう》は足の引《ひ》っ張《ぱ》り合《あ》い、狐《きつね》の化かし合いのようなことばかりになっていくわけです。

昭和二十六年五月頃《ごろ》、まもなく鳩山《はとやま》さんが戻《もど》って来ることを見越《みこ》して鳩山派《はとやまは》が結成されます。この時の自由党《じゆうとう》内の形勢《けいせい》は、吉田派《よしだは》百四十人（うち広川派《ひろかわは》七十四人）、鳩山派《はとやまは》百十九人、どっちつかずの中間派《ちゅうかんは》が二十六人でした。まさに勢力伯仲《せいりょくはくちゅう》、こういう中で吉田《よしだ》さんが政権《せいけん》を維持《いじ》するのは大変です。さらに外側を見ますと、戦前の民政党《みんせいとう》の大麻唯男《おおあさただお》や松村謙三《まつむらけんぞう》といった人たちが新政《しんせい》クラブをつくり、昭和二十七年二月には国民民主党《とう》と合同して改進党《かいしんとう》を結成。その総《そう》裁《さい》が重光葵《しげみつまもる》、幹事長《かんじちょう》が三木武夫《みきたけお》というふうに、保守派《ほしゅは》の中が自由党《じゆうとう》と改進党《かいしんとう》の二つに分かれ、さらに左右の社会党《しやかいとう》の勢《いきお》いも強く、という次第《しだい》で、吉田《よしだ》さんの政権運営《せいけんうんえい》は困難《こんなん》を極《きわ》めていました。

そこで、鳩山派《はとやまは》が勢力《せいりよく》を蓄《たくわ》えて第一勢力《せいりよく》を狙《ねら》っているのを見越《みこ》した吉田《よしだ》さんは、連中がより強くならないうちにやっちまえ、と昭和二十七年八月、抜《ぬ》き打《う》ち解散《かいさん》をします。これでまた吉田《よしだ》さんはひどいやつだと言われるのですが、結果としては自由党《じゆうとう》二百四十人、改進党《かいしんとう》八十五人、右派社会党《うはしやかいとう》五十七人、左派社会党《さはしやかいとう》五十四人——当てにしていた勢力《せいりよく》が伸《の》びないどころか、むしろ右派左派《うはさは》に分かれた社会党《しやかいとう》が躍進《やくしん》した。共産党《きようさんとう》は全滅《ぜんめつ》してしまいましたが。自由党《じゆうとう》で当選した人の内訳《うちわけ》を見ると、吉田派《よしだは》七十三人、鳩山派《はとやまは》六十八人、どっちが強いか見定めている中間派《ちゆうかんは》が九十九人という情勢《じようせい》でした。なお、この時は追放を解除《かいじよ》された人が三百二十九人立《りつ》候補《こうほ》し、百三十九人も当選しましたから、俄然《がぜん》旧《ふる》い勢力《せいりよく》が出てきたことになります。

かくて吉田派《よしだは》はとうてい盤石《ばんじやく》とはいえません。いつだってひっくり返る人が九十九人もいるのですから。そこでなんとか政権《せいけん》を維持《いじ》したい吉田《よしだ》さんは、第四次内閣《ないかく》には外から小磯《こいそ》・東久《ひがしく》邇内閣《にないかく》で閣僚経験《かくりようけいけん》のある大物・緒方竹虎《おがたたけとら》さんを官房長官《かんぼうちようかん》に迎《むか》え、党内《とうない》に精通《せいつう》した広川弘禅《ひろかわこうぜん》さんを再《ふたた》び農林大臣に据《す》えて——広川《ひろかわ》さんというのは後に消えてしまうのですが、当時はなぜか非常《ひじよう》に勢力《せいりよく》のあった不思議な人でした——鳩山派《はとやまは》を押《お》さえ込《こ》もうという作戦にでました。

これに反発した鳩山派《はとやまは》は、党内《とうない》に「自由党民主化同盟《じゆうとうみんしゆかどうめい》」という派閥《はばつ》を堂々《どうどう》と結成し、政党《せいとう》が二つあるような状態《じようたい》になって、何かと言えば吉田《よしだ》さんに反抗《はんこう》して足を引《ひ》っ張《ぱ》りました。

そういう折の十一月二十七日、吉田《よしだ》さんが可愛《かわい》がっていた池田《いけだ》通産大臣が、のべついろんな発言をする人ではあるのですが、「中小企業《きぎょう》者の倒産《とうさん》、自殺《じさつ》はやむをえない」なんてことを議会で言ったんですね。これが大騒動《おおそうどう》になって、野党《やとう》は「けしからん」と池田《いけだ》さんの不信任案《ふしんにんあん》を提出《ていしゅつ》。決議では自由党《じゆうとう》が一致団結《いっちだんけつ》すれば否決《ひけつ》できるはずなのですが、肝心要《かんじんかなめ》の鳩山《はとやま》さんら民主化同盟《どうめい》の二十五人が欠席して不信任案《ふしんにんあん》は可決《かけつ》され、池田《いけだ》さんは辞任《じにん》に追《お》い込《こ》まれます。

また翌《よく》昭和二十八年（一九五三）二月二十八日、こんどは吉田《よしだ》さんが自ら予算委員会で、社《しゃ》会党右派《かいとううは》の西村栄一《にしむらえいいち》さんの質問《しつもん》があんまりしつこいんで、ついに「バカヤロー」と、例の声で言っちゃったのが聞こえたわけです。議員をバカヤロー呼《よ》ばわりするなど前代未聞《ぜんだいみもん》というので大騒《おおさわ》ぎとなり、吉田《よしだ》さんは暴言《ぼうげん》を吐《は》いたカドで懲罰《ちょうばつ》委員会にかけられることになります。これも珍《めずら》しい話で、総理《そうり》大臣が懲罰《ちょうばつ》委員会にかかるなんてことは、おそらく日本の憲政《けんせい》政治がはじまって以来だと思います。

民主化同盟《どうめい》はもちろん反対に回らず欠席し、懲罰《ちょうばつ》委員会は可決《かけつ》され、吉田《よしだ》さんが「申《もう》し訳《わけ》ない」と謝罪《しゃざい》することになると、自由党《じゆうとう》がまっぷたつに割《わ》れているぞと野党《やとう》は勢《いきお》いづき、背後《はいご》で動き出して内閣不信任案《ないかくふしんにんあん》を提出《ていしゅつ》します。当時の世評《せひょう》は「もうワンマンはたくさん、早く去れ」というくらい吉田《よしだ》不人気で、とうとう不信任案《ふしんにんあん》が可決《かけつ》されます。するとその直後、広川弘禅《ひろかわこうぜん》が、ふだんから吉田《よしだ》さんが官僚《かんりょう》出身者を優遇《ゆうぐう》するのを不満に思っていたのか、あるいは誰《だれ》かが「こっちの陣営《じんえい》に入れ」と袖《そで》を引いていたのか、ついに鞍替《くらが》えして脱党《だっとう》し、民主化同盟《どうめい》と組んで新

「バカヤロー」で懲罰を受ける吉田茂。清水崑・画

たに分党派《ぶんとうは》自由党《じゆうとう》を結成してしまいます。総裁《そうさい》は鳩山一郎《はとやまいちろう》がなり、こうしていよいよ吉田《よしだ》さんと鳩《はと》山《やま》さんの対決が表に出てきたわけです。

さて不信任案可決《ふしんにんあんかけつ》を受けて国会は解散《かいさん》、総選挙《そうせんきょ》となるわけですが、ここでじっと様子を見ていた岸信介《きしのぶすけ》さんが、「吉田《よしだ》さんが間もなくいなくなり、鳩山《はとやま》さんは表に出て行ったのだから、おれの順番が来るだろう」と考えたかどうか知りませんが、自由党《じゆうとう》に入党《にゅうとう》しました。戦前からの大辣腕《らつわん》家が、このへんから徐々《じょじょ》に党内《とうない》の重石《おもし》といえる中心人物になっていくのです。

こうして昭和二十八年四月に総選挙《そうせんきょ》が行なわれます。結果は自由党《じゆうとう》百九十九人、改進党《かいしんとう》七十六人、分党派自由党《ぶんとうはじゆうとう》三十五人、左派社会党《さはしゃかいとう》七十二人、右派社会党《うはしゃかいとう》六十六人、また左派《さは》から分かれた急進的労農党《とう》が五人でした。前と比《くら》べれば保《ほ》守派《しゅは》が凋落《ちょうらく》してむしろ左翼勢力《さよくせいりょく》が躍進《やくしん》しました。結果として政界《せいかい》は保守系《ほしゅけい》が自由党《じゆうとう》と分派《ぶんぱ》、改進党《かいしんとう》の三つに分かれ、社会党《しゃかいとう》も右派《うは》と左派《さは》に分かれ、さらに労農党《とう》が出るなど、とにかくごちゃごちゃ訳《わけ》がわからない混乱状態《こんらんじょうたい》になります。また面白《おもしろ》いことに、広川弘禅坊主《ひろかわこうぜんぼうず》がこの時、吉田《よしだ》派《は》が立てた対立候補《こうほ》に敗れて落選してしまうのです。彼《かれ》はその後いろいろな画策《かくさく》をするものの、復活《ふっかつ》できずに消えてしまいました。あんなに可愛《かわい》がってもらったのに吉田《よしだ》さんに叛旗《はんき》を翻《ひるがえ》すのはどうもよろしくないということだと思うのですが、人気がガタ落ちしてしまったようです。

この広川坊主《ひろかわぼうず》がどういう人だったか——当時、というか、これより少し前、朝日新聞の夕刊《ゆうかん》で斎藤信也《さいとうしんや》さんという記者のコラム「人物天気図」が辛辣《しんらつ》をもって鳴らし、広く読まれて長く続きました。もちろん政界《せいかい》だけでなく、財界《ざいかい》や芸能界《げいのうかい》やマスコミやいろんな人が登場するのですが、その中に広川弘禅《ひろかわこうぜん》が出てきます。これがすこぶる面白《おもしろ》いので一部を紹介《しょうかい》します。

「側近派《は》だとか、お小姓《こしょう》組だとか、官僚《かんりょう》派《は》だとか、つまり吉田茂《よしだしげる》にはお茶坊主《ちゃぼうず》が多すぎるに非《あら》ざるや。『ん、ん、あれば断然《だんぜん》キリマス。切ってみせます。みていなさい』（当時ラジオやなんかで私《わたし》も聴《き》きましたけれど、この弘禅坊主《こうぜんぼうず》がまた変な声を出すんですね——半《はん》藤《どう》注）。どうせ、口先だけに決まってる。それが証拠《しょうこ》に、その後、お取巻《とりまき》が減《へ》ったということは聞かぬ。もっとも、口の悪いのに言わせると、お茶坊主《ちゃぼうず》ナムバー・ワンの広川《ひろかわ》に、そんな芸当をやらせるのはドダイ無理な注文なんだそうである。和尚《おしょう》、突如《とつじょ》、聞きもしないのに窓外《そうがい》の畑を指さし『漬《つけ》もの好ギだなア、コドシ（今年）このハダゲ（畑）でダイゴン千本とれたア。漬《つけ》もの絶《た》やすエエ（家）は栄えねエわ。くに（広島《ママ》）では、そう言うもんな』。やがて保守《ほしゅ》大合同の朗報《ろうほう》来たり、絶対《ぜったい》多数党《たすうとう》・自由党《じゆうとう》のお家繁盛《はんじょう》ユメ疑《うたが》いなしとの寓意《ぐうい》なんであろう」

こういう調子ですから、愛嬌《あいきょう》はあって面白《おもしろ》いんですが、口先だけで当てにならないところは昔からあったようです。いずれにしろ、広川《ひろかわ》さんという、政界《せいかい》のある種〝惑星的《わくせい》〟な人があっさり消えていったのです。

なお、この選挙では旧軍人《きゅう》、戦前の右翼《うよく》が追放から復帰《ふっき》して大勢立候補《おおぜいりっこうほ》し、なかには選挙の時に「大東亜《だいとうあ》戦争には敗《ま》けていない!」などと言う人もたくさんいました。ということは、この頃《ころ》からすでに再軍備《さいぐんび》の声がかなり強まっていたのですが、吉田内閣《よしだないかく》は「ダメ! 軽武装《けいぶそう》・経済復興《けいざいふっこう》が先!」と突《つ》っぱねていました。選挙の結果、圧倒的《あっとうてき》多数を得《え》た吉田《よしだ》さんは改進党《かいしんとう》と提携《ていけい》し、五月に第五次内閣《ないかく》を成立させたものの、すでに命運は尽《つ》きつつあったと思います。人気はどん底まで落ちていましたし、政策《せいさく》がどうのというよりワンマンを茶化《ちゃか》すのにはもってこいでしたから、われわれ新聞雑誌《ざっし》の類《たぐい》は悪口雑言《あっこうぞうごん》をふんだんに載《の》せていました。

ところが、やはり政治《せいじ》がこういう状況《じょうきょう》では困《こま》るといって間に立つ人がいて、十一月、密《ひそ》かに吉田《よしだ》さんと鳩山《はとやま》さんの会談が行なわれます。吉田《よしだ》さんは、鳩山《はとやま》さんが主張《しゅちょう》する「憲法《けんぽう》改正、再軍備《さいぐんび》」に「うん」とは言わないのですが、政権運営《せいけんうんえい》のためには鳩山派《はとやまは》の勢力《せいりょく》がどうも大きすぎるので、とりあえず鳩山《はとやま》さんの主張《しゅちょう》する党内《とうない》に憲法調査会《けんぽうちょうさかい》をつくるということにはオッケーしました。それならば、と鳩山《はとやま》さんは分党派《ぶんとうは》から自由党《じゆうとう》に戻《もど》ることになります。この時、分《ぶん》党派《とうは》から大勢《おおぜい》がどーっと自由党《じゆうとう》に復党《ふくとう》しましたが、三木武吉《みきぶきち》、河野一郎《こうのいちろう》ら八人だけは、「吉田《よしだ》は口だけで信用できない」と断固《だんこ》として拒《こば》み、日本自由党《じゆうとう》を結成しました——自由党《じゆうとう》だらけで紛《まぎ》らわしいですね。ともかく彼《かれ》らは〝打倒吉田《だとうよしだ》〟活動を続け、二十九年四月封切《ふうき》りの黒澤明監《くろさわあきらかん》督《とく》の傑作《けっさく》『七人の侍《さむらい》』をもじって、当時は「八人の侍《さむらい》」ともてはやされたものです。

◆「史上《しじょう》最大の政変《せいへん》」、吉田内閣《よしだないかく》ついに倒《たお》れる

こうして一応《いちおう》、鳩山《はとやま》さんの復党《ふくとう》で自由党《じゆうとう》はうまくいくのかな、と思われた矢先、昭和二十九年（一九五四）春頃《はるごろ》のことです。日本は戦前から練磨《れんま》した造船技術《ぞうせんぎじゅつ》をもっていますから、各国からの注文をどんどん引き受けていました。その際《さい》に計画造船資金《ぞうせんしきん》というものがあって、その利子の補給《ほきゅう》をめぐり、要するにピンハネですが、造船汚職《ぞうせんおしょく》が明るみに出てしまったのです。そのトップに吉田《よしだ》さんが一番可愛《かわい》がっている佐藤栄作《さとうえいさく》さんの名があがったんですね。彼《かれ》は当時、自由党《じゆうとう》の幹事長《かんじちょう》で、議会がはじまっていたため逮捕《たいほ》はされませんが、四月二十日、検察庁《けんさっちょう》から逮捕許諾《たいほきょだく》が請求《せいきゅう》されます。これを衆議院《しゅうぎいん》がオッケーすれば逮捕《たいほ》できるのを、犬養健法相《いぬかいたけるほうしょう》が「まかりならん」と指揮権《しきけん》発動したのです。検察庁《けんさっちょう》がやろうとしていることを法務《ほうむ》大臣が頭から抑《おさ》えつけるなんてのも前代未聞《ぜんだいみもん》ですから大騒《おおさわ》ぎになり、責任《せきにん》をとって犬養《いぬかい》さんはすぐに辞《や》めることになります。でも佐藤逮捕《さとうたいほ》はありませんでした。

当時はほんとうに佐藤《さとう》さんがポケットに金を入れたのだろうかと思われていましたが、今になれば、一説に、鳩山《はとやま》、三木《みき》、河野《こうの》さんらを自由党《じゆうとう》に戻《もど》すため、戦前戦後にいろいろと困《こま》って

抵当《ていとう》に入っていた鳩山《はとやま》さんの音羽《おとわ》の御殿《ごてん》（今でもありますね）を救《すく》おうとして、佐藤《さとう》さんが二千万円という大金を都合して渡《わた》したんだ、と言われています。真実はわかりません。当時は鳩《はと》山《やま》さん一派《いっぱ》はむしろ佐藤《さとう》さんをガンガン追及《ついきゅう》していました。おかげで幹事長《かんじちょう》を辞《や》めざるを得《え》なくなった佐藤《さとう》さんは、以来、徹底的《てっていてき》な鳩山嫌《はとやまぎら》いになります。そして、その後日本の政治《せいじ》が動いていくなかで鳩山政策《はとやませいさく》へのアンチテーゼの役割《やくわり》を佐藤《さとう》さんが果たすこととなるのです。

そういうわけで吉田《よしだ》ワンマン内閣《ないかく》が頑張《がんば》れば頑張《がんば》るほどごたごたが起こる状況《じょうきょう》下、政界《せいかい》というのは裏《うら》で何が行なわれているのかはわかりません。自由党《じゆうとう》内の鳩山派《はとやまは》、改進党《かいしんとう》、そして「八人の侍《さむらい》」の日本自由党《じゆうとう》が密《ひそ》かに会合を開き、吉田打倒《よしだだとう》のためにはこの際《さい》、合同しようという話が密《ひそ》かに進んでいたというのです。それには自由党《じゆうとう》内の岸派《きしは》も含《ふく》まれていて、十一月二十四日、三者がパッと一緒《いっしょ》になって日本民主党《みんしゅとう》が成立しました。吉田《よしだ》さんもおったまげたでしょう。せっかく裏《うら》でお金をかけて鳩山《はとやま》さんを復党《ふくとう》させたのに、自分の子飼《こが》いの佐藤《さとう》さんや犬養《いぬかい》さんが首を斬《き》られただけで、連中は飛び出して別の党《とう》をつくったのですから。総裁《そうさい》は鳩山《はとやま》さん、幹事《かんじ》長《ちょう》は岸《きし》さんです。このへんが岸《きし》さんの動きの速いところですね。

手足をもがれてままならぬ状態《じょうたい》の吉田《よしだ》さんは、「ちきしょー」と臨時《りんじ》議会を召集《しょうしゅう》してただちに解散《かいさん》を主張《しゅちょう》しましたが、緒方《おがた》副総理《そうり》ら党人《とうじん》グループに「それは無理だ」と反対されます。頑固《がんこ》な吉田《よしだ》さん、それならばと今度は緒方《おがた》さんを罷免《ひめん》する。逆《ぎゃく》にそれがあだとなって大野伴睦《おおのばんぼく》さん、松野鶴平《まつのつるへい》さんらに責任《せきにん》を追及《ついきゅう》され、ついに「アカーン、自由党総裁《じゆうとうそうさい》を降りまーす」と辞意を固めたのです。ということは総理《そうり》大臣も降《お》りることになります。党総裁《とうそうさい》は緒方《おがた》さんが引《ひ》き継《つ》ぎ、追い出された格好《かっこう》で吉田《よしだ》さんと佐藤《さとう》さんは自由党《じゆうとう》を離《はな》れて無所属《むしょぞく》になる。こうして吉田《よしだ》さんの時代はあっさり終わりを告《つ》げました。つまり、ここで吉田《よしだ》さんの敷《し》いた路線は一度パァになったわけです。

とにかく吉田退陣《よしだたいじん》は当時の大ニュースでした。私《わたし》のいた「文藝春秋《ぶんげいしゅんじゅう》」などは、ただちに「史上《しじょう》最大の政変《せいへん》」と銘打《めいう》った臨《りん》時増刊《じぞうかん》を出して、大いに稼《かせ》いだものでありました。「史上《しじょう》最大」とは大袈裟《おおげさ》もいいところですが、実感としてはまさにそのものずばり、というところでした。

鳩山一郎（1883 - 1959）

佐藤《さとう》さんや池田《いけだ》さんも冷《ひ》や飯《めし》を食ってショボーンとなります。代わりに、戦前からの政治家《せいじか》であった人たちが天下を取り、昭和二十九年（一九五四）十二月十日、めでたく鳩山内閣《はとやまないかく》が成立したのです。

戦後すぐに総理《そうり》大臣になれたはずの人が、追放のためにかなわず、解除《かいじょ》されたと思えば脳溢血《のういっけつ》で倒《たお》れ、その後も吉田《よしだ》さんが頑張《がんば》ったために「永遠《えいえん》のかなわぬ夢《ゆめ》」でついになれないんじゃないかと思われもした人が、とうとう首相《しゅしょう》になったわけです。

この時の外相《がいしょう》には重光葵《しげみつまもる》さん、蔵相《ぞうしょう》には一万田尚登《いちまだひさと》さん、通産相《つうさんしょう》には石橋湛山《いしばしたんざん》さん、ほかに鶴見祐輔《つるみゆうすけ》さん、安藤正純《あんどうまさずみ》さん、河野一郎《こうのいちろう》さん、三木武夫《みきたけお》さん、大麻唯男《おおあさただお》さんらが入閣《にゅうかく》し、つまり党人派《とうじんは》、戦前政党政治家《せいとうせいじか》が閣僚《かくりょう》としてずらりと並《なら》びました。戦前、大政翼賛会《たいせいよくさんかい》の選挙に野党《やとう》で出馬した人や、追放から解除《かいじょ》されてめでたく復帰《ふっき》した面々のオンパレードです。かたや吉田《よしだ》さん側近の官僚《かんりょう》グループは残らず逼塞《ひっそく》します。もちろん代議士《だいぎし》ではありますが、閣僚《かくりょう》には起用されず、隅《すみ》っこに追いやられました。

昭和三十年（一九五五）一月、記者会見でさっそく鳩山《はとやま》さんは大々的に、「一、中国・ソ連と国交を回復《かいふく》する」「二、再軍備《さいぐんび》を意図する憲法《けんぽう》改正を実行する」と表明します。吉田《よしだ》路線にかわる戦後日本の別の路線が表面に出てきたのです。そして、新政権発足《しんせいけんほっそく》ですから次は選挙です。二月の総選挙《そうせんきょ》の結果、鳩山《はとやま》さんを支《ささ》える民主党《みんしゅとう》が百八十五人、自由党《じゆうとう》は百十二人、左派社《さはしゃ》会党《かいとう》が八十九人、右派社会党《うはしゃかいとう》が六十七人、左派《さは》から分かれた労農党《とう》が四人、そして共産党《きょうさんとう》が二人という勢力分布《せいりょくぶんぷ》となりました。しかし憲法《けんぽう》改正に必要な三分の二には届《とど》かず、鳩山内閣《はとやまないかく》が大きく掲《かか》げた目標は残念ながらしぼんでしまうんですね。この時にもし、鳩山政策支持《はとやませいさくしじ》の選挙結果が出ていればそれこそ「想定外」のことになったのですが、そうならなかったのは、やはり国民のなかに平和日本の思想がすっかり根づいていたためじゃないでしょうか。数字を見れば、憲法《けんぽう》を必ずしもアメリカからの押《お》しつけとして排除《はいじょ》するのではなく、むしろ平和を新しい日本の国是《こくぜ》にしようという国民の気持ちが強かったことがわかるのです。

ではありますが、鳩山内閣《はとやまないかく》はここでともかく、吉田《よしだ》さんと合意した憲法《けんぽう》調査会《ちょうさかい》を正式に設置《せっち》できる道筋《みちすじ》を得《え》ました。後に民主党《みんしゅとう》と自由党《じゆうとう》が合同して自由民主党《みんしゅとう》になるのですが、この時にいわば「憲法《けんぽう》を変えるための研究会」としてできた憲法《けんぽう》調査会《ちょうさかい》が今日の自民党《じみんとう》にまで続いてきているのですから、改憲《かいけん》は自由民主党《みんしゅとう》の最初からの大テーマであるとも言えるんですね。

一方、鳩山《はとやま》さんのスローガンを見た社会主義勢力《しゅぎせいりょく》は、「このまま保守派《ほしゅは》が合同なんかして三分の二に達すれば大変だ」と危機《きき》感を覚え、講和条約締結《こうわじょうやくていけつ》の際《さい》にソ連を入れるかどうかで右派《うは》と左派《さは》に分かれたままの状態《じょうたい》からの合同を模索《もさく》しはじめました。こうしてマルクス主義《しゅぎ》べったりの親ソの左派《さは》・鈴木茂三郎《すずきもさぶろう》の鈴木派《すずきは》と、ヨーロッパ式の社会主義《しゅぎ》に傾倒《けいとう》する反ソ派《は》の右派《うは》・河上丈太郎《かわかみじょうたろう》の河上派《かわかみは》とが、「抵抗勢力《ていこうせいりょく》は一つになったほうがよい」と急接近《きゅうせっきん》し、左派《さは》が少し譲歩《じょうほ》するような形でここに日本社会党《しゃかいとう》として一つにまとまったのです。

こうなると、保守勢力《ほしゅせいりょく》は「ゆゆしきことである」と脅威《きょうい》を感じます。同時に、保守派《ほしゅは》には「吉田《よしだ》さんをやっと追い落としたのだから俺《おれ》たちはみんな仲間だ」という意識《いしき》もありました。こうして〝保守《ほしゅ》合同〟の話が芽生えるのです。ただし、そういいながらも戦前の民政党《みんせいとう》と政友会《せいゆうかい》の流れを汲《く》む人たちは昔から仇敵《きゅうてき》です。どう考えても別の流れであって、口も利《き》かない人たちも少なくないのです。その御大格《おんたいかく》の人物が、旧民政党《きゅうみんせいとう》の三木武吉《みきぶきち》さんと旧政友会《きゅうせいゆうかい》の大野伴睦《おおのばんぼく》さんでした。何度も出てきましたが、三木《みき》さんは反吉田《よしだ》です。かたや大野《おおの》さんは吉田《よしだ》さんの下について自由党《じゆうとう》内のまとめ役としての重鎮《じゅうちん》でした。二人は犬猿《けんえん》の仲で、選挙の折など口の悪い三木《みき》さんは大野《おおの》さんをクソミソにやっつけたりしていたのです。しかし看板《かんばん》である民主党《みんしゅとう》の鳩《はと》山《やま》さんと自由党《じゆうとう》の緒方《おがた》さんとは別に、三木《みき》・大野《おおの》という太い心棒《しんぼう》が動かないことにはなんともなりません。そこでなんとか二人を会わせて腹《はら》を割《わ》って話させたほうがいいのではないか――そう考えたのが議員になったばかりの正力松太郎《しょうりきまつたろう》さんでした。

◆やっと「保守《ほしゅ》合同」成る

さて、ごちゃごちゃ離合集散《りごうしゅうさん》ばなしをやってきましたが、ここからはさらに政界講談《せいかいこうだん》の一席となります。その昔、政治評論家《せいじひょうろんか》の御手洗辰雄《みたらいたつお》さんから聞いた話を中心に、少し楽しく語らねばなりません。

正力《しょうりき》さんは前にも出ましたが、読売新聞の社長で、鳩山内閣《はとやまないかく》ができた時の衆議院《しゅうぎいん》選挙に自《じ》由党《ゆうとう》から出て七十歳《さい》で初当選しました。その筋《すじ》では〝重鎮《じゅうちん》〟ながら、議員としては新人です。当選した翌日《よくじつ》、正力《しょうりき》さんが三木《みき》さんのところへ行き、「昔の怨念《おんねん》で仲違《なかたが》いしているなんて大人《おとな》気《げ》ない」と説《と》くと、三木《みき》さんは「政界《せいかい》は複雑怪奇《ふくざつかいき》なんだ。君が思うように簡単《かんたん》にいかぬよ。あのタヌキの大野《おおの》が俺《おれ》の方を向いて一緒《いっしょ》にやろうなんて言うはずはないよ」と合同の難《むずか》しさを訴《うった》えます。警察《けいさつ》畑出身の正力《しょうりき》さんは、戦前に三木武吉《みきぶきち》が政治《せいじ》運動で警察《けいさつ》にぶち込《こ》まれた時の署長《しょちょう》ですし、大野《おおの》さんともよく知った仲だったのですが、説得《せっとく》はなかなかうまくいきませんでした。

ところが三月末、三木《みき》さんが突然《とつぜん》、正力《しょうりき》さんを訪《たず》ねて言ったのです。

「いろいろ考えてみたが、どうも君の言うとおり保守《ほしゅ》は一つにまとまった方がいい。それしか日本を安定させる道はない。なるほどそれには僕《ぼく》と大野《おおの》の協力以外に方法はないようだ。大野《おおの》と会うことにする、よろしく頼《たの》む」

三木《みき》さんが何を考えていたのかわかりませんが、ともかく社会党《しゃかいとう》の左右統一《とういつ》をかなり深刻《しんこく》に受け止め、憲法《けんぽう》改正・再軍備《さいぐんび》の路線を強力に推《お》し進《すす》めるためには、過去《かこ》を一切《いっさい》水に流して保守《ほしゅ》合同しようと決意したようです。

正力《しょうりき》さんは「よしきた」とさっそく四月五日、大野《おおの》さんを訪《たず》ねます。しかし大野《おおの》さんは「三《み》木《き》のような古狸《ふるだぬき》を相手にかかる国家的大事な話ができるもんか。あのやろうは俺《おれ》を罵倒《ばとう》し続けてきたんだ」とけんもほろろに断《ことわ》ります。正力《しょうりき》さんは「三木《みき》とはちゃんと話した。俺《おれ》が保証《ほしょう》する。ケチな個人感情《こじんかんじょう》で国家の大計《たいけい》をおろそかにしてはいかん。それに、実はきのう鳩山《はとやま》にも話したところ、保守《ほしゅ》合同には賛成《さんせい》で、しかしその成否《せいひ》は大野《おおの》の決心にあるとも言っておったよ」と若干《じゃっかん》おだてながら説得《せっとく》したのです。

「すると俺《おれ》が一番大事な人間ということか」といい気持ちになった大野《おおの》さん。まあこの辺はキツネとタヌキの化かし合いで、どれがほんとうかよくわからない話なんですが、本《もと》をただせば大野《おおの》さんは鳩山一郎《はとやまいちろう》の推挙《すいきょ》によって東京市会議員となって政治《せいじ》生活をはじめ、それを足場に国会入りした、そもそも鳩山《はとやま》さんの側近第一号なのです。それが戦後、鳩山《はとやま》さんが追放されている間、吉田《よしだ》さんの下で働きました。しかし心の中では「忠臣伴睦《ちゅうしんばんぼく》」と言っていたそうで、鳩山《はとやま》さんと仲が悪いわけはなく、自由党《じゆうとう》にいるからそういう顔は見せなかっただけなのです。しかもこの方は「義理《ぎり》と人情《にんじょう》が人生で一番大事」という親分肌《おやぶんはだ》です。義理《ぎり》は自由党《じゆうとう》にあるが、人情《にんじょう》は鳩山《はとやま》さんに向いている、その点を正力《しょうりき》さんがこちょこちょとくすぐったわけですね。「うーむ、義理《ぎり》と人情《にんじょう》の板ばさみか」と芝居《しばい》めいたことを言いながら、大野《おおの》さんはそれじゃあ三木《みき》に会おう、ということになったわけです。

五月十五日、高輪《たかなわ》のある財界人《ざいかいじん》の邸《やしき》で大野《おおの》と三木《みき》の初会見がもたれます。実に三時間に及《およ》んだそうです。正力《しょうりき》さんが間に入っていたと思いますが、最初は好き放題喋《しゃべ》り、罵倒《ばとう》し合っていた二人もだんだん打《う》ち解《と》けていき、結果的には三木《みき》さんが説《と》いたようです。

「今まではいろいろなことがあった。君も腹《はら》の立つことはたくさんあろうが、今は国の一大事である。この際《さい》は水に流してくれ」

まるで手をつかんばかりに言うと、人情《にんじょう》に弱い大野《おおの》はほろほろとなって、

「そんな昔のことは気にするには及《およ》ばんよ」

たちまち意気投合《いきとうごう》、百年の知己《ちき》のようになってしまいます。後に大野《おおの》さんは語っています。

「大狸《おおだぬき》に騙《だま》されまいと用心したが、話しているうちにその誠意《せいい》に打たれ、国家のために是非《ぜひ》、大合同をやらねばならぬと決心した」

やがて二人は肝胆相照《かんたんあいて》らす仲となり、ここに保守《ほしゅ》合同への道がだーっと開けたのでありました……一席のお粗末《そまつ》というところですねえ。

ここで、ちょっと面白《おもしろ》いので例の斎藤信也《さいとうしんや》さんの「人物天気図」から、大野伴睦《おおのばんぼく》さんの項《こう》を引いてみます。

「赤い鼻と、アルコール漬《づけ》みたいなツヤツヤした皮膚《ひふ》と、一枚看板《いちまいかんばん》の人情《にんじょう》と、金を集めては散ずる党人気質《とうじんかたぎ》（とにかく政治家《せいじか》としては優良《ゆうりょう》で、金を集めるのがものすごくうまく、それもどんどん人にくれてやる親分肌《おやぶんはだ》でした——半藤《はんどう》注、以下カッコ内同じ）と、ただそれだけである。識見《しきけん》が高いのではない。人格清潔《じんかくせいけつ》、というわけには参るまい。政治的手腕《せいじてきしゅわん》があるというのでもない。にもかかわらず、吉田《よしだ》ワンマンといえども一応《いちおう》は大野《おおの》の存在《そんざい》を無視《むし》し得《え》ないのは何であるか。鳩山《はとやま》の後光《ごこう》（そもそも出が鳩山《はとやま》さんの側近ですからね）と、追放旋風《せんぷう》の真空の中で、伴睦《ばんぼく》の相対的比重《ひじゅう》がふくれていっただけのはなしである（もしかしたらそうかもしれませんね。追放で皆《みな》がいなくなった所に一人ぽつんと残ったので、ものすごく大人物に見えたのかもしれません。ただ、自分が引き受けたことはちゃんとやった人ではあったようです）。（略《りゃく》）『吉田総理《よしだそうり》か。日本の第一人者じゃ、いわゆるワンマンじゃ、ハハハ』。保守《ほしゅ》合同は如何《いかが》？『大合同なら反対せんが、某々一派《ぼうぼういっぱ》（三木《みき》や河野《こうの》らの

「八人の侍《さむらい》」を指すのでしょう）の救済《きゅうさい》合同は国民が納得《なっとく》せん』。国民は、でなく、大《お》野《の》・幣原《しではら》がだろう。好漢うらむらくは、国民がてんで無関心なることを知らないのである（このインタビュー当時は保守《ほしゅ》合同などあり得《え》ない雰囲気《ふんいき》でしたから、国民は無関心だったと思います）。『蔵書万巻《ぞうしょまんがん》、専門《せんもん》がないから片っ端《かたっぱし》からよむんじゃ。夜酔《よ》うて帰っても枕《まくら》もとで本をひもどかんことにゃ眠《ねむ》れん、ぼくは寅年《とらどし》五十九歳《さい》じゃが、斗酒《としゅ》にして未《いま》だトラになったことがない。アツカンがええな。酒はのむべし、のまるるべからず、これがぼくのテツガクじゃ』」

いわゆる昔ながらの政治家《せいじか》で、人物としては面白《おもしろ》かったでしょうが、書いてあるように、何にも識見《しきけん》はなかったと思います。ただ、義理人情《ぎりにんじょう》では生きた人でした。また、残念ながら三木《みき》武吉《ぶきち》は「人物天気図」に出てきません。そこで彼《かれ》については御手洗辰雄《みたらいたつお》さんの「保守《ほしゅ》合同と女と三木武吉《みきぶきち》」という文章を引用してみます。

「策士《さくし》といわれるが、実は正直な男で、怪異《かいい》な容貌《ようぼう》（骸骨《がいこつ》というか、ガンジーのような顔をしていました――半藤《はんどう》注、以下カッコ内同じ）と猛烈果敢《もうれつかかん》な闘志《とうし》、そしてスッポンのようなシツコサが、怪物《かいぶつ》とか策士《さくし》とかの伝説をつくり出しているにすぎない（御手洗《みたらい》さんは三《み》木《き》さんが好きなんで、ほめ過《す》ぎるきらいがあるんです）。（中略《ちゅうりゃく》）世間では三木《みき》がいろいろな陰謀術策《いんぼうじゅっさく》をもって、吉田《よしだ》を攻《せ》めたてたように噂《うわさ》されているが、実際《じっさい》はむしろ逆《ぎゃく》で、手のこんだ策略《さくりゃく》をめぐらしているのは白足袋総理《しろたびそうり》、吉田茂《よしだしげる》の方で、三木《みき》は吉田《よしだ》の官僚的《かんりょうてき》独裁《どくさい》を、鳩山《はとやま》の党人民主制《とうじんみんしゅせい》に切《き》り替《か》えようと努力し、後に保守《ほしゅ》合同をふりかざして率直大胆《そっちょくだいたん》にその実行をせまっただけである。なるほど、一見、広川弘禅《ひろかわこうぜん》を丸めこんだやり方などは（つまり、広川《ひろかわ》の袖《そで》を引《ひ》っ張《ぱ》ったのは三木武吉《みきぶきち》だったというわけです）、策士《さくし》たる三木《みき》のやりそうな手だと思われるが、実際《じっさい》は吉田《よしだ》にソデにされ始めた広川《ひろかわ》が、三木《みき》のふところに近づいていったというのが真相だ。そのプロデューサーは三浦義一《みうらぎいち》と児玉誉士夫《こだまよしお》の二人である」

こういう名前が出てくることでわかりますように、三木《みき》さんはチャキチャキの右翼《うよく》なんですね。愉快《ゆかい》なエピソードがあります。香川県で選挙の時にこんな野次《やじ》が飛んだのです。

「お前は妾《めかけ》を三人も連れて故郷《くに》に帰ってきて議員になろうとは不届《ふとど》きだー！」

三木《みき》さんは答えました。

「まことにその通りである。しかし訂正《ていせい》をお願いしたい。連れてきた女は六人である。しかも女を食い物にしているのではない。羽振《はぶ》りのいい時はそのくらいのことをやったが、そうでなくなっても捨《す》てるわけにはいかんだろう。仲を交《か》わした女を最後まで面倒《めんどう》を見るのが男のやることだろう」

この逆襲《ぎゃくしゅう》に、聴衆《ちょうしゅう》からわーっと拍手《はくしゅ》が沸《わ》いたという有名な話です。まあ大人物ではあるんですね。ともかくこういった人たちが中心になって保守《ほしゅ》合同が成立し、党名《とうめい》を自由民主党《みんしゅとう》として十一月十五日に結党《けっとう》式が行なわれます。総裁《そうさい》については、自由党《じゆうとう》には緒方竹虎《おがたたけとら》がいますし、揉《も》めたのですが、結果的には一人に決めず、とりあえず代行委員に鳩山《はとやま》、緒方《おがた》、三木《みき》、大野《おおの》の四人が就任《しゅうにん》しました。これが今日の自由民主党《みんしゅとう》のそもそもというわけです。

社会党《しゃかいとう》は現在《げんざい》は落ちさらばえて名もなくなりましたが、この時に自由民主党《みんしゅとう》と社会党《しゃかいとう》の二大政党《せいとう》という構図《こうず》が成り、日本の政治《せいじ》はその後、ごちゃごちゃしながらもこのかたちでだーっといくのです。これを政治《せいじ》学界に発しまして一般的《いっぱんてき》には「五五年体制《たいせい》」と言います。

これは平成五年（一九九三）までつづきます。日本政治《せいじ》の基本構造《きほんこうぞう》は長い間、この「体制《たいせい》」であったわけです。自民党《じみんとう》と社会党《しゃかいとう》の二大政党《せいとう》（数でいえば一対一でなくほぼ一・五対〇・五になりますが）の対立、保守《ほしゅ》と革新《かくしん》、与党《よとう》と野党《やとう》という決まりきった構図《こうず》です。しかも、この体制《たいせい》が成立してからずっと、自民党《じみんとう》がほとんど衆議院《しゅうぎいん》で過半数《かはんすう》を得《え》ていたというのは、びっくりするほかのない事実なんですね。唯一《ゆいいつ》の政権政党《せいけんせいとう》として、いろいろな毀誉褒貶《きよほうへん》を一手に引き受けながら、自民党《じみんとう》が戦後政治《せいじ》をリードしていく。ということは、自民党《じみんとう》がいつも国民の相当多数の支持《しじ》を得《え》てきたということを意味します。一党独裁《いっとうどくさい》だったなんて悪口をいう人もありますが、それはいけません。国民の選択《せんたく》を常《つね》に基盤《きばん》にしているという事実は隠《かく》せないんですよ。つまり国民は社会主義《しゅぎ》国家になることを拒否《きょひ》し続けてきたんですね。

でも、よくよく考えてみると、戦後日本の長い歴史《れきし》において、この二大政党《せいとう》しか選択《せんたく》の幅《はば》がなかったというのは、私《わたし》たちにとってあまり有難《ありがた》くない、むしろ不幸なことであったと思えるんですが。

第十二章

「もはや戦後ではない」

改憲《かいけん》・再軍備《さいぐんび》の強硬《きょうこう》路線へ

この章の

ポイント

公約に掲《かか》げた憲法改正《けんぽうかいせい》・再軍備《さいぐんび》を実現するために、多数党《たすうとう》に有利な小選挙区制《しょうせんきょくせい》の導入《どうにゅう》をもくろむ鳩山内閣《はとやまないかく》でしたが、世論《よろん》の反発にあい見送られました。もうひとつの公約だった共産圏《きょうさんけん》と国交回復《かいふく》を何とか推《お》し進めたいと考えます。これが講和条約《こうわじょうやく》を結んでいないソ連の思惑《おもわく》と一致《いっち》し、一九五六（昭和三十一）年十月に日ソ共同宣言《せんげん》を締《てい》結《けつ》しました。しかし北方領土返還《りょうどへんかん》については合意に至《いた》らず、現在《げんざい》も続く領土《りょうど》問題につながっていきます。

キーワード

フルシチョフ／憲法改正《けんぽうかいせい》・再軍備《さいぐんび》／河野一郎《こうのいちろう》／日ソ共同宣言《せんげん》／北方領土《りょうど》／国際連合《こくさいれんごう》／石橋湛山《いしばしたんざん》／岸内閣《きしないかく》／安保条約《あんぽじょうやく》改定／勤務評定《きんむひょうてい》問題（勤評《きんぴょう》問題）／警察官職務執行法《けいさつかんしょくむしっこうほう》（警職法《けいしょくほう》）

◆憲法《けんぽう》改正・再軍備《さいぐんび》の失敗

鳩山内閣《はとやまないかく》は首相《しゅしょう》が病軀《びょうく》をおして第三次まで続きますが、第一次（昭和二十九年十二月十日〜三十年三月十八日）は、どちらかというと吉田内閣《よしだないかく》を倒《たお》したあとの、選挙をする「選挙管理内閣《ないかく》」といった性格《せいかく》が非常《ひじょう》に強いものでした。常道《じょうどう》に即《そく》して総選挙《そうせんきょ》は昭和三十年（一九五五）二月に行なわれ、そこで鳩山《はとやま》さんが公約として押《お》し出《だ》したのが、前にも話しました憲法《けんぽう》改正・再軍備《さいぐんび》、そして対共産圏《たいきょうさんけん》外交でした。今までのようにアメリカの言う通りに対共産圏《たいきょうさんけん》とは外交しないというのではなく、われわれは独立《どくりつ》国家なのだから、日本の自主的な外交政策《せいさく》として共産圏《きょうさんけん》ともつきあおうというんですね。

社会党《しゃかいとう》はこれにはなぜか猛反対《もうはんたい》です。この時点ではまだ右派《うは》と左派《さは》に分かれている時ですが、両派《りょうは》とも大反対し、改憲《かいけん》問題もからんで、選挙は大変な争いになりました。この結果、前回にもふれましたが、自由党《じゆうとう》は圧勝《あっしょう》できず、両派社会党《りょうはしゃかいとう》が躍進《やくしん》しました。というように、第一次鳩山内閣《はとやまないかく》はこの選挙をするための内閣《ないかく》だったと言ってもいいかと思います。

ともあれ、圧勝《あっしょう》こそできませんでしたが、昭和三十年三月十九日、継続《けいぞく》して第二次鳩山内閣《はとやまないかく》がスタートします（〜同年十一月二十一日）。鳩山《はとやま》さんは、自分の任期《にんき》中に対共産圏《たいきょうさんけん》、とりわけソ連となんとか交渉《こうしょう》の窓口《まどぐち》をあけたいと考えていました。ソ連はサンフランシスコ講和《こうわ》条《じょう》約《やく》に調印しませんでしたから、依然《いぜん》として日本とは敵対《てきたい》関係にあります。それを、今度は独自《どくじ》に交渉《こうしょう》し、なんとか日ソ間での友好条約《じょうやく》が結べないかと考えたわけです。

その間にもいろいろな事件《じけん》が起こります。以前にも出てきました水爆《すいばく》実験による第五福竜丸《ふくりゅうまる》事件《じけん》（昭和二十九年三月）を契機《けいき》に、民衆《みんしゅう》の間でも原水爆禁止《げんすいばくきんし》運動が拡大《かくだい》してきまして、昭和三十年八月六日、広島ではじめての原水爆禁止《げんすいばくきんし》世界大会が開かれました。

また、米軍基地《きち》反対闘争《とうそう》が各地で起こり、同じ年の七月には、東京・立川基地拡張《たちかわきちかくちょう》に関して、地元の砂川《すながわ》で闘争《とうそう》がはじまりました。九月には警官隊《けいかんたい》と民衆《みんしゅう》が大激突《げきとつ》し、「砂川闘争《すながわとうそう》に勝たんかな」がスローガンのように叫《さけ》ばれ、まさに左翼《さよく》運動の象徴的《しょうちょうてき》な闘争《とうそう》となりました。

そんなふうに鳩山内閣《はとやまないかく》のもとの昭和三十一年頃《ごろ》までは、しばしば流血の紛争事件《ふんそうじけん》が起こり、それには平和に対する国民の強い希望が注《そそ》ぎ込《こ》まれました。こうしてどんどん強まる平和運動は同時に、裏《うら》を返せば憲法《けんぽう》を護《まも》ろう、との護憲《ごけん》運動にもつながっていきます。それは鳩山内閣《はとやまないかく》が掲《かか》げる政策《せいさく》の憲法《けんぽう》改正・再軍備《さいぐんび》は認《みと》めないという趣旨《しゅし》ですから、病状《びょうじょう》もよくない鳩山《はとやま》さんとしては、なかなか思うような政策《せいさく》が実行できなかったのです。それでも使命感を抱《いだ》く鳩山《はとやま》さんは、議会でも両派社会党《りょうはしゃかいとう》が猛烈《もうれつ》に反対する中、保革《ほかく》の正面対決であろうが意に介《かい》せず、自分の政策《せいさく》を押《お》し出《だ》そうと頑張《がんば》ります。それにはまず平和憲法《けんぽう》――鳩山《はとやま》さんからすればアメリカからの押《お》しつけ憲法《けんぽう》――のどこが悪いかをきちんと調査《ちょうさ》する必要があるというわけで、懸案《けんあん》の憲《けん》法《ぽう》調《ちょう》査《さ》会《かい》をつくるべく「憲法調査会《けんぽうちょうさかい》法案」を議会に提出《ていしゅつ》しました。さらに日本の国防《こくぼう》をもっときちんとしたものにしよう、すなわち再軍備《さいぐんび》の必要性《ひつようせい》について「国防《こくぼう》会議の構成《こうせい》等に関する法律案《ほうりつあん》」も持ち出しました。これらが社会党《しゃかいとう》と激突《げきとつ》して大揉《おおも》めしてずいぶん時間を費《つい》やした結果、両方とも審議未了《しんぎみりよう》で廃案《はいあん》になってしまいます。正直言いますと、このことが、「こんなことをくり返していてはたまったものじゃない」とすでにお話した保守《ほしゅ》合同への道につながるわけです。さらにいえば、その前に両派社会党《りょうはしゃかいとう》が合併《がっぺい》しちゃいましたから、ますます民主党《みんしゅとう》の政策《せいさく》を議会で通すのが困難《こんなん》になり、自由党《じゆうとう》と一緒《いっしょ》になって大政党《だいせいとう》をつくって社会党《しゃかいとう》と対決しなければならない、とより一層《いっそう》、保守《ほしゅ》合同の必要性《ひつようせい》が高まったわけです。

ということで、第二次鳩山内閣《はとやまないかく》は、理想は高く掲《かか》げながらももたもたと何もせず、いつも審議未了《しんぎみりよう》で廃案《はいあん》、なにやら保守《ほしゅ》合同のための内閣《ないかく》と言ってもいいようなものでした。

さて保守《ほしゅ》合同の結果、圧倒的《あっとうてき》多数の与党《よとう》となって、第三次鳩山内閣《はとやまないかく》が昭和三十年十一月二十二日に発足《ほっそく》します（〜昭和三十一年十二月二十日）。それまで野党《やとう》の反対もあり、揉《も》みに揉《も》まれてにっちもさっちもいかない状況《じょうきょう》が続いただけに、こうなると「今度は大丈夫《だいじょうぶ》だ」と強気になります。たしかに保守《ほしゅ》合同の結果、大自民党《じみんとう》は三分の二を獲得《かくとく》せんばかりの勢《いきお》いではありましたが、やはり平和思想の強まる中、革新政党《かくしんせいとう》が三分の一を超《こ》えていたんですね。もしもこの時、自民党《じみんとう》が三分の二を超《こ》えていれば、憲法《けんぽう》改正の動きがかなり具体化したと思うのですが。しかしなんとか憲法《けんぽう》改正に漕《こ》ぎ着《つ》けたいという思いもあり、やっと憲法調《けんぽうちょう》査会《さかい》をつくるところまではいったんです。しかし改正そのものはまだまだ遠い先の話でした。

そこで知恵者《ちえしゃ》の鳩山《はとやま》さんは考えます。一つの選挙区で四、五人も当選するという中選挙区制《ちゅうせんきょくせい》ではなく、自民党《じみんとう》が三分の二を獲得《かくとく》するには、小選挙区制《しょうせんきょくせい》が必要だと思いついたのです。そこでその法案を提出《ていしゅつ》しました。ちなみに現在《げんざい》、日本でやっているのは小選挙区制《しょうせんきょくせい》ですね。ですからその先駆《せんく》というわけです。これに社会党《しゃかいとう》はとんでもない、と猛反対《もうはんたい》。それにくわえて新聞雑誌《ざっし》のマスコミも反対のうえに、与党《よとう》の議員の中にも反対者が続々出てきました。というのは、与党《よとう》でものべつ安心立命して当選する人ばかりでなく、すれすれの人もたくさんいて、小選挙《しょうせんきょ》区制《くせい》になれば落選するのが目に見えたからです。これを押《お》し切《き》ろうと鳩山内閣《はとやまないかく》はすったもんだをくり返します。この時に流行《はや》ったのが「ハトマンダー」という言葉です。アメリカでかつて同じように、ゲリーさんという人の発案で小選挙区制《しょうせんきょくせい》への試みがなされ、「ゲリマンダー」*1と呼《よ》ばれたのに由来します。しかしいくら強引《ごういん》に押《お》し切《き》ろうとしても、世論《よろん》もマスコミも大反対、党利党略《とうりとうりやく》のための小選挙区制《しょうせんきょくせい》、「ハトマンダーとはすなわち党利党略《とうりとうりやく》である」と言われたほどで、結局、衆議院《しゅうぎいん》は強引《ごういん》に通したものの、参議院で揉《も》めているうちに議会の会期が終わり、時間切れで廃案《はいあん》となったのです。ただ、このハトマンダー案、ずっと後に小沢一郎《おざわいちろう》さんあたりが持ち出して小選挙区制《しょうせんきょくせい》が実施《じっし》されることになった際《さい》、ずいぶん役立ったんじゃないかと思うんですよ。ですがその時、あまりハトマンダーのことは言いませんでしたねえ。

まあ日本はだいたい、テメエたちが天下をとろうとすると、小選挙区制《しょうせんきょくせい》がいいということになるんですね。結果として社会党《しゃかいとう》も共産党《きょうさんとう》も凋落《ちょうらく》しましたから、党利党略《とうりとうりやく》のためにはある種、役立つ話なのかもしれません。いずれにしろ、鳩山内閣《はとやまないかく》時代には、この案はだめでした。後に

『鳩山一郎回顧録《はとやまいちろうかいころく》』という本が文藝春秋《ぶんげいしゅんじゅう》から出たのですが、その中でハトマンダーつまり小《しょう》選挙区制案《せんきょくせいあん》は「鳩山内閣《はとやまないかく》最大の失敗」であった、と鳩山《はとやま》さんは嘆《なげ》いています。これで与党内《よとうない》もごちゃごちゃ揉《も》めて何にもできない状態《じょうたい》になりましたからね。ちなみにこの『回顧録《かいころく》』出版《しゅっぱん》の担当者《たんとうしゃ》はなんと私《わたし》でした。音羽御殿《おとわごてん》に何度もお伺《うかが》いしましたが、書いたのは鳩山《はとやま》さんじゃなくて政治評論家《せいじひょうろんか》の細川隆元《ほそかわたかもと》さんなんですね。校正ゲラが出ると鳩山《はとやま》さんに一通、細川《ほそかわ》さんに一通持って行った覚えがありますから。

◆驚《おどろ》きのソ連との国交回復《かいふく》

さて鳩山《はとやま》さんは、志《こころざ》した二つの大目標のうち憲法《けんぽう》改正・再軍備《さいぐんび》に手が届《とど》きませんでしたから、残るのは対共産圏《たいきょうさんけん》外交です。これに政治《せいじ》生命を賭《か》けることになりました。折も折、そのソ連で昭和三十一年（一九五六）二月、フルシチョフ――なつかしい名前ですねえ、彼《かれ》は第一書記なのですが、なんと議会でかつての首相《しゅしょう》スターリンを猛烈《もうれつ》に批判《ひはん》し、それをアメリカ国務《こくむ》省《しょう》が全文を公表して全世界にひろまったのです。スターリンという男は、自分の意に染《そ》まないジノビエフ、カーメネフ、ブハーリン、トハチェフスキー――すべてソ連共産党《きょうさんとう》の大物で、いつの間にか消えていきました――らは皆《みな》、彼《かれ》が無実の罪《つみ》をきせて死刑《しけい》や収容所《しゅうようじょ》で命を落としたのであると暴露《ばくろ》したのです。それだけではなく、側近だったベリア、マレンコフ、モロトフ（元外相《がいしょう》で、戦前の昭和史《しょうわし》に出てきましたね）などが粛清《しゅくせい》ないし追放された経緯《けいい》まで明かされま

フルシチョフ（1894 - 1971）

した。これはウォール街の株価《かぶか》を暴落《ぼうらく》させるぐらい、世界中を驚倒《きょうとう》させました。もちろん兜町《かぶとちょう》も、です。私《わたし》たちでさえ、スターリンはとんでもないやつだ、ありゃ人間じゃないと思ったほどです。

一方、これでソ連という国の内部が、昔のように秘密主義《ひみつしゅぎ》でなく、開放的になったことが示《しめ》されました。かつて戦争が終わった途端《とたん》に「鉄のカーテン」が降《お》ろされ、ソ連のことは何もわからなくなったとチャーチルが言ったほどの徹底的《てっていてき》な秘密主義《ひみつしゅぎ》が、その後さらに強まって本当にわからない国になっていたのですが、このスターリン批判《ひはん》の後、少しずつ国際的《こくさいてき》にも開かれた国家になってきたことが強く感じられたのです。ソ連の方も、自分たちがもはや秘密《ひみつ》国家ではないことを国際的《こくさいてき》に示《しめ》したかったんでしょう。

これをチャンスとみたのが鳩山《はとやま》さんです。もともと静かながらしつこく裏工作《うらこうさく》をしてはいました。というのは、講和《こうわ》条約《じょうやく》まで日本は被占領《ひせんりょう》国家ですから、当然ソ連からも代表部が駐留《ちゅうりゅう》していましたが、日本が独立《どくりつ》したあとも残留《ざんりゅう》していた元ソ連代表部首席ドムニツキーが、前年の昭和三十年一月二十五日に突然《とつぜん》、鳩山《はとやま》さんを訪《おとず》れて一通の文書を手渡《てわた》していたのです。それは日ソ国交正常化《せいじょうか》に関する文書でした。ソ連側からむしろ働きかけて、鳩山内閣《はとやまないかく》に相談をもちかけるかたちで門戸開放の姿勢《しせい》を見せ、そこから下交渉《こうしょう》がはじまっていたわけです。その後にスターリン批判《ひはん》が起こり、鳩山《はとやま》さんに対共産圏《たいきょうさんけん》自主外交の道がうまく開かれたのです。翌《よく》三十一年、スターリン批判《ひはん》の後、四月に河野一郎農相《こうのいちろうのうしょう》がソ連を訪《おとず》れます。日ソ間は講和《こうわ》会議をしていませんし、いわば戦争状態《じょうたい》のところへ乗《の》り込《こ》んでいったわけですね。農林大臣所《しょ》轄《かつ》の漁業は、カムチャツカ半島の北洋漁業など日ソ間で常《つね》に揉《も》めてきました。そこでとりあえず揉《も》めている問題を解決《かいけつ》しようと訪問《ほうもん》して日ソ漁業条約《じょうやく》を調印（三十一年五月）したのですから、まずはトントン拍子《びょうし》でした。

ソ連側も、自分たちが開かれた国であることを世界的に見せたいものですから、どんどん攻《こう》勢《せい》をかけてきます。次は松本俊一外務《まつもとしゅんいちがいむ》次官が特使となってソ連に行き、さらに交渉《こうしょう》が進められます。そしてついに七月には、重光葵外相《しげみつまもるがいしょう》がモスクワに出かけていき、外相同士《がいしょうどうし》の正式交《こう》渉《しょう》に入りました。

懸案《けんあん》は、現在《げんざい》も続く領土《りょうど》問題です。平和条約《じょうやく》は、これをきちんとするためのものでした。当初、ソ連側はハボマイ、シコタンのみの返還《へんかん》を提案《ていあん》してきたのですが、日本側はそれでは困《こま》る、クナシリ、エトロフを含《ふく》めて四島をそっくり返還《へんかん》してほしいと主張《しゅちょう》し、すったもんだがあり、いったんは暗礁《あんしょう》に乗り上げます。しかし、いずれ日ソ間で平和条約《じょうやく》をきちんと結ぶ際《さい》にはハボマイ、シコタンをお返しするということでなんとか国交回復《かいふく》を図《はか》れないか、というソ連の提《てい》案《あん》を日本は信じることにして、日ソ国交回復《かいふく》の共同宣言《せんげん》に合意したのです。これを受けて、鳩《はと》山《やま》さんは河野《こうの》一郎《いちろう》と自分との二人を全権《ぜんけん》とする代表団《だいひょうだん》を自らつくり、車椅子《くるまいす》の状態《じょうたい》をおしてソ連に乗《の》り込《こ》んでいったのです。

当時の新聞各紙も、また国民も「鳩山《はとやま》さん頑張《がんば》れ」といった全面的応援《おうえん》の調子でしたが、肝《かん》心《じん》の与党《よとう》はそれまでの行状《ぎょうじょう》からソ連を信用していないのか、「意味ないんじゃないか」てな感じで実に冷淡《れいたん》なんです。かたや一所懸命《いっしょけんめい》だったのは社会党《しゃかいとう》です。鳩山《はとやま》さんが出発する時、社会《しゃかい》党《とう》の浅沼稲次郎《あさぬまいねじろう》書記長は羽田《はねだ》まで見送りにきて、十月八日付朝日新聞の言葉を借りれば、「情《じょう》熱《ねつ》をこめて」激励《げきれい》したほどでした。

そしてその結果は、たぶんうまくいかないんじゃないか、という予想もあったのですが、これがうまくいったんですね。残念ながら、平和条約《じょうやく》の締結《ていけつ》までは無理でしたが、日ソ国交回復《かいふく》だけは調印に漕《こ》ぎ着《つ》けました。いうまでもなく、平和条約《じょうやく》はいまだに結ばれていません。ですからこの時の共同宣言《せんげん》に基《もと》づいて平和条約《じょうやく》を結ぶ際《さい》にハボマイ、シコタンを返してくれるという約束も当然実現《じつげん》していません。一度奪《うば》ったものは返さない、それがソ連という国だといわれていましたが、ロシアに変わった現在《げんざい》も、とにかく四島一括返還《いっかつへんかん》はおろか二島返還《へんかん》も絶望的《ぜつぼうてき》という状況《じょうきょう》です。依然《いぜん》として現在《げんざい》も領土《りょうど》問題は揉《も》め続けているのです。

それはともかく、鳩山《はとやま》さんは自主的外交を打ち出し、平和条約《じょうやく》は結んでいませんから完全ではないとしても、少なくとも日ソ間の戦争状態《じょうたい》を終わらせて国交を回復《かいふく》するという大きな仕事をしたわけです。

この結果、日本は独自《どくじ》の力を世界で認《みと》められたと言いますか、二カ月後の三十一年十二月、晴れて国際連合《こくさいれんごう》に加盟《かめい》することができました。これで日本は戦争犯罪《はんざい》国から脱《だつ》し、完全な国際《こくさい》復帰《ふっき》を遂《と》げたと言ってもいいんじゃないでしょうか。そして鳩山《はとやま》さんは帰国と同時に、この成果を花道として退陣《たいじん》を表明しました。この時「よくやった」と人気も出て、政権《せいけん》はまだまだ続くと思われたのですが、病気のこともあったでしょう、ともかく自分の内閣《ないかく》としてやろうとしたことを達成できたので退陣《たいじん》すると言ったのです。

人気のあるうちに自分の意志《いし》に従《したが》ってお辞《や》めになったケースは、野垂《のた》れ死《じ》にが多いこれまでの首相《しゅしょう》のなかにあっては、この方だけじゃないでしょうか。小泉《こいずみ》さんも九月に辞《や》めれば、ことによると、世論《よろん》の後押《あとお》しがあるのに自らの意志《いし》で退陣《たいじん》する珍《めずら》しい首相《しゅしょう》になるかと思わないでもないんですが、さてどうでしょう。

◆「もはや戦後ではない」

第三次鳩山内閣《はとやまないかく》がソ連との国交回復《かいふく》に向けて大いにハッスルしはじめた昭和三十一年（一九五六）夏のことでした。実はこの年を象徴《しょうちょう》する「もはや戦後ではない」という言葉が盛《さか》んに言われはじめました。そのことについて、ちょっと脱線《だっせん》いたします。自由民主党《みんしゅとう》と社会党《しゃかいとう》という二大政党《せいとう》による五五年体制《たいせい》が確立《かくりつ》し、経済的《けいざいてき》にも力をつけてきた日本はまさに「もはや戦後ではない」時代が来たのですね。この言葉は、七月に発表された経済《けいざい》白書（正式には「年次経《けい》済報告《ざいほうこく》」）の第一部総論《そうろん》の「結語」として使われました。

「戦後日本経済《けいざい》の回復《かいふく》の速さには誠《まこと》に万人《ばんにん》の意表外にでるものがあった（確《たし》かにそうだったと思います。もちろん朝鮮《ちょうせん》戦争という神風《かみかぜ》が吹《ふ》いたこともありましたが――半藤《はんどう》注、以下カッコ内同じ）。それは日本国民の勤勉《きんべん》な努力によって培《つちか》われ、世界情勢《じょうせい》の好都合な発展《はってん》（朝鮮《ちょうせん》戦争や米ソの冷戦状態《じょうたい》ですね）によって育まれた。……貧乏《びんぼう》な日本のこと故《ゆえ》、世界の他の国々にくらべれば、消費《しょうひ》や投資《とうし》の潜在需要《せんざいじゅよう》はまだ高いかもしれない（日本はまだそれほど金を使っていませんし、会社も力はあっても設備投資《せつびとうし》などをする状態《じょうたい》ではありませんでした）が、戦後の一時期にくらべればその欲望《よくぼう》の熾烈《しれつ》さは明かに減少《げんしょう》した（この後は消費《しょうひ》もどんどん伸《の》び、投資《とうし》も盛《さか》んになっていくだろうということですね）。もはや戦後ではない」

この年の産業全体の生産指数は、戦前の最高水準《すいじゅん》（昭和十九年）を突破《とっぱ》しました。輸出《ゆしゅつ》が急激《きゅうげき》に伸《の》びて、国際収支危機《こくさいしゅうしきき》も解消《かいしょう》し、GNP（国民総生産《そうせいさん》）は一〇パーセントの伸《の》びを達成したのです。そういう時代ですから、「もはや戦後ではない」のキャッチフレーズは国民の胸《むね》に大変強く響《ひび》いたわけです。

これを執筆《しっぴつ》したのは当時の経済企画庁調査《けいざいきかくちょうちょうさ》課長の後藤誉之助《ごとうよのすけ》さんであることははっきりしています。以降《いこう》、有能《ゆうのう》な経済官僚《けいざいかんりょう》が次々に出てきます。政治家《せいじか》どもは権力闘争《けんりょくとうそう》などでごちゃごちゃやってますけれど、一方で国の根幹《こんかん》を支《ささ》える官僚《かんりょう》からは、ものすごく優秀《ゆうしゅう》な人たちが輩出《はいしゅつ》するのです。後藤《ごとう》さんがその第一号といえるんじゃないでしょうか。要するに、日本経済《けいざい》は発展《はってん》するのだから、いつまでも戦後気分でいるのでなく、国民は高度成長の条件《じょうけん》をしっかりと承知《しょうち》して実践《じっせん》していこうじゃないかと経済《けいざい》白書で主張《しゅちょう》したわけです。そして、今は詳《くわ》しく話しませんが、昭和三十年から三十二年にかけて第一代の神武天皇《じんむてんのう》以来の好景気とされる時期がやってきて、「神武《じんむ》景気」という流行語に残ります。

ただ、「もはや戦後ではない」という言葉そのものは、経済《けいざい》白書より前、同じ年の一月十日発売の「文藝春秋《ぶんげいしゅんじゅう》」二月号で、英文学者で評論家《ひょうろんか》の中野好夫《なかのよしお》さんの論文《ろんぶん》タイトルとして発表されていました。当時、私《わたし》は編集部《へんしゅうぶ》にいて中野《なかの》さんともつきあっていましたが、この原稿《げんこう》をもらったのが果たして自分だったかの記憶《きおく》がどうもなさけないくらい曖昧《あいまい》なんです。またタイトルをつけたのが中野《なかの》さんか、編集部《へんしゅうぶ》なのかも定かではありません。いずれにしろそのタイトルで、中野《なかの》さんの場合は経済云々《けいざいうんぬん》ではなく、人間の気持ち、意識《いしき》の問題を扱《あつか》っているんですね。むしろわれわれ日本人がこれから生きていく目標として、もはや戦後ではないという考え方をしたほうがいい、つまり思想や精神《せいしん》のあり方において「戦後」意識《いしき》からの離脱《りだつ》、脱却《だっきゃく》を説《と》いた内容《ないよう》でした。骨子《こっし》としては、

「敗戦の教訓への反応《はんのう》にしても、明暗ともに単なる感情的《かんじょうてき》な反応《はんのう》だけでは不十分であり、無意味である。／少なくとも私《わたし》は、もうそろそろ私《わたし》たちの敗戦の傷《きず》は、もっと沈潜《ちんせん》した形で将来《しょうらい》に生かされなければならない時であると思う」

いつまでも敗戦の傷《きず》を表に出して「敗《ま》けたんだから仕方がない」というのではなく、その傷《きず》はもっと深く沈《しず》めてむしろ土台にして、堂々《どうどう》と明るい方へ向かって進んでいこうじゃないかという意味でありました。戦後日本を言論《げんろん》や思想面においてリードしてきたというか、なんだかぐちゅぐちゅ渦巻《うずま》いていた戦後思想を問い直《ただ》し、しっかりとした日本人の精神《せいしん》のあり方を考えた方がいい。そういう意味では今、まさに意識《いしき》の面で曲がり角に差しかかっているのではないかというのが中野《なかの》さんの論《ろん》でした。ともかく、後藤《ごとう》さんが中野《なかの》さんの文章を読んで採用《さいよう》したのかどうかわかりませんが、奇《く》しくも同じ時期に精神《せいしん》・思想面では中野《なかの》さん、経済《けいざい》や生活面では後藤《ごとう》さんが、「もはや戦後ではない」という言葉を使い、それが大流行したのです。

ところで、中野《なかの》さんの言う「日本人がいつまでも引きずっている敗戦意識《いしき》」の一つの象徴《しょうちょう》が前年に発売されて大ベストセラーとなっていた岩波新書の『昭和史《しょうわし》』でした。遠山茂樹《とおやましげき》さん、今井清一《いまいせいいち》さん、藤原彰《ふじわらあきら》さんの共著《きょうちょ》です。内容《ないよう》はいうところの左翼史観《さよくしかん》――日本はくだらない国だといわんばかりの敗戦史観《しかん》に彩《いろど》られていました。これに対して評論家《ひょうろんか》の亀井勝一郎《かめいかついちろう》さんが昭和三十一年三月号の「文藝春秋《ぶんげいしゅんじゅう》」に「現代歴史家《げんだいれきしか》への疑問《ぎもん》」と題した論文《ろんぶん》を発表しました。簡単《かんたん》に言えば、

「一、この歴史《れきし》には人間がいないということである。『国民』という人間不在《ふざい》の歴史《れきし》である」

「二、田中義一《たなかぎいち》、近衛文麿《このえふみまろ》、東条英機《とうじょうひでき》といった個々《ここ》の人間の描写力《びょうしゃりょく》も実に乏《とぼ》しい」

「三、昭和史《しょうわし》は戦争史《せんそうし》であるにも拘《かかわ》らず、そこに死者の声が全然ひびいていない」

「四、（太平洋戦争について）ソ連の参戦という重大事実に対してなぜ批判《ひはん》を避《さ》けたのか（何も書かれていないのです）」

という主旨《しゅし》でした。そういった一定の史観《しかん》で書かれている歴史《れきし》は歴史《れきし》ではない、「人間不在《ふざい》の歴史《れきし》」である。歴史《れきし》とはもっと膨《ふく》らみのある、もっと面白《おもしろ》いものであるはずなのに、ここには痩《や》せ細った一つの史観《しかん》しかない、と猛烈《もうれつ》に批判《ひはん》したのです。

これは間違《まちが》いなく、私《わたし》が戴《いただ》いてきた原稿《げんこう》です。亀井《かめい》さんの所で、「あの本を読んだかね」と聞かれて「読みました」と答えると、「面白《おもしろ》いかね」「いやぁ、くそ面白《おもしろ》くもありません」「どこが一番悪いと思うかね」「あそこには血の通った人間が書かれていません」などと偉《えら》そうなことを言いますと、亀井《かめい》さんは「そうか、君もそう思うか」とにこにこしていました。

これが「昭和史論争《しょうわしろんそう》」として大論争《だいろんそう》になったのですが、最初に載《の》せたのは確《たし》かに「文藝春《ぶんげいしゅん》秋《じゅう》」なんですが、左翼《さよく》の歴史家《れきしか》などが猛烈《もうれつ》に反発した舞台《ぶたい》が「中央公論《こうろん》」だったために、以後の論争《ろんそう》の舞台《ぶたい》は「中央公論《こうろん》」に移《うつ》ってしまいました。いっぺん載《の》せて話題になると「よかった、よかった」といっておしまい、文藝春秋《ぶんげいしゅんじゅう》は三木武吉《みきぶきち》的なしつこさがない変な会社というか、ともかく論争《ろんそう》は「中央公論《こうろん》」で延々《えんえん》と続きました。

いずれにしろ昭和三十一年は、戦後が終わって次の新しい時代がはじまるのだと、国民の気持ちがあらたまるような、「戦後は終わった」という意識《いしき》がいろんな面で出てきた時代だったと思います。

◆短命惜《お》しまれる〝野人《やじん》〟首相《しゅしょう》

閑話休題《かんわきゅうだい》、つまりそれはさておきというわけで、政界《せいかい》の話へと戻《もど》ります。鳩山《はとやま》さんは去りました。さあ自民党《じみんとう》は、次の総理《そうり》大臣を誰《だれ》にするかということが大問題になります。俄然《がぜん》、重きをなしてきたのが岸信介《きしのぶすけ》さん、そしてやはり戦前から言論《げんろん》人として活躍《かつやく》し、戦後に追放を経《へ》て政治家《せいじか》になった元東洋経済新報社《けいざいしんぽうしゃ》社長の石橋湛山《いしばしたんざん》さんの二人が浮上《ふじょう》してきます。石橋《いしばし》さんは鳩《はと》山内閣《やまないかく》の通商産業大臣で、戦後日本の経営《けいえい》に経験《けいけん》も積んでいました。党内《とうない》の総裁《そうさい》選挙が行なわれることになると、ここに石井光次郎《いしいみつじろう》さんが加わり、三つどもえの総裁選《そうさいせん》となりました。

当時の自民党《じみんとう》内部は、「八個師団《こしだん》三連隊」と呼《よ》ばれていました。師団《しだん》とは二十人以上の国会議員を擁《よう》する派閥《はばつ》、連隊とは十人前後の派閥《はばつ》を指します。かなり大きな派閥《はばつ》が八つ、少し小さな派閥《はばつ》が三つ、つまり十一の派閥《はばつ》が入《い》り乱《みだ》れて権力《けんりょく》争いをしていたわけです。ですから誰《だれ》が総《そう》裁選《さいせん》に出ても容易《ようい》に勝つのは大変で、大激戦《だいげきせん》になるのです。念のために申し上げますと、師団《しだん》は岸《きし》、石井《いしい》、石橋《いしばし》、大野伴睦《おおのばんぼく》、河野一郎《こうのいちろう》、三木武夫《みきたけお》、松村謙三《まつむらけんぞう》、吉田《よしだ》さんの跡継《あとつ》ぎ（池田《いけだ》派《は》かつ佐藤派《さとうは》）の各派《かくは》、連隊は北村徳太郎《きたむらとくたろう》、大麻唯男《おおあさただお》、芦田均《あしだひとし》の各派《かくは》でした。この派閥《はばつ》の中をうまく乗り切って総裁《そうさい》に選ばれるのは大変なことです。

最初の投票では一位が岸《きし》さん、二位が石橋《いしばし》さん、三位が石井《いしい》さんでした。この時、石橋派《いしばしは》と石井派《いしいは》は裏側《うらがわ》で、どちらが二位になっても、決選投票では三位になった方が二位を推《お》すという密約《みつやく》を交《か》わしていました。岸《きし》さんが圧倒的《あっとうてき》な得票《とくひょう》であれば問題はなかったのですが、それほどではなく岸《きし》さんと石橋《いしばし》さんの決戦投票となります。石井《いしい》さんを推《お》していた人びとがここで石橋《いしばし》さんにそっくり乗っかって、二百五十八票対二百五十一票、つまり七票差のすれすれで石橋湛《いしばしたん》山《ざん》さんが勝ったのです。この総裁選《そうさいせん》ではものすごく金が乱《みだ》れ飛《と》んだようで、どちらかというと左派《さは》的な歴史学《れきしがく》研究会編《へん》の『戦後日本史《にほんし》』第三巻《かん》によりますと、買収《ばいしゅう》に用いられた金額《きんがく》は岸派《きしは》一億円、石橋派《いしばしは》六千万円、石井派《いしいは》四千万円だったそうです。ほんとですかね。

ともかくこうして昭和三十一年（一九五六）十二月二十三日、石橋内閣《いしばしないかく》がスタートします。石橋《いしばし》さんは経済畑《けいざいばたけ》の専門家《せんもんか》ですから、鳩山《はとやま》さんのように憲法《けんぽう》改正など打ち出さず、日本の経済《けいざい》をしっかりさせようというので池田勇人《いけだはやと》を蔵相《ぞうしょう》に就任《しゅうにん》させ、石橋《いしばし》・池田《いけだ》コンビの「積極財政《ざいせい》」で日本をガンガン復興《ふっこう》させることを政策《せいさく》の目玉としました。また石橋内閣《いしばしないかく》の実現《じつげん》にものすごく働いた石田博英《いしだひろひで》さんを官房長官《かんぼうちょうかん》にして石井派《いしいは》を抱《だ》き込み、三木武夫《みきたけお》さんを幹事長《かんじちょう》に、また敗れた岸《きし》さんには特にお願いして副総理格《そうりかく》で外務《がいむ》大臣として入閣《にゅうかく》してもらいました。このへんが石橋《いしばし》さんの心のでかいところで、岸《きし》さんが何を考えているかを百も承知《しょうち》での措置《そち》でした。そして政策《せいさく》の二本の柱として、鳩山《はとやま》さんの対共産圏《たいきょうさんけん》外交を受《う》け継《つ》ぎ、ソ連の次には中国と関係改《かい》善《ぜん》し国交を回復《かいふく》すること、さらにすべての日本人が仕事にありつける、積極財政《ざいせい》に基《もと》づく完全雇用《こよう》——を打ち出したのです。

ところで戦後の総理《そうり》大臣は、鈴木貫太郎《すずきかんたろう》さんや宮様《みやさま》の東久邇《ひがしくに》さんは除《のぞ》いて、幣原《しではら》、吉田《よしだ》、片《かた》山《やま》、芦田《あしだ》、鳩山《はとやま》さんらは官学出、東大出身ばかりです。ところが石橋《いしばし》さんは早稲田《わせだ》です。私学《しがく》出身の総理《そうり》大臣は戦後はじめてで、「野人首相《やじんしゅしょう》」として非常《ひじょう》に人気が出ました。理屈《りくつ》っぽくて七面倒《しちめんどう》くさいだけの官学出とは違《ちが》って何か破天荒《はてんこう》なことをやってくれるだろうと。もともと石《いし》橋《ばし》さんはジャーナリストですからね、そういうのはだいたい野人《やじん》なんですよ。それで本人も、積極的に国民と話し合おうとラジオに出演《しゅつえん》したり、一所懸命《いっしょけんめい》にやったのですが、張《は》り切《き》り過《す》ぎたせいか、過労《かろう》で倒《たお》れちゃったんです。最初は二、三日で治るだろうと思っていたのが、十日、二十日過《す》ぎてもだめでした。そこで首相《しゅしょう》になってから二十九日後、しっかり医者に診《み》てもらうと、当分静養が必要という診断《しんだん》が下されました。すると石橋《いしばし》さんは鮮《あざ》やかというか、見事というか、議会の最重大な国政審議《こくせいしんぎ》に病気で出席できないのでは総理《そうり》大臣の資格《しかく》はないと言い出します。周囲《しゅうい》が「大丈夫《だいじょうぶ》、誰《だれ》かがカバーするから」となだめても、いやそれは無責任《むせきにん》である、総《そう》理《り》大臣を辞任《じにん》する、と聞きませんでした。病床《びょうしょう》で石田博英《いしだひろひで》さんにこう話したといいます。

「私権《しけん》や私益《しえき》で派閥《はばつ》を組み、その頭領《とうりょう》に迎合《げいごう》して出世しようと考える人は、もはや政治家《せいじか》ではない。政治家《せいじか》が高い理想を掲《かか》げて国民と進めば、政治《せいじ》の腐敗堕落《ふはいだらく》の根は絶《た》える」

甲府《こうふ》の日蓮宗《にちれんしゅう》のお寺出身なんですが、私利私欲《しりしよく》のまったくない、まあ非常《ひじょう》にさわやかな人です。あっさりと、そしてきっぱりとしたものでした。いいですねぇ。三木幹事長宛《みきかんじちょうあて》に書いた辞表の中の声明書の前半部分には、こうあります。

「友人諸君《しょくん》や国民多数の方々には、そう早まる必要はないというご同情《どうじょう》あるお考えもあるかもしれませんが、私《わたし》は決意いたしました。私《わたし》は新内閣《ないかく》の首相《しゅしょう》として、最も重要な予算審議《しんぎ》に一日も出席できないことが明らかになった以上は、首相《しゅしょう》としての進退《しんたい》を決すべきものと考えました。私《わたし》の政治的《せいじてき》良心に従《したが》います。また万一にも、政局《せいきょく》不安が、私《わたし》の長期欠席のため生ずることがありましては、これまた全く私《わたし》の不本意とするところであります」

以下、自民党《じみんとう》は仲良くしてほしいとか、政治《せいじ》というのは私益《しえき》でするものではないとかいったことが書かれていました。ともかくこうして、石橋内閣《いしばしないかく》はわずか六十三日間でさよなら、あとを受けて自民党《じみんとう》両院議員総会《そうかい》では当然のごとく、首相臨時《しゅしょうりんじ》代理を務《つと》めていた岸信介《きしのぶすけ》さんを首班《しゅはん》に選任《せんにん》します。

あまりの短期間で石橋内閣《いしばしないかく》は何もしなかったのでしょうか。いや、そうでもなく、あえて挙げれば石橋《いしばし》さんが打ち出した「一千億円減税《げんぜい》」は、三月二十九日の税制《ぜいせい》改正法の成立によって実現《じつげん》への道が開かれ、また石橋《いしばし》・池田体制《いけだたいせい》のもとで編成《へんせい》された昭和三十二年度積極予算は、岸《きし》内閣《ないかく》によって三月三十一日に原案通り可決《かけつ》しました。対中国外交にまでは及《およ》ばなかったとしても、石橋《いしばし》さんのやろうとした一部の政策《せいさく》は明らかに成立したと言えるのです。

そこでもし仮《かり》に、石橋《いしばし》さんが首相《しゅしょう》を続けていたら――と考えてしまうのです。彼《かれ》はここで死んじゃったわけではなく、間もなく病気が治って政界《せいかい》に復帰《ふっき》し、それこそ対中国国交回復《かいふく》のためにうんと働きます。ですから周囲《しゅうい》の言うように、ここでちょっと休養していてくれたら後の日本の進路は……と思うのですが、そうはいきませんで、ここに岸信介《きしのぶすけ》さんというまことに有《ゆう》能《のう》にして策略《さくりやく》に富み、剛毅《ごうき》な人が登場するのです。そして日本は安保騒動《あんぽそうどう》という大きな波瀾《はらん》へと動いていくわけです。何べんも言いますが、歴史《れきし》に「もしも」はありません。ですから、こういうことは言わないほうがいいのですが、石橋湛山《いしばしたんざん》という、あまり政治家《せいじか》らしくない見事な生き方をした人の政権《せいけん》が続いていれば、日本の国家体制《たいせい》というか、国家のあり方はずいぶん変わったであろう……と思わないでもありません。

◆不安を広げた強硬《きようこう》路線

いよいよ岸内閣《きしないかく》です。昭和三十二年（一九五七）二月二十五日、岸《きし》さんは、なりたくてなりたくてしょうがなかった総理《そうり》大臣にやっとなりました。念のために申しますと、彼《かれ》はA級戦犯《せんぱん》として巣鴨《すがも》に入れられました。けれども、いわゆる東京裁判《さいばん》で被告《ひこく》としては裁《さば》かれず、準《じゅん》A級《きゆう》戦犯《せんぱん》として巣鴨《すがも》に入っていました。でもGHQの政策《せいさく》の変更《へんこう》で多くの人が間もなく出てきたんですね。岸《きし》さんはそのなかの一人です。ちょうど先の東京裁判《さいばん》の判決《はんけつ》が下り、東条《とうじよう》さん以下A級戦犯《せんぱん》七人が処刑《しよけい》された翌日《よくじつ》、昭和二十三年（一九四八）十二月二十四日に巣鴨《すがも》を出所しましたが、すぐに政界《せいかい》には復帰《ふつき》できず、二十七年の講和《こうわ》調印まで公職《こうしよく》追放されていました。ただいろいろなツテがありますから、ともかく食うには困《こま》りませんでした。そして講和条約《こうわじようやく》の発効《はつこう》による追放解除《かいじよ》を待って、昭和二十八年（一九五三）四月の総選挙《そうせんきよ》で政界復帰《せいかいふつき》したのです。

何べんもふれましたが、鳩山《はとやま》さん以上に強力な憲法《けんぽう》改正・再軍備論者《さいぐんびろんしゃ》です。ですから、吉田《よしだ》さんが敷《し》いた軽武装《けいぶそう》の通商国家路線など目もくれず、あんなものは愚《ぐ》の骨頂《こっちょう》であるとして、「戦前の大日本帝国《ていこく》の栄光を取《と》り戻《もど》すこと」を政治《せいじ》目標とし、対米従属《じゅうぞく》関係を一切払拭《いっさいふっしょく》して「自由独立《どくりつ》」体制《たいせい》を確立《かくりつ》するという壮大《そうだい》なる政策《せいさく》目標を掲《かか》げました。そして鳩山《はとやま》さんが苦心惨憺《くしんさんたん》して作った憲法調査会《けんぽうちょうさかい》の会長として憲法《けんぽう》改正・再軍備《さいぐんび》に懸命《けんめい》に取り組みます。さらに、吉田《よしだ》さんが一人で結んできた安保条約《あんぽじょうやく》は憲法《けんぽう》と同様、アメリカに押《お》し切《き》られたものだから、日本の立場がもっと強く出るように変えるべきであるとして、安保条約《あんぽじょうやく》の改正まで言い出すんですね。安保条約《あんぽじょうやく》には期限《きげん》がありませんから、知らん顔していればなんてことないんですが、日本の立場が無視《むし》されているからきちんと改正しなければならんというわけです。正直言うと、憲法《けんぽう》改正・再軍備《さいぐんび》ができれば一番いいのですが、かならずしも情勢《じょうせい》が許《ゆる》さないのをいくら彼《かれ》でもよく知っていて、せめて安保条約《あんぽじょうやく》の不平等を正したかったのです。

試みに、内閣《ないかく》が出来上がった時の世論調査《よろんちょうさ》を朝日新聞で見ますと、鳩山内閣《はとやまないかく》の時は（内閣《ないかく》ができて）「よかった」が四〇パーセント、「よくなかった」八パーセント、その他・無回答五二パーセント、国民は吉田《よしだ》ワンマンの代わりに誰《だれ》が内閣《ないかく》になっても同じくらいに思っていたんですかねえ。そして石橋湛山内閣《いしばしたんざんないかく》は「よかった」四一パーセント、「よくなかった」一一パーセント、その他・無回答四八パーセント、まあ鳩山《はとやま》さんとあまり変わりませんね。対して岸内閣《きしないかく》は「よかった」が三三パーセントと低く、「よくなかった」一三パーセント、その他一五パーセント、無回答三九パーセント——だからといって不人気ではなかったんです。当然、国民の中には〝強い国家〟を望む人もいますから。ただ鳩山《はとやま》さんの時も石橋《いしばし》さんの時もいくらかブームらしきものはあったのですが、どうも〝岸《きし》ブーム〟は起こらなかったようですね。

そんなこともあって岸《きし》さんは、最初はかなり低姿勢《ていしせい》でした。ただし防衛《ぼうえい》問題と、とりわけ憲《けん》法解釈《ほうかいしゃく》に関しては低姿勢《ていしせい》をかなぐり捨《す》て、猛烈《もうれつ》なタカ派《は》になるんですね。たとえば五月七日の参議院内閣《ないかく》委員会で、大胆《だいたん》このうえなく「憲法《けんぽう》は自衛《じえい》のための核兵器《かくへいき》保有《ほゆう》を禁《きん》ずるものではない」と発言します。日本国憲法《けんぽう》をよく読めば、自衛《じえい》のための核兵器《かくへいき》を持つことを禁《きん》じてはいない、それどころか持つべきだと言わんばかりの調子でした。いいですか、核兵器《かくへいき》を、ですよ。これにはおったまげた社会党《しゃかいとう》がただちに内閣不信任案《ないかくふしんにんあん》を提出《ていしゅつ》したほどです。もちろん多数の与《よ》党《とう》に否決《ひけつ》されましたが。

また防衛《ぼうえい》問題にものすごく積極的で、国防《こくぼう》会議がもってきた第一次防衛力整備《ぼうえいりょくせいび》計画を即座《そくざ》に了承《りょうしょう》しました。陸上自衛隊《じえいたい》に十八万人、海上自衛隊《じえいたい》に艦艇《かんてい》十二万四千トン、航空機《こうくうき》千三百機の整備《せいび》、と過去《かこ》から見れば倍には届《とど》きませんが、かなりの戦備拡張《せんびかくちょう》です。

そして、わが国はこんなに国防《こくぼう》に力を入れているんですよ、とこれを手土産《てみやげ》に岸《きし》さんは六月十六日、訪米《ほうべい》に出発しました。そこでアイゼンハワー大統領《だいとうりょう》やダレス国務《こくむ》長官と会談し、安保《あんぽ》条約《じょうやく》改定の話も持ち出し、またアメリカ各地で機会あるたびに堂々《どうどう》と演説《えんぜつ》して強い反共的な立場を明らかにしました。要旨《ようし》は次のようなものでした。

一、自由世界を守るためには日米の緊密《きんみつ》な協力が必要である。
二、日本は国力の許《ゆる》すかぎり自衛力《じえいりょく》を増強《ぞうきょう》しようと努力している。
三、日米安保条約《あんぽじょうやく》を早急《さっきゅう》に改定したい。

安保《あんぽ》改定の具体的な内容《ないよう》を言うのでなく、まずはプロパガンダとして、日本とアメリカが対等の立場で相互《そうご》に積極的に協力し合う「日米新時代」の到来《とうらい》を主張《しゅちょう》したのです。

こういう話が新聞などで日本に伝わりますと、岸《きし》さんはいったい何を考えているのかということになってきます。反共のみならず軍事力をどんどん拡大《かくだい》していくのでは、といった印象《いんしょう》がはっきりしてきたんですね。まあ岸《きし》さんが総理《そうり》大臣になった頃《ころ》から、「ちょっと待てよ」の空気が生まれていたのは確《たし》かでした。それがこうも大々的にやってくれると、平和主義《しゅぎ》が精神《せいしん》の基《き》底《てい》に根づきつつある日本人のなかに、どうも岸《きし》さんのやり方は危《あぶ》ないんじゃないかといった雰《ふん》囲気《いき》が広まっていったのです。

ところで岸内閣《きしないかく》が発足《ほっそく》した時、石橋内閣《いしばしないかく》をそっくり引き受けましたから、閣僚《かくりょう》もそのままでした。そこで、発足《ほっそく》以来だいぶんたってそろそろ自前の内閣《ないかく》をつくろうと、まず七月一日に池《いけ》田蔵相《だぞうしょう》をクビにします。そしてむしろ積極財政《ざいせい》に批判的《ひはんてき》だった一万田尚登《いちまだひさと》さんを蔵相《ぞうしょう》に据《す》えました。要するに岸《きし》さんにとって大事なのは、財政《ざいせい》の充実《じゅうじつ》より憲法《けんぽう》改正、安保《あんぽ》改定なのです。それで旧吉田《きゅうよしだ》グループの人たちは、実弟《じってい》の佐藤栄作《さとうえいさく》さんを除《のぞ》いてすべて追い出してしまいました。外相《がいしょう》には、日本商工会議所会頭の藤山愛一郎《ふじやまあいいちろう》さんを推《お》しました。この人は私《わたし》も何度も会いましたが、穏《おだ》やかないい紳士《しんし》で、政治家《せいじか》になるなんてお辞《や》めになればいいのに、と思ったものです。巷《ちまた》では「絹《きぬ》のハンカチ」が派閥《はばつ》争いに揉《も》まれるうちに「絹《きぬ》のゾウキン」になるんじゃないか、と心配されたほどです。実際《じっさい》、岸《きし》さんと安保《あんぽ》改定のために働くことになったものの、派《は》閥的《ばってき》な裏《うら》の駆け引きなど一切《いっさい》できない人で、持っている金をどんどん出してしまい、ついに残ったのは井戸《いど》と塀《へい》だけだった——昔から清廉潔白《せいれんけっぱく》に働く政治家《せいじか》を「井戸塀政治家《いどべいせいじか》」と言いましたが、今はいなくなりましたねえ。お国のためどころか、自分のポケットに金を入れることしか考えない人だらけで、藤山《ふじやま》さんが「最後の井戸塀政治家《いどべいせいじか》」と言われる所以《ゆえん》です。

ちなみにこの時、佐藤派《さとうは》の田中角栄《たなかかくえい》さんが郵政《ゆうせい》大臣として初めて入閣《にゅうかく》しました。吉田派《よしだは》を追《お》っ払《ぱら》いながら、実弟《じってい》の佐藤《さとう》さんだけを入閣《にゅうかく》させるのはいくらなんでも、というので佐藤《さとう》さんの入閣《にゅうかく》は見送った代わりに田中《たなか》さんを入閣《にゅうかく》させたといわれています。これが角栄《かくえい》さんの出世コースのスタートとなりました。

さてここで岸《きし》さんは面白《おもしろ》いことをします。彼《かれ》は常々《つねづね》こう言っていたそうです。

「解散《かいさん》は抜《ぬ》き打《う》ちでやるべきではない。民主主義《しゅぎ》のルールにしたがって、二大政党《せいとう》間でフェア・プレーでいきたい」

この前、わが小泉首相《こいずみしゅしょう》は郵政《ゆうせい》問題で抜《ぬ》き打《う》ち解散《かいさん》をしまして、造反派《ぞうはんは》のみならず民主党《みんしゅとう》もあっけにとられて振《ふ》り回《まわ》されましたが、ああいうことをしてはいかん、ちゃんと民主主義《しゅぎ》のルールにのっとって二大政党《せいとう》間のフェア・プレーでいくぞというわけです。そして昭和三十三年

（一九五八）四月、社会党《しゃかいとう》の御大将《おんたいしょう》である鈴木茂三郎《すずきもさぶろう》さんとの会談で「話し合い解散《かいさん》」を決めました。やはりここで解散《かいさん》して国民に信を問うことは必要だったと思います。なぜかというと、鳩山《はとやま》さん時代の昭和三十年（一九五五）二月に総選挙《そうせんきょ》をして以来、保守系《ほしゅけい》も革新系《かくしんけい》も大合同をして政界《せいかい》のかたちがずいぶん変わり（五五年体制《たいせい》に）、さらに鳩山《はとやま》、石橋《いしばし》、岸《きし》さんと内閣《ないかく》が交代したにもかかわらず一度も総選挙《そうせんきょ》をしていなかったからです。まあ、岸《きし》さんとしては、もしかしたらこれで一気に勢力《せいりょく》を伸《の》ばせるのでは、という腹《はら》もあったと思いますが。

昭和三十三年五月、総選挙《そうせんきょ》が実施《じっし》されました。結果は、自民党《じみんとう》二百八十七人（選挙後に無所《むしょ》属《ぞく》から十一人が入党《にゅうとう》）、社会党《しゃかいとう》百六十六人（選挙後に一人入党《にゅうとう》）、共産党《きょうさんとう》一人、諸派《しょは》・無所《むしょ》属《ぞく》が十三人。自民党《じみんとう》は計二百九十八人ですから、岸《きし》さんがどれくらいの数を目論《もくろ》んだかわかりませんが、解散《かいさん》時よりほんのちょっと、はっきり言えば一人増《ふ》えただけでした。安定多数を保《たも》っているとはいえ、これではまだまだ憲法《けんぽう》改正は無理、ならば安保《あんぽ》条約《じょうやく》だ、というので「第二次岸内閣《きしないかく》といえば安保《あんぽ》改定」となるのです。

◆「勤評《きんぴょう》問題」と「警職法《けいしょくほう》」

さて昭和三十三年（一九五八）六月十二日、第二次岸内閣《きしないかく》が発足《ほっそく》します（〜三十五年七月十五日）。藤山外務《ふじやまがいむ》大臣以外は総入《そうい》れ替《か》えし、大野伴睦《おおのばんぼく》副総裁《そうさい》、川島正次郎《かわしましょうじろう》幹事長《かんじちょう》、河野一郎《こうのいちろう》総務《そうむ》会長、福田赳夫《ふくだたけお》（岸派《きしは》）政務調査《せいむちょうさ》会長、そして蔵相《ぞうしょう》には実弟《じってい》の佐藤栄作《さとうえいさく》を充《あ》てます。実に閣僚《かくりょう》の十一人が主流派《しゅりゅうは》でした。ただ全員というわけにもいかず、反主流派《はんしゅりゅうは》の池田勇人《いけだはやと》を国《こく》務相《むしょう》、三木武夫《みきたけお》を経済企画庁《けいざいきかくちょう》長官に据《す》えて一応《いちおう》の体裁《ていさい》を整えました。

ともかくすごい高姿勢《こうしせい》の内閣《ないかく》でした。第一に、安保条約《あんぽじょうやく》改定への動きをはじめれば当然反対勢力《せいりょく》がカッカとしますから、その前に反政府《はんせいふ》運動を徹底的《てっていてき》に押《お》さえ込《こ》もうと、日教組《にっきょうそ》への攻《こう》撃《げき》を開始したのです。いわゆる「勤務評定《きんむひょうてい》問題」（勤評《きんぴょう》問題）です。だめな教師《きょうし》を即座《そくざ》に追い出すわけにはいかないでしょうが、ともかく先生方を一人ひとり勤務評定《きんむひょうてい》しようという。しかし生徒だけを前にした授業《じゅぎょう》を評定《ひょうてい》するのは難《むずか》しい話ですよね。さらに道徳教育の実施《じっし》を促《そく》進《しん》するといいます。猛反対《もうはんたい》の日教組《にっきょうそ》が九月十五日に勤評《きんぴょう》反対全国統一《とういつ》行動を起こすと、これが父兄《ふけい》を巻《ま》き込《こ》んで大騒《おおさわ》ぎとなり、教育問題が先鋭《せんえい》な政治《せいじ》問題と化してしまいました。

その混乱《こんらん》のさめやらぬうちに今度は「警職法《けいしょくほう》」です。昭和三十三年十月八日に突如《とつじょ》、警察官《けいさつかん》職務執行法《しょくむしっこうほう》の改正案が提出《ていしゅつ》されました。これまでと違《ちが》っておまわりさんがどんどん「キミ、ちょっと」と職務質問《しょくむしつもん》をでき、怪《あや》しいと思う人の所持品を調べ、危険《きけん》に見える奴《やつ》には保護措置《ほごそち》を取り、土地や建物に立ち入り、何でも「コラ待て！」と警告制止措置《けいこくせいしそち》を取ることができる――つまり、おまわりさんの権限《けんげん》が大幅《おおはば》に強化、昔ながらの「オイ、コラッ」に近づけようという内容《ないよう》でした。岸《きし》さんはこう言ったそうです。

「政府《せいふ》にとってみて、警察《けいさつ》をにぎっていないのは淋《さび》しい。戦前の政府《せいふ》は警察《けいさつ》をにぎっていたので、強い政治《せいじ》ができた。いまは公安委員会を通じての弱いものでまったく困《こま》る」

警察力《けいさつりょく》を政府《せいふ》がにぎらねば、という本音です。いよいよ何を考えているんだという感じです。安保《あんぽ》改定の折に起こるだろう反対運動に備《そな》え、秩序《ちつじょ》を維持《いじ》する必要のため、そして万一の時には警察《けいさつ》の力を借りて押《お》し切《き》るための措置《そち》だと、岸《きし》さんは自分で回想を書いています。

これには国民はびっくり、国会も大混乱《だいこんらん》です。案が提出《ていしゅつ》されてひと月というもの、日本じゅうが「警職法《けいしょくほう》」騒《さわ》ぎで明《あ》け暮《く》れたと言ってもいいと思います。われわれから見れば、戦前の「オイコラ警察《けいさつ》」の復活《ふっかつ》じゃないか、というので「デートを邪魔《じゃま》する警職法《けいしょくほう》」なんて、やや頼《たよ》りない流行語も生まれました。また反主流派《はんしゅりゅうは》の閣僚《かくりょう》、池田《いけだ》さん、三木《みき》さん、灘尾弘吉《なだおひろきち》さんらが法案に反対して辞任《じにん》するなど党内《とうない》は大揉《おおも》めし、なんとかしようといろいろ手も尽《つ》くされます。本会議の開会ベルを抜《ぬ》き打《う》ちで鳴らして「賛成《さんせい》多数！　賛成《さんせい》多数！」といったことまでやりましたが無駄《むだ》で、結果的に法案はポシャりました。

ただこのことで、国民がこういう問題に対してかなり神経質《しんけいしつ》になることがわかりましたから、安保《あんぽ》改定は相当揉《も》めるだろうと岸《きし》さんも予感、いや覚悟《かくご》はしたようです。

しかし、岸《きし》さんは何があろうと強行突破《とっぱ》をおのれの使命としたようです。勤評《きんぴょう》問題と警職《けいしょく》法《ほう》での大騒《おおさわ》ぎも何のそのです。といって、そのまま突《つ》っ走《ぱし》れば日本じゅうが混乱《こんらん》しいかなる事《じ》態《たい》になったかわかりません。が、そこは世の中はよくしたものです。ここに騒動《そうどう》を沈静《ちんせい》させるまことにうるわしい話題が登場するのです。それは次回のお楽しみとなります。

＊1――ゲリマンダー　一八一二年、マサチューセッツ州知事E・ゲリーがつくった選挙区地図の形が伝説の怪物《かいぶつ》サラマンダー（火の中に住むトカゲ）に似《に》ており、自党《じとう》に有利になるように選挙区の区割《くわ》りをすることを風刺的《ふうしてき》に言った。

第十三章

六〇年安保《あんぽ》闘争《とうそう》のあとにきたもの

ミッチーブーム、そして政治《せいじ》闘争《とうそう》の終幕《しゅうまく》

この章の

ポイント

一九六〇（昭和三十五）年六月、内閣総理大臣《ないかくそうりだいじん》の岸信介《きしのぶすけ》は、戦後最大とも言われる激《はげ》しい反対運動が起こる中、強引《ごういん》な手法で日米安全保障条約《ほしょうじょうやく》を改定し、成立した四日後には内閣《ないかく》を解散《かいさん》しました。この退陣《たいじん》とともに、安保騒動《あんぽそうどう》は驚《おどろ》くほどあっさりと終わってしまいました。政治闘争《せいじとうそう》はもうたくさん、経済《けいざい》を優先《ゆうせん》しようと、日本は経済《けいざい》大国への道を目指したのです。そして「所得倍増《しょとくばいぞう》」をスローガンに掲げる池田内閣《いけだないかく》が誕生《たんじょう》します。

キーワード

ミッチーブーム／日米安全保障《ほしょう》条約《じょうやく》改定／全日本学生自治会総連合《そうれんごう》（全学連）／共産主義者同盟《しゅぎしゃどうめい》（ブント）／民主青年同盟《どうめい》（民青）／安保闘争《あんぽとうそう》／アイゼンハワー／清水幾太郎《しみずいくたろう》／池田内閣《いけだないかく》／所得倍増《しょとくばいぞう》計画

◆ミッチーブームがもたらしたものは？

昭和三十三年（一九五八）末、岸《きし》さんが国内の治安をがっちりと締《し》め付《つ》けようと警職法《けいしょくほう》なんてのを出したために、世の中がギスギスし、国会も大揉《おおも》めで、第二次岸内閣《きしないかく》のスタートはしっちゃかめっちゃかだったのですが、そこにうまい具合に、この騒《さわ》ぎを沈静《ちんせい》するようなまことにうるわしい話題が登場します。いわゆる〝ミッチーブーム〟です。当時、皇太子殿下《こうたいしでんか》もいいお歳《とし》でしたから、お妃《きさき》に誰《だれ》が選ばれるのか、かなり話題になっていました。そこに突然《とつぜん》といってもいいくらいに正田美智子《しょうだみちこ》さんが登場したのです。ジャーナリズムにいた私《わたし》たちもエッと驚《おどろ》くような方でした。美人で、なんとも申しかねるほど清楚《せいそ》で、皇后《こうごう》になるために生まれたような方で、しっかりした口調で話される。その中身も国民を感嘆《かんたん》させるものでした。軽井沢《かるいざわ》のテニスコートで〝お見合い〟をされた時の印象《いんしょう》について、十一月二十七日の記者会見で、

「ご清潔《せいけつ》で、ご誠実《せいじつ》で、ご信頼《しんらい》申し上げられる方」

とまあ、へえー皇太子《こうたいし》はそのような方なのか、と思いましたが、さらにこうも言ったのです。

「柳《やなぎ》ごうり一つでももらって下さるなら……」

日清製粉《にっしんせいふん》という大きな会社社長のお嬢《じょう》さんですから、柳《やなぎ》ごうり一つってことはないと思いますが、なんと殊勝《しゅしょう》な、これでいっぺんに日本じゅうが沸《わ》いたといってもいいでしょう。日本じゅうに和《なご》やかなほわんほわんした空気が流れ、険悪化《けんあくか》していた世情《せじょう》もたちまち安定ムードと

昭和34年４月10日、皇太子御成婚パレードの最中に皇居前で起こった投石事件の瞬間（撮影＝浜口タカシ）

なりました。そして翌《よく》昭和三十四年（一九五九）四月十日、盛大《せいだい》なるご成婚《せいこん》の式典が行なわれたわけです。

　ちなみにこの日、二人の乗った馬車が三宅坂《みやけざか》を降《お》りて桜田門《さくらだもん》にさしかかった時に突然《とつぜん》、一人の青年が警官《けいかん》の制止《せいし》を押《お》し切《き》って飛び出し、馬車めがけて石を投げたんです。あっという間に押《お》さえられましたが、何も皇室《こうしつ》に恨《うら》みがあったわけではなく、長野県の人で、自分が通っていた中学校が火事で焼けたのにいつまでも再建《さいけん》してもらえない。それを常日頃《つねひごろ》不満に感じていたところ、国を挙げての盛《せい》大《だい》なお祭りが行なわれている。そんな金があるならなぜ中学校を建ててくれないんだ――とムラムラと思いが募《つの》ってつい石を投げてしまったというのです。意図的というよりは衝動的《しょうどうてき》な投石だったようです。まあそんなエピソードはありましたが、そんなことさえも賑《にぎ》やかさを添《そ》えるような、ともかく華《はな》やかな催《もよお》しでした。

　これに絡《から》んで二つのことをお話しますと、まずテレビです。日本ではまずＮＨＫが昭和二十八年（一九五三）二月に放送を開始しましたが、テレビは一般《いっぱん》の人には高くてとても買えず、三月末までに企業《きぎょう》も含《ふく》めて計千四百八十五台しか普及《ふきゅう》していませんでした。それが、皇太子《こうたいし》ご成婚《せいこん》の話がちらつきはじめてから徐々《じょじょ》に増《ふ》えだして、昭和三十三年暮《く》れには実に百万台を突《とっ》破《ぱ》したのです。さらにご成婚《せいこん》の時には、パレードを中継《ちゅうけい》で見ようと猫《ねこ》も杓子《しゃくし》もと言ってはなんですが、金持ちはもちろん、少々貧《まず》しい方もどんどんテレビを買って、たちまち二百万台に達しました。また東京タワーが同年十二月にでき、これを利用していくつもの民放が放送開始準備《じゅんび》に入ります。つまり、ミッチーブームがきっかけとなり、ご成婚《せいこん》を機にテレビ時代がはじまった、そのシンボルが東京タワーだった、と言えるんじゃないでしょうか。

　もう一つは、週刊誌《しゅうかんし》です。今はたくさん出ている週刊誌《しゅうかんし》の隆盛《りゅうせい》も、ご成婚《せいこん》と関係があると言えなくもないのです。戦前から続いていたのは「週刊《しゅうかん》朝日」と「サンデー毎日」ぐらいで、昭和二十九年（一九五四）に「週刊《しゅうかん》朝日」が、吉川英治《よしかわえいじ》（一八九二―一九六二）の「新平家物語」と、徳川夢聲《とくがわむせい》（一八九四―一九七一）が各界あらゆる人を呼《よ》んで対談する「問答有用《ゆうよう》」の人気で百万部を突破《とっぱ》しました。また「サンデー毎日」も、大佛次郎《おさらぎじろう》（一八九七―一九七三）の「鞍馬天狗《くらまてんぐ》」などを擁《よう》して対抗《たいこう》します。それを見て、新聞社の雑誌《ざっし》があんなに売れるのならわれわれもできるのではないか、と考えたのが各出版社《しゅっぱんしゃ》です。早くから準備《じゅんび》したところもあれば、もたもたしたところもありましたが、昭和三十一年（一九五六）二月には、新潮社《しんちょうしゃ》が出版社《しゅっぱんしゃ》としては初の「週刊新潮《しゅうかんしんちょう》」を創刊《そうかん》します。

当時、文藝春秋《ぶんげいしゅんじゅう》にいた私《わたし》は「うまくいかないんじゃねえか」と思っていました。というのも、東京の出版社《しゅっぱんしゃ》は支局《しきょく》のある新聞社のようには地方で取材できませんから、毎週ネタを探《さが》すのは困《こま》るんじゃないかと密《ひそ》かに感じていたのです。それがふたを開ければ豈図《あにはか》らんや、ぐんぐん伸《の》してきたんですねえ。〝色〟と〝金〟を主題にしましてね。五味康祐《ごみやすすけ》さん（一九二一―一九八〇）の「柳生武芸帳《やぎゅうぶげいちょう》」、柴田錬三郎《しばたれんざぶろう》大先生（一九一七―一九七八）の「眠狂四郎無頼控《ねむりきょうしろうぶらいひかえ》」と、二つの時代小説連載《れんさい》も大当たりしたんです。この頃《ころ》は、週刊誌《しゅうかんし》を買って小説やコラムや読み物を読むことが主流だったわけですが、今そんな人いないんじゃないですか。

ともかく誰《だれ》もが飛びつく看板《かんばん》小説がないと週刊誌《しゅうかんし》は成功しないとわかったものの、新潮社《しんちょうしゃ》でもできたのだから、と昭和三十二年（一九五七）から三十三年にかけて多くの出版社《しゅっぱんしゃ》が創刊《そうかん》に踏《ふ》み切《き》ります。「週刊女性《しゅうかんじょせい》」（主婦《しゅふ》と生活社）、「週刊明星《しゅうかんみょうじょう》」（集英社）、「週刊大衆《しゅうかんたいしゅう》」（双葉《ふたば》社）、「週刊女性自身《しゅうかんじょせいじしん》」（光文社）。今はありませんが、当時は「週刊明星《しゅうかんみょうじょう》」が大いにハッスルしまして、皇太子《こうたいし》のお妃《きさき》をどうしても突《つ》き止《と》めるんだ、と見事にスクープをものにしました。後に作家となる梶山季之《かじやまとしゆき》さんを中心に岩川隆《いわかわたかし》さんら、のちにトップ屋とよばれるようになる集団《しゅうだん》でライターをしていたのです。

こういう状況《じようきよう》を見るに、文藝春秋《ぶんげいしゆんじゆう》はなぜおくれをとったのか、われわれこそ得意《とくい》な分野ではないかというわけで、翌《よく》昭和三十四年（一九五九）四月、まさにご成婚《せいこん》に合わせて「週刊《しゆうかん》文春」が創刊《そうかん》されました。私《わたし》も編集《へんしゆう》部員として参加し、創刊号《そうかんごう》ではご成婚《せいこん》のトップ記事を書きましたが、今読むと手放しのお祝いをせず、「馬車がゆく、砂利《じやり》がきしむ音がする、その音は何百万の戦死者のうめきと聞こえるであろう」なんて調子で、若気《わかげ》の至《いた》りと言いますか、そんなこともありました。

さらに中央公論社《こうろんしや》から「週刊《しゆうかん》コウロン」、また「少年サンデー」「少年マガジン」などの少年週刊雑誌《しゆうかんざつし》、さらに硬派《こうは》の「朝日ジャーナル」までが登場し、週刊誌《しゆうかんし》時代がやってきたのです。これらはテレビとともに以後、いよいよ日本の文化をリードしてゆくわけですが、そもそもミッチーブームをきっかけに、ほんわかした空気に乗って雨後のタケノコのように登場したもの、そんな気がしまして、余計《よけい》なことかもしれませんがお話いたしました。

◆安保《あんぽ》改定への始動

こうして世の中はなんとなく落ち着いたし、そろそろ本筋《ほんすじ》を通すか、というので岸《きし》さんもソロソロ動きはじめます。ご成婚《せいこん》も無事に済《す》んだ昭和三十四年（一九五九）六月、参議院通常《つうじよう》選挙が行なわれます。自民党《じみんとう》は改選前より五つ議席を増《ふ》やし、合計百三十二議席の安定多数を獲得《かくとく》しました。ちなみにこの時、創価《そうか》学会が六人の候補者《こうほしや》を立て、全員が当選しました。当時はナニモノであるか、という感じでしたが、これが後の公明党《こうめいとう》になるわけですね。いずれにしてもいい結果だというので、一時は警職法《けいしょくほう》でやられて頭をやや引《ひ》っ込《こ》めていた岸《きし》さんも自信を取《と》り戻《もど》し、いよいよ使命とする安保《あんぽ》条約《じょうやく》改定に向かって歩みだします。ただその前に、しっかり体制《たいせい》を整えておこうというので、党《とう》の役員、内閣《ないかく》の改造《かいぞう》に手をつけます。ふつう年表などでは、岸《きし》さんは第二次内閣《ないかく》までということになっていますが、あえて言えばこの時の改造《かいぞう》で第三次岸改造内閣《きしかいぞうないかく》になったと言ってもいいかもしれません。

この内閣改造《ないかくかいぞう》の際《さい》、自民党《じみんとう》は大揉《おおも》めに揉《も》めます。岸《きし》さんの片腕《かたうで》となって裏《うら》で支《ささ》えていた、かの大野伴睦《おおのばんぼく》、河野一郎《こうのいちろう》ら党人派《とうじんは》といわれる人たちが、「これからは表舞台《おもてぶたい》に出る、幹事長《かんじちょう》にしろ」と乗り出してきたのです。岸《きし》さんにすれば、大物が表に出るとややこしいことになるので気が進まないでいるところに、弟の佐藤栄作蔵相《さとうえいさくぞうしょう》が猛反対《もうはんたい》してきます。困《こま》ったことになった、とはいえ、ともかく勇往邁進《ゆうおうまいしん》しなくてはなりません。そこで反主流派《はんしゅりゅうは》、つまり池田勇人《いけだはやと》ら吉田《よしだ》学校の優等生《ゆうとうせい》たちを抱《だ》き込《こ》もうと考えます。もともと佐藤《さとう》さんは吉田派《よしだは》で、池田《いけだ》さんとはツーツーカーですから、彼《かれ》が間に立って池田《いけだ》さんを閣内《かくない》に引《ひ》き込《こ》もうと企《たくら》んだのです。

池田《いけだ》さんは最初はいやがっていましたが、今閣内《かくない》に入れば、「岸《きし》さんもそうは長くはやらないだろうから次のチャンスが回ってくるかもしれない」という思惑《おもわく》もあったでしょう。それじゃあ、と一転して誘《さそ》いに乗っかって、通産相《つうさんしょう》に就任《しゅうにん》しました。結果的に藤山愛一郎外相《ふじやまあいいちろうがいしょう》、佐《さ》藤栄作蔵相《とうえいさくぞうしょう》以外はすべて新顔、吉田《よしだ》学校の人たちが入閣《にゅうかく》し、大野伴睦《おおのばんぼく》や河野一郎《こうのいちろう》ら党人派《とうじんは》が皆《みな》、役職《やくしょく》を離《はな》れることになりました。岸《きし》さんにすれば、今まで与党《よとう》で自分を支《ささ》えていた人たちがいなくなり、毛嫌《けぎら》いしてきた吉田派《よしだは》が入閣《にゅうかく》するかたちで改造内閣《かいぞうないかく》ができたわけです。ともかく、こうして派閥抗争《はばつこうそう》や党人派《とうじんは》の不満を押《お》さえ切って、岸《きし》さんはいよいよ安保《あんぽ》改定へ一歩も二歩も進みだすのです。

十月、岸《きし》さんはまず党内《とうない》で安保《あんぽ》改定案を取りまとめます。そして翌《よく》三十五年（一九六〇）一月十九日、ワシントンでアメリカと安保《あんぽ》改定の調印式を行ないます。ここまでは、下固めもあり、過去《かこ》にすでにある条約《じょうやく》の改定としてそう問題はなく進みます。しかし、日本にもって帰って議会で批准《ひじゅん》（承認《しょうにん》）しなければこれは生きてきません。そしていよいよ国会にかけたところで問題がはじまったわけです。

さて安保《あんぽ》改定案とはどういうものだったか。そもそも安保条約《あんぽじょうやく》は、何べんも言いますが、吉田茂《よしだしげる》さんが一人で署名《しょめい》して結んできたもので、どちらかというとアメリカの言いなりといいますか、アメリカの指導《しどう》でコントロールされた内容《ないよう》でした。今回、岸《きし》さんは何はともあれアメリカと日本が対等でなければならぬと主張《しゅちょう》します。基地《きち》を貸《か》す以上は、アメリカは日本の防衛《ぼうえい》を義務《ぎむ》として本気でやってもらわないと困《こま》る、その代わり日本も全面的に協力する、積極的になるというわけです。

具体的には、まず日本は国連を重視《じゅうし》する（この方針《ほうしん》は今でも生きています）、また日本国憲《けん》法《ぽう》の制約《せいやく》——軍隊をもたない、戦争をしない——をアメリカは常《つね》に十分尊重《そんちょう》してほしい、さらに日本を基地《きち》とするアメリカ軍の戦闘《せんとう》作戦行動——たとえば朝鮮《ちょうせん》戦争のように、日本を基地《きち》として戦闘機《せんとうき》が飛び立って行くなど——の場合は事前に協議をしてもらわねばならない、その代わり日本は在日《ざいにち》米軍のための施設《しせつ》や区域《くいき》その他、日米地位協定というものを決める——要するに、「共通の危険《きけん》に対処《たいしょ》するために日本はアメリカに協力する、その代わりアメリカは日本を完全に守ってほしい」というわけです。さらに、ここが後に問題になったのですが、「極東における国際《こくさい》平和および安全の維持《いじ》のために日本は協力する」というものです。では「極東」とはどこまでを指すのか。ひとことで言いますと、それまでの反共産主義《しゅぎ》という立場の単なる砦《とりで》だった段階《だんかい》から、日本を共産主義《しゅぎ》に立ち向かうための共同の陣営《じんえい》、有力な国家として認《みと》めさせる。つまり、アメリカの日本防衛《ぼうえい》の義務《ぎむ》を明確《めいかく》にするとともに、日本は憲法《けんぽう》の範囲内《はんいない》で、在日《ざいにち》米軍への攻撃《こうげき》に対しては積極的な軍事行動を取ることを約束する、というのです。日本はアメリカさんと一緒《いっしょ》になって一所懸命《いっしょけんめい》にやる、だからアメリカさんには義務《ぎむ》としてしっかり防衛《ぼうえい》してもらうんだ、という取り決めなのです。

　アメリカもこれをあっさりのんで調印しました。なぜかというと、スターリンが死に、朝鮮《ちょうせん》戦争もめでたく休戦し、日本をあわただしく再軍備《さいぐんび》させて戦わせる必要がなくなったからです。むしろ日本には、経済復興《けいざいふっこう》で国内を安定させ、共産主義勢力《しゅぎせいりょく》の入る余地《よち》をなくすほうがいいだろう、つまり軍事国家にするより経済《けいざい》国家にしてアメリカが使いやすいようにしておくほうが得策《とくさく》だと方針《ほうしん》を変えていたんですね。

まあ、考えようによれば吉田《よしだ》さんの時のように、一方的なアメリカの思うままの条約《じょうやく》でなく、アメリカは日本防衛《ぼうえい》の義務《ぎむ》をもつ、一方日本は憲法《けんぽう》の制約《せいやく》内でそれに協力するという一種のギブアンドテイクでしたから、それほどの悪法というようなものではなかったんです。ところが、細かく条項《じょうこう》を調べていくと、例の「極東（far east）」の範囲《はんい》の問題――仮《かり》に中国と国民党政府《こくみんとうせいふ》の台湾《たいわん》とで何かあった時、そこまで入るのか、いや地図を見れば朝鮮《ちょうせん》半島と日本がfar eastなので、そんなわけないじゃないか――などいろんな論議《ろんぎ》がでてきました。結局、安保《あんぽ》改定に関しては比較的理解《ひかくてきりかい》を示《しめ》す人が多かったのですが、細かく突《つ》っ込《こ》んでいくと、なんだかずいぶん危険《きけん》である、改憲《かいけん》や再軍備《さいぐんび》とは銘打《めいう》ってないものの、あっさりそっちへの道を開くことになるんじゃないか、だっていざという時にはアメリカ軍と一緒《いっしょ》になって出て行かなくてはならないのだから……というわけです。こうして批准《ひじゅん》をめぐって与党《よとう》と野党《やとう》の対決がはじまり、国会は大きく揺《ゆ》れだします。

そもそも前年の昭和三十四年三月には、社会党《しゃかいとう》と総評《そうひょう》（日本労働組合総評議会《そうひょうぎかい》。連合の前身）を中心に安保条約《あんぽじょうやく》改定阻止《そし》国民会議が結成されていました。これに共産党《きょうさんとう》は、オブザーバーとしてしか参加していません。全学連を使おうという思惑《おもわく》があったことが後にわかるのですが。ともかく社会党《しゃかいとう》は今とは違《ちが》って大勢力《だいせいりょく》ですから、翌年《よくねん》になって大々的な阻止《そし》活動が盛《さか》んになってくると、一般《いっぱん》の関心も高まり、国民にも浸透《しんとう》していきます。

世論《よろん》としては、前に話しました第五福竜丸《ふくりゅうまる》事件《じけん》もあって、「原爆許《げんばくゆる》すまじ」「水爆《すいばく》実験反対」

の平和主義《しゅぎ》の声が高まり広がっていました。戦後の日本では、アメリカの押《お》しつけだとか言われますが、新憲法《けんぽう》に定められた平和主義《しゅぎ》は国民的なものになりつつあったのです。そこへ出てきた安保《あんぽ》改定は、なんとなしに改憲《かいけん》・再軍備《さいぐんび》につながるんじゃないかと、「再軍備《さいぐんび》反対」「安保《あんぽ》改定阻止《そし》」の大運動に発展《はってん》していくわけです。国内が騒然《そうぜん》としはじめます。ところが岸《きし》さんははじめから使命として強行突破《とっぱ》を表明していました。ですから、いよいよの時には、騒動《そうどう》、事件《じけん》が起きるのではないかとも予想されていたのです。まだ岸《きし》さんが首相《しゅしょう》になる前の昭和三十一年七月三日、死の床《とこ》にあった三木武吉《みきぶきち》さんが岸《きし》さんを呼《よ》んで言ったそうです。「岸《きし》君、無理押《むりお》しをするんじゃないよ。無理押《むりお》しというのは、一生に一度しか通らないもんだ」。このまま強引《ごういん》に突《つ》っ走《ぱし》っていくとついには辞職《じしょく》に追《お》い込《こ》まれるような大騒動《おおそうどう》になると思うよ、とさすがに長年、政治《せいじ》の世界で生きてきた人には予感があったんでしょう。ところが、岸《きし》さんは大先輩《だいせんぱい》の忠告《ちゅうこく》などきく気はまったくなかったのですね。三木《みき》さんは翌日《よくじつ》亡《な》くなりました。

◆デモデモデモに明《あ》け暮《く》れて

ここで社会党《しゃかいとう》と労働組合に加え、安保《あんぽ》改定反対に全学連が動き出しました。全学連というのは昭和二十三年（一九四八）に結成された全日本学生自治会総連合《そうれんごう》のことでして、はじめは共産党《きょうさんとう》の統制《とうせい》下にあったものが、そこから離《はな》れ、昭和三十三年（一九五八）十二月に執行部《しっこうぶ》を共産主義者同盟《しゅぎしゃどうめい》（通称《つうしょう》ブント）として結成し、安保闘争《あんぽとうそう》をはじめました。いっぽう共産党系《きょうさんとうけい》の民主青年同盟《どうめい》（民青）が独自《どくじ》に反対運動を起こしていましたから、二つの対立がかえって「負けるもんか」と運動を激《はげ》しくしていきました。やがて全学連が力を強め、安保闘争《あんぽとうそう》の前面に立つようになってきます。ただ社会党《しゃかいとう》、総評《そうひょう》、全学連がガンガン反政府《はんせいふ》運動を進める中で、一般《いっぱん》の人たちはまだそれほど乗っかってはいない状態《じょうたい》で、いってみれば、もっと素朴《そぼく》に平和国家、護憲《ごけん》を望み、軍事条約《じょうやく》などには加入しないで今まで通りのやわらかい安保《あんぽ》でいいんじゃないの、といった程度《ていど》の反対でした。少なくとも私《わたし》の周囲《しゅうい》では、お酒を飲みながら不賛成《ふさんせい》をぼやくくらいの雰囲気《ふんいき》だったと思います。

　ところが国会では、先の「極東」の範囲《はんい》などをめぐって社会党《しゃかいとう》が猛反対《もうはんたい》するものですから、議論《ぎろん》が果てしなく続きます。議論《ぎろん》を重ねるほどに、なにかしら条項《じょうこう》に不備《ふび》が出てきて揉《も》める、の繰《く》り返《かえ》しでした。にっちもさっちもいかなくなる中で、昭和三十五年（一九六〇）六月十九日には安保条約《あんぽじょうやく》の日本の批准《ひじゅん》を見込《みこ》んでアメリカのアイゼンハワー大統領《だいとうりょう》の来日が決まります。そうなるとなおさら、新安保条約《あんぽじょうやく》を衆議院《しゅうぎいん》で批准《ひじゅん》させることが岸内閣《きしないかく》の大命題になります。条約《じょうやく》というのは衆議院《しゅうぎいん》を通過《つうか》させれば、参議院の議決がなくとも三十日後には自然に成立することになっています。従《したが》って、五月十九日までに衆議院《しゅうぎいん》で可決《かけつ》すればアイクをお迎《むか》えした時にめでたく成立していることになるのです。岸内閣《きしないかく》は是《ぜ》が非《ひ》でもその日までに安保条約《あんぽじょうやく》の衆議院通過《しゅうぎいんつうか》を決意します。

　しかし議会は入《い》り乱《みだ》れてとてもそんな状況《じょうきょう》にならぬまま、とうとう五月十九日になってしまいました。野党《やとう》は、「今日をなんとか乗り切れば」と衆議院《しゅうぎいん》議長、清瀬一郎《きよせいちろう》さん（東京裁判《さいばん》の日本側の弁護士《べんごし》で、東条《とうじょう》さんを弁護《べんご》した方です）を議長室に押《お》し込《こ》め、スクラムを組んで表に出させないよう、いわゆる缶詰状態《かんづめじょうたい》にしてしまいました。一方、強行突破《とっぱ》を期する岸内閣《きしないかく》はその日の夜十時過《す》ぎ、本会議開会を知らせる予鈴《よれい》を鳴らし、安保《あんぽ》特別委員会を開きます。そして野党《やとう》が欠席のまま政府《せいふ》と与党《よとう》だけで委員会を通し、こうなるともう時間との戦いですから、ただちに本会議にもっていこうとします。ところが議長がいません、どうしようか、やむを得《え》ないというので警官隊《けいかんたい》五百人を導入《どうにゅう》し、議長室の前でスクラムを組んでいる社会党《しゃかいとう》議員を一人ひとりゴボウ抜《ぬ》きにして排除《はいじょ》して中から議長を救《すく》い出《だ》し（という表現《ひょうげん》でいいのかどうか分かりませんが）、担《かつ》いでいって衆議院《しゅうぎいん》本会議の議長席に座《すわ》らせます。そこで清瀬《きよせ》さんが「ただいまより本会議を開会いたします」と押《お》しくら饅頭状態《まんじゅうじょうたい》でマイクにしがみついて宣言《せんげん》する有名な写真が残っています。こうして与党《よとう》だけの本会議で法案はたちまち採決《さいけつ》されました。大野伴睦《おおのばんぼく》や河野一郎《こうのいちろう》ら、自民党《じみんとう》の反主流グループも欠席していましたが、それでも午前零《れい》時六分、議長は本会議閉会《へいかい》を宣言《せんげん》し、この大事な法案はわずか数分で可決《かけつ》してしまったのです。

野党《やとう》に知らせずいきなり本会議のベルを鳴らしてたちまち採決《さいけつ》、閉会《へいかい》――という方法は前にもやっています、お話しましたね。ですから野党《やとう》は十分に警戒《けいかい》していたのに見事にやられてしまったんです。この強行採決《さいけつ》は、ニュース映画《えいが》にもなりましたし、翌《よく》二十日の新聞は全紙が「暴挙《ぼうきょ》」「議会制民主主義《ぎかいせいみんしゅしゅぎ》の危機《きき》」としてムチャクチャに書きまして、大問題となります。すでに批准《ひじゅん》されてしまったからいまさらしょうがないといえばそうなのですが、やり方があんまりだというので怒《いか》りが沸騰《ふっとう》し、労組と学生とさらには一般《いっぱん》市民までが一緒《いっしょ》になって、その日から未曾有《みぞう》のデモ隊が議事堂《ぎじどう》を取《と》り囲《かこ》みはじめました。ここから、東京の中心を毎日のようにデモ隊が行《い》き交《か》い、戦場さながらにした安保騒動《あんぽそうどう》がはじまるのです。

ひとつには、マスコミのキャンペーンが大効果を挙げ、さらに大学教授《きょうじゅ》や作家、文化人らが新聞や雑誌《ざっし》で強く反対を訴《うった》えたこともあります。たとえば五月三十日の夜には、断固岸内閣打倒《だんこきしないかくだとう》の抗議《こうぎ》集会として「若《わか》い日本の会」が草月《そうげつ》会館で結成されます。呼《よ》び掛《か》け人が石原慎太郎《いしはらしんたろう》、江藤淳《えとうじゅん》、大江健三郎《おおえけんざぶろう》といいますからこの頃《ころ》は仲がよかったんですねえ、それが今は……なんともかんとも申しかねますけれど……ともかくまだ三人とも作家になったばかりの颯爽《さっそう》たる頃《ころ》でした。

以後、約一カ月はまさにデモに次ぐデモ、もうデモデモの毎日です。警戒《けいかい》する警官隊《けいかんたい》との小《こ》競《ぜ》り合《あ》いが次第《しだい》にエスカレートする。しかし岸《きし》さんは、すべて終わるまで、つまり六月十九日に自然成立するまで、何があっても頑張《がんば》る、総辞職《そうじしょく》も解散《かいさん》もしない決意です。五月二十八日の記者会見でガンガン突《つ》っ込《こ》まれて答えるに、

「いま（デモ隊に）屈《くつ》したら日本は危機《きき》に陥《おちい》る。私《わたし》は〝声なき声〟に耳を傾《かたむ》けねばならないと思う。今あるのは〝声ある声〟だけだ」

これがまた火に油を注いだんですね。そんななか、雑誌《ざっし》「世界」五月号の、デモ隊をさらに

奮起《ふんき》させる大論文《ろんぶん》が話題になります。これが後々まで語られる名論文《ろんぶん》でして、清水幾太郎《しみずいくたろう》の「今こそ国会へ請願《せいがん》のすすめ」というものでした。一部を読みますと、

「今こそ国会へ行こう。請願《せいがん》は今日にも出来ることである。……北は北海道から、南は九州から、手に一枚《いちまい》の請願書《せいがんしょ》を携《たずさ》えた日本人の群れが東京へ集まって、国会議事堂《ぎじどう》を取《と》り巻《ま》いたら、また、その行列が尽《つ》きることを知らなかったら、そこに、何物も抗《こう》し得《え》ない政治《せいじ》的《てき》実力が生まれて来る。それは新安保条約《あんぽじょうやく》の批准《ひじゅん》を阻止《そし》し、日本の議会政治《せいじ》を正道に立《た》ち戻《もど》らせるであろう」

これが評判《ひょうばん》になりまして、その呼《よ》び掛《か》けに応《こた》えるかのように「さあ国会へ行こう」と、各地から多くの人びとが上京してきて、五月から六月にかけて毎日数万の請願《せいがん》デモが国会に押《お》し寄《よ》せました。そしてそのクライマックスは六月十五日夜でした。デモ隊が議事堂《ぎじどう》の門を突《つ》き破《やぶ》って中に突入《とつにゅう》したことから、警官隊《けいかんたい》がデモ隊に襲《おそ》いかかり、それこそ数万人同士《どうし》の大乱闘《だいらんとう》になりました。それで午後七時頃《ごろ》、東京大学文学部の学生だった樺美智子《かんばみちこ》さんが、南門でしたか、大《だい》混乱《こんらん》のなか転んで踏《ふ》みつけられて死亡《しぼう》したのです。その後も火が焚《た》かれ、ライトがつけられて一晩《ひとばん》じゅう戦争のような状態《じょうたい》が続きました。後の東京消防庁《しょうぼうちょう》の発表では、重傷《じゅうしょう》四十三人を含《ふく》む五百八十九人が負傷《ふしょう》したということですが、もっと多かったのではないでしょうか。

それでも岸《きし》さんは動じません。六月十六日の会見で、記者から「国民が大きな社会不安をもっている。人心刷新《さっしん》が必要ではないのか」と、暗に「辞《や》めないのか」と質《ただ》されても、

「私《わたし》は諸君《しょくん》とは見方が違《ちが》う。デモも参加者は限《かぎ》られている。都内の野球場や映画館《えいがかん》は満員で、銀座《ぎんざ》通りもいつもと変わりがない」

と剛毅《ごうき》な答弁《とうべん》をしたんですね。これが「それでも後楽園は満員だ」とワンポイント・センテンスで伝わりましたから、なにを!?　とさらに反発をかいました。

60年安保騒動で亡くなった樺美智子さんの追悼集会が昭和44年６月になっても行なわれている（撮影＝浜口タカシ）

ここでさすがに臨時閣議《りんじかくぎ》が開かれることになり、治安が保《たも》てないという理由でアイゼンハワー大統領《だいとうりょう》の訪日《ほうにち》は中止してもらうことに決まります。それでも死んだつもりで自然成立の日まで押《お》し切《き》っちゃおうという覚悟《かくご》でしょう、デモは続けど、とうとう六月十九日がやってきます。夜十二時が過《す》ぎれば新安保《あんぽ》条約《じょうやく》は自然成立です。国会を取《と》り巻《ま》く約三十五万人のデモ隊からも、時《じ》刻《こく》が十二時を過《す》ぎた瞬間《しゅんかん》、心からの大きなため息が漏《も》れたということです。

岸《きし》さんはといえば、回顧録《かいころく》によると、十八日から十九日の朝にかけて佐藤蔵相《さとうぞうしょう》と二人でブランデーをなめなめ時を待っていたようです。十九日の朝がくるとひと言、

「棺《ひつぎ》を蓋《おお》いて事《こと》定まる」

自分が死んだ後にはこの事が理解《りかい》されるだろう、という意味だと思いますが（出典は中国の「晋書《しんじょ》」だそうです）、そんなせりふを残して官邸《かんてい》を去り、私邸《してい》に戻《もど》ったそうです。こうして岸《きし》内閣《ないかく》の目標だった安保条約《あんぽじょうやく》改定が成立したわけです。

ところで清水幾太郎《しみずいくたろう》さんですが、著書《ちょしょ》『わが人生の断片《だんぺん》』で、安保条約《あんぽじょうやく》改定反対闘争《とうそう》はバトル（戦闘《せんとう》）ではなくて、ウォー（戦争）だった、と回想しています。どういう意味なのかはっきりしませんが、さらにこう書いています。

「（新安保条約《あんぽじょうやく》が自然成立した時）涙《なみだ》が出てくる。……多くの友人には申訳《もうしわけ》ないが、あの時、私《わたし》は民主主義《しゅぎ》の危機《きき》などを感じてはいなかった。涙《なみだ》が出たのは、何年間も、安保《あんぽ》改正反対と言って暮らして来た新安保条約《あんぽじょうやく》が、予期していたこととは言え、終《つい》に成立してしまった口惜《くや》しさのためである。勝つ見込《みこ》みが殆《ほとん》どないとは知りながら、負けてしまった口《く》惜《や》しさのためである。民主主義《しゅぎ》の危機《きき》や崩壊《ほうかい》ということは、全く念頭になかった。……とにかく、私《わたし》にとっては、民主主義《しゅぎ》などは、どうでもよかった。ただ喧嘩《けんか》に負けた口惜《くや》しさだけであった」

先ほどの論文《ろんぶん》「今こそ国会へ」では「日本の議会政治《せいじ》を正道に立《た》ち戻《もど》らせる」と書いてましたが、要するに関係なかったんでしょうかね。清水《しみず》先生にとっては勝つか敗《ま》けるかの国内戦争だったわけで、敗軍の将《しょう》となり口惜《くや》しかったんでしょうが、これはあんまりじゃないかと私《わたし》なんかは思うわけであります。

こうして六月二十三日、目黒《めぐろ》の外相官邸《がいしょうかんてい》で、ひっそりと日米の批准書《ひじゅんしょ》が交換《こうかん》されました。その直後、岸《きし》さんは退陣《たいじん》を表明します。

◆もう政治《せいじ》はたくさん、これからは経済《けいざい》だ

さて、じゃあ、あなたはその時何をやってたんですかと聞かれれば、私《わたし》は当時、銀座《ぎんざ》近くの日航《にっこう》ホテル前の社屋で「週刊文春《しゅうかんぶんしゅん》」の記事を一所懸命《いっしょけんめい》に書いていました。議事堂《ぎじどう》まで近いですから、後ろでわんわんやっていたはずなのですが、岸《きし》さんが言ったように、銀座《ぎんざ》通りは静かなものでした。ほとんど終わった頃《ころ》に議事堂《ぎじどう》付近に行きますと、催涙弾《さいるいだん》のあとでしょうか、とにかく硝煙《しょうえん》がいっぱいで目がチカチカするし、旗やらが散らばってさながら戦場跡《せんじょうあと》のようでした。その翌日《よくじつ》か翌々日《よくよくじつ》だったかの編集《へんしゅう》会議で、六月二十七日号で緊急《きんきゅう》特集「ついにアイクは来ない」、そして第二特集「デモは終わった　さあ就職《しゅうしょく》だ」が決まりました。紀元《きげん》二六〇〇年の時の「祭りは終わった、さあ働こう」を思い出しますが、最初はこれもいかにもふざけているようで、どうかなと私《わたし》は思いましたよ。でも「これが正しい見方なんだよ」と言われまして、

なるほどと思いまして、さっそく取材に走りました。終戦のとき十五歳《さい》の中学生もすでに三十歳《さい》の、分別のつきはじめた人間になっていたんでしょうかね。

いや、今になって本誌《ほんし》といっていた「文藝春秋《ぶんげいしゅんじゅう》」の目次を見てみると、「安保《あんぽ》」はほとんど登場していないんですね。三十四年（一九五九）十二月号に、歴史《れきし》学者で評論家《ひょうろんか》の林健太郎《はやしけんたろう》さんが書いた「安保闘争《あんぽとうそう》に理性《りせい》を——日本外交の新構想」の一論文《ろんぶん》だけ。私《わたし》が勤《つと》めていた文《ぶん》藝春秋《げいしゅんじゅう》という雑誌社《ざっししゃ》の性格《せいかく》がそれでよく察せられると思うんです。冷めていた、というか、上手にいえば〝平常心《へいじょうしん》〟を保《たも》っていたのか。雑誌《ざっし》記者は「現代史《げんだいし》の証言者《しょうげんしゃ》なり」とふだんは偉《えら》そうに言っていたんですがね。

もう一つ、今になって考えると、運動の中心となった当時の学生つまり青年たちは、私《わたし》より十年ほど後に生まれた世代で、徹底的《てっていてき》に戦後民主主義《しゅぎ》の教育を受けてきたんですね。戦前をほとんど知らないといっていい、物ごころついていないころですからね。空襲《くうしゅう》も焼死体《しょうしたい》も知らない、戦後民主主義《しゅぎ》の申し子たちです。私《わたし》たちは、空襲《くうしゅう》などの戦争体験もあり、戦前の大人も戦後の大人も知っていて、背信《はいしん》に次ぐ背信《はいしん》から、奴《やつ》らが当てにならないことも知っています。ですから人生に対して一直線でなく屈折《くっせつ》し、さばけていたのですが、学生たちは本当に真面目でした。白紙状態《じょうたい》に、かつての軍国主義《しゅぎ》、大日本帝国《ていこく》時代への嫌悪《けんお》や反発を叩《たた》き込《こ》まれて育っています。あの東条内閣《とうじょうないかく》の閣僚《かくりょう》であり、それもA級戦犯《せんぱん》で本来もう表に出てこなくていい岸《きし》さんが、議会政治《せいじ》を無視《むし》して軍事化路線を突《つ》き進《すす》むような法案を強行採決《さいけつ》するのを見たのです。

岸《きし》さんその人への嫌悪《けんお》感、感情的《かんじょうてき》反発は非常《ひじょう》に膨《ふく》らんでいたと思います。何となれば、新安《あん》保《ぽ》条約《じょうやく》をひっそりと結んだ当の藤山外務《ふじやまがいむ》大臣への怒《いか》りの声は一切《いっさい》なかった。それはすなわち軍事大国日本への決別の思い、平和国家日本への強い祈願《きがん》であったでしょう。

そして騒動《そうどう》は、岸《きし》さん退陣《たいじん》の瞬間《しゅんかん》に驚《おどろ》くほどサアーッと終わってしまうのです。昭和三十一年に「もはや戦後ではない」が流行語になり、たしかにそういう感じはありましたが、日本の真に戦後的な気分が終わったのは、ですからこの時じゃないでしょうか。安保騒動《あんぽそうどう》は、戦後の憤懣《ふんまん》をもすべて吹《ふ》き飛《と》ばしたいわゆるガス抜《ぬ》き、〝戦後日本〟のお葬式《そうしき》であった（たしか哲学《てつがく》者《しゃ》田中美知太郎《たなかみちたろう》さんの言葉ではなかったでしょうか）、と見られなくもないのです。その後、日本人は足並《あしな》みをそろえて、経済的《けいざいてき》実力と高い技術水準《ぎじゅつすいじゅん》を備《そな》えた経済《けいざい》大国への道を志《こころざ》すようになるのです。つまり、面白《おもしろ》いくらいに「デモは終わった　さあ就職《しゅうしょく》だ」であって、「週刊《しゅうかん》文春」の第二特集は、今からすれば時代をよく見ていたと言えなくもないのです。

ところで私《わたし》は、ここまでは日本がどういう国家をつくっていくかの選択《せんたく》はいろいろあったと思います。文化国家たらん、いや、強力な軍事国家に戻《もど》るか、あるいは何もしないアジアのスイスかスウェーデンのような静かな国家になるか、いろんな選ぶべき道があった。しかしガス抜《ぬ》きが済《す》んだら、もはや選択《せんたく》は決まったといっていい。政治的闘争《せいじてきとうそう》はもうたくさんだ、国内の大混乱《だいこんらん》はもういい、これからは日本を豊《ゆた》かな国にしよう、廃墟《はいきょ》からの再生《さいせい》、さらに復興《ふっこう》そして繁栄《はんえい》に向かおうじゃないかという方向へ皆《みな》の志《こころざし》が向き、デモをやった人たちが、こんどはたいへんな働きバチになって一所懸命《いっしょけんめい》働きはじめるのです。
昨日（平成十七年十一月七日）の毎日新聞に中曾根康弘《なかそねやすひろ》さんが書いていたのがちょっと面白《おもしろ》いので読んでみます。

「自民党《じみんとう》初代総裁《そうさい》である鳩山一郎首相《はとやまいちろうしゅしょう》は、憲法《けんぽう》改正による自衛軍創設《じえいぐんそうせつ》を掲《かか》げる一方で、日ソ共同宣言《せんげん》に調印し、日本の国連加盟《かめい》を実現《じつげん》した。この政策的《せいさくてき》な幅《はば》の広さが、保守《ほしゅ》の政治《せいじ》だ。戦後保守主義《ほしゅしゅぎ》の基礎《きそ》工事をしたのが鳩山《はとやま》さんと岸《きし》さんだろう」

前半はまあその通りですが、最後は中曾根《なかそね》さんが鳩山《はとやま》・岸《きし》の流れをくむ、つまり改憲《かいけん》・再軍《さいぐん》備《び》路線の旗振《はたふ》りであることを証明《しょうめい》しているわけです。しかし安保騒動《あんぽそうどう》の後、ずいぶんと長い間、その路線は消えていたと私《わたし》は思っています。この次に出てくるのが岸内閣《きしないかく》とはまったく方向を異《い》にする池田内閣《いけだないかく》だったのです。それは佐藤内閣《さとうないかく》へと、すなわち吉田茂《よしだしげる》路線が長く長く続きます。そして昭和が終わったのち、その反動が来たかのように、憲法《けんぽう》改正・再軍備《さいぐんび》の声が再《ふたた》び高くなってきます。自民党《じみんとう》の本卦帰《ほんけがえ》りというのかな。ま、先走って大ざっぱに言うと、そういう経過《けいか》を日本はたどって今日に至《いた》る、というわけです。

◆月給が倍になる

それはともかく、岸《きし》さんが辞《や》めるというので昭和三十五年（一九六〇）七月十四日、自民党《じみんとう》総裁選《そうさいせん》に大野伴睦《おおのばんぼく》、石井光次郎《いしいみつじろう》、藤山愛一郎《ふじやまあいいちろう》、池田勇人《いけだはやと》の四人が立候補《りっこうほ》しました。金が乱《みだ》れ飛《と》んだすごい争いだったそうですが、一位と二位になった池田《いけだ》さんと石井《いしい》さんが決選投票を行ない、池田《いけだ》さんが当選しました。自民党《じみんとう》内にも「もう政治《せいじ》より経済《けいざい》第一に」という雰囲気《ふんいき》があったのかもしれません。何度も言いますが、池田《いけだ》さんは吉田茂《よしだしげる》門下の優等生《ゆうとうせい》で、岸内閣《きしないかく》で通産大臣をやりましたが、もともと経済《けいざい》に明るい人です。ちなみにそもそもどういう人物だったか、前にもちょっとふれましたが、改めてもう一回、朝日新聞の夕刊連載《ゆうかんれんさい》、例の斎藤信也《さいとうしんや》さんの「人物天気図」で、池田《いけだ》さんが政界《せいかい》に出た頃《ころ》の記事を引きましょう。

「数字を並《なら》べたてて、相手を煙《けむ》にまいてしまうのが、彼《かれ》の十八番《おはこ》だそうである。で、数学好きなんですか？『中学時代は英語、国語より、ずうッと数学が得意《とくい》でしたネ』。あなたはドッジ、シャウプ両氏の伝声管に過《す》ぎんとのセツがあるですな？『いや、それはですね、シャウプ博士《はかせ》の場合は税率《ぜいりつ》をナントカ、所得税《しょとくぜい》をナントカ、勤労控除《きんろうこうじょ》をナントカ、地方税《ちほうぜい》をナントカ……（ナントカと書いた所にすべて数字、要するに、税金《ぜいきん》を安くするために骨《ほね》折《お》ったという結論《けつろん》なんである）（斎藤《さいとう》さんはこの数字を覚えてられないんですね――半藤《はんどう》注）、ドッジ氏の場合は、二度目の予算の時など僕《ぼく》が持っていった通り』。大いに『主体《しゅたい》性《せい》』を強調するのだが、だれも真相は知らないんだから、一向構《かま》わぬだろう。（略《りゃく》）高飛《たかび》車《しゃ》で、横柄《おうへい》で、思い上っとるという最低のヨロンに御感想《ごかんそう》ありや？『ぼくの表現《ひょうげん》が下手《へた》なんですよ。「官僚《かんりょう》」出身だから場をふんでない。イヤ「役人」出身と書いて下さい。それからですね、国会の質問《しつもん》は建設的《けんせつてき》な議論《ぎろん》がきわめて少い。ぼくは結論《けつろん》が早い方で、まどろっこしいのはきらいな方でしてな。ぼくをハッタリだというが、君こそハッタリじゃないかといいたいんですよ』」

とまあ、相手を数字で煙《けむ》に巻《ま》きすぐに結論《けつろん》という人であったことがよくわかります。

そして七月十九日、池田内閣《いけだないかく》が成立して最初に言ったのは、「これからの私《わたし》の政治《せいじ》は、寛容《かんよう》と忍耐《にんたい》です」。これで「寛容《かんよう》と忍耐《にんたい》」という言葉がはやりました。安保大騒動《あんぽおおそうどう》の後ですし、横柄《おうへい》と評判《ひょうばん》だった池田《いけだ》さんも低姿勢《ていしせい》になったんです。しかもキャッチフレーズに「国民の所得《しょとく》を倍《ばい》増《ぞう》する」とすごい大風呂敷《おおぶろしき》を広げました。後になってみると、これは側近の大平正芳《おおひらまさよし》さんや宮《みや》沢喜一《ざわきいち》さんの発想だったようですが。

ただし付《つ》け焼刃《やきば》ではなく、池田《いけだ》さんは政界《せいかい》に出た頃《ころ》から日本の経済《けいざい》をいかに立て直すかの研究をはじめていまして、すでに大蔵官僚《おおくらかんりょう》の下村治《しもむらおさむ》さんを中心とする研究会をつくり、子細《しさい》に検討《けんとう》していたのです。ですから自分が首相《しゅしょう》になればこれを必ず実現《じつげん》してみせると思っていたでしょう。そこに幸いといっては何ですが、これが歴史《れきし》の面白《おもしろ》いところで、いわゆる強硬《きょうこう》路線で日本じゅうがガタガタし、国民が「もう政治《せいじ》の争いはたくさんだ」と感じていたところにスッと池田《いけだ》さんの出番がきた。彼《かれ》は鳩山《はとやま》、岸《きし》と続いた改憲《かいけん》・再軍備《さいぐんび》路線と違《ちが》い、軽軍備《けいぐんび》・通商国家を目指してきた吉田《よしだ》ドクトリンの申し子です。新聞なども「政治《せいじ》の季節はもう終わった、これからは経済《けいざい》の季節だ」と謳《うた》いはじめ、まさに「デモは終わった　さあ就職《しゅうしょく》だ」の時代になったわけです。日本の行くべき道はこうして決まりました。

所得倍増《しょとくばいぞう》計画は十二月二十七日、あっさりと閣議《かくぎ》決定されます。以後三年間の経済成長率《けいざいせいちょうりつ》は年平均《ねんへいきん》九パーセントを保《たも》つように努力する、という大方針《だいほうしん》は二日後に大々的に発表され、池田《いけだ》さんは独特《どくとく》のダミ声で言いました。

「日本国民の所得《しょとく》はアメリカ人の八分の一、西ドイツの三分の一。この所得《しょとく》を倍にします。つまり国民の一人ひとりの月給を二倍にするのです」

「私《わたし》はウソを申しません」

もっと詳《くわ》しく言えば、国民総生産《そうせいさん》を今の十三兆円から倍の二十六兆円にする。昭和三十六年（一九六一）から四十五年（一九七〇）までの十年間にこれを達成する。そうすれば国民所得《しょとく》も約十万円から二十万円に、つまり月給が二倍になるというわけです。

ホントかよオイ、そんなことができるはずないじゃないか、とも思ったものの、まさにこれは日本の高度経済《けいざい》成長の幕開《まくあ》けとなり、皆《みな》がここを出発点に走りはじめました。

池田《いけだ》さんは、ともかく首相《しゅしょう》になってから横柄《おうへい》さが消えてまるくなったと言われていますが、自身も所得倍増実現《しょとくばいぞうじつげん》のためには「料亭《りょうてい》にもゴルフにも行きません」と宣言《せんげん》し、料亭《りょうてい》好きで酒のみで毎晩《まいばん》のように通っていた人にも拘《かかわ》らず、公約として奮闘《ふんとう》努力し、守り通したそうです。

そして安保闘争《あんぽとうそう》でデモに励《はげ》んだ人たちは、これからは「働けばそれだけ経済的利益《けいざいてきりえき》がある」という池田《いけだ》スローガンに合わせてガムシャラに働き出しました。

この後は高度成長時代が到来《とうらい》し、日本がいかにぐんぐん豊《ゆた》かになっていくかの話になります。

しばらく政治《せいじ》の話題が続きましたが、次回からは戦後日本の精神《せいしん》や生活がどんなふうに変わっていったかを眺《なが》めながら、東京オリンピック、新幹線《しんかんせん》、万博《ばんぱく》へ向けてワッショイワッショイの時代を一気呵成《いっきかせい》にお話いたします。

第十四章

嵐《あらし》のごとき高度経《けい》済《ざい》成長

オリンピックと新幹線《しんかんせん》

この章の
ポイント

朝鮮《ちょうせん》戦争の特需《とくじゅ》により、一九五五（昭和三十）年前後には国民の生活はかなり裕福《ゆうふく》になっていました。ここに池田《いけだ》内閣《ないかく》の所得倍増《しょとくばいぞう》計画の影響《えいきょう》も加わり、大衆《たいしゅう》消費《しょうひ》の時代が到来《とうらい》しました。ソニーやホンダといった企業《きぎょう》が新技術を導入《どうにゅう》し、新製品《しんせいひん》を次々と開発。日本経済《けいざい》はあっという間に発展《はってん》していきました。一九六四（昭和三十九）年になると、日本はＩＭＦの八条《じょう》国入り、ＯＥＣＤにも加盟《かめい》。さらに同年、東海道新幹《しんかん》線《せん》が開通、東京オリンピックも開催《かいさい》されました。

キーワード

高度経済成長／ＩＭＦ（国際《こくさい》通貨基金《ききん》）／ＯＥＣＤ（経済《けいざい》開発協力機構《きこう》）／東海道新幹線《しんかんせん》／東京オリンピック／神武《じんむ》景気／スエズ動乱《どうらん》／宇宙《うちゅう》開発競争／キューバ革命《かくめい》／ケネディ暗殺《あんさつ》

◆ただただ勤労《きんろう》ニッポン

今日は高度成長の時代をお話しします。昭和三十五年（一九六〇）、岸内閣《きしないかく》の後を受けた池田《いけだ》内閣《ないかく》が唱えたのが、月給二倍論《ろん》でした。ＧＮＰ（国民総生産《そうせいさん》）を毎年八・八パーセント上げていくと、十年後には二・三倍になる、すると必然的に私《わたし》たちの月給は一人当たり一・九倍になるというものです。ただ往々《おうおう》にして間違《まちが》うのですが、実際《じっさい》は池田内閣《いけだないかく》ができたからいっぺんに経済《けいざい》成長がはじまったわけではなく、すでに昭和二十八年（一九五三）頃《ごろ》から日本人がどんどん働きだして、ある種の高度成長時代に入っていたのです。朝鮮《ちょうせん》戦争の神風《かみかぜ》が吹《ふ》いたこともあり、日本人の労働力はぐんぐん増《ま》してきましたし、昭和三十年くらいには国民の生活はすでにかなり裕福《ゆうふく》になっていました。私《わたし》も、かつては焼酎《しょうちゅう》しか飲めなかったのが、やがてトリスになり、オーシャンになり、サントリーの角《かく》（角瓶《かくびん》）になって……そういえば隅田川《すみだがわ》でボート選手だった昭和二十六、二十七年頃《ごろ》は、先輩《せんぱい》が吾妻橋《あづまばし》あたりでビールを飲ませてくれるというと感涙《かんるい》にむせぶくらい嬉《うれ》しかったのが、この頃《ころ》になるとビールなんてガブガブ飲めるようになっていました。それにつれて隅田川《すみだがわ》の水がどんどん汚《きたな》くなりました。川上にある工場群が大いに稼働《かどう》しはじめたからです。実際《じっさい》、昭和三十年から三十五年までの五年間でＧＮＰの年平均成長《ねんへいきんせいちょう》率《りつ》は八・八パーセントを上回って年一〇・四パーセントで成長し、一人当たり給料が二・七倍になるほどだったのです。その証拠《しょうこ》ともいえる世相についてはあとで詳《くわ》しくお話しします。

ところが日本の経済《けいざい》学者はいつだって大間違《おおまちが》いをする癖《くせ》があるようで、そんなことできるわけないじゃないか、と池田内閣《いけだないかく》の政策《せいさく》についてはクソミソでした。そこで池田《いけだ》さんの最大のブレーンだった開発銀行理事の下村治《しもむらおさむ》さんがいみじくも言った言葉が、私《わたし》などは非常《ひじょう》に印象《いんしょう》に残っています。

「日本経済《けいざい》についてありとあらゆる欠点を並《なら》べたててあざ笑う人々を見ていると、私《わたし》はアンデルセンの『醜《みにく》いあひるの子』を思い出す。……日本経済《けいざい》は白鳥の子らしい特徴《とくちょう》をもった発育を示《しめ》しているのに、あひるの目で見れば異常《いじょう》なのかもしれない」(『日本経済《けいざい》は成長する』弘文堂《こうぶんどう》)

これを読んだ時、「えっ⁉ オレたちは白鳥なのかな。いや、まだアヒルなんじゃないの」なんて言ったものです。ともかく下村《しもむら》さんは断然《だんぜん》たる自信を示《しめ》しました。そんな時にはやったキャッチフレーズが「国民よ大志《たいし》を抱《いだ》け」——クラーク博士《はかせ》の“Boys be ambitious.”をもじったものですね。また「育ちざかりの日本経済《けいざい》」なんてことも言われました。

さて、そういった政策《せいさく》を受けて、すでに頑張《がんば》りはじめていた各企業《きぎょう》は、「政府《せいふ》の後押《あとお》しがあるならば」とさらにハッスルします。これまでに続けてきた設備《せつび》投資をもっともっと進めようじゃないかと積極的になっていきました。生産を上げるための設備投資《せつびとうし》によって生産が上がればさらに投資《とうし》する——というかたちで生産力をどんどん膨《ふく》らませていきます。

また国民も、月給が二倍になるというのでマイホームへの夢《ゆめ》を膨《ふく》らませはじめます。それまでは、狭《せま》い家に何人もの家族がゴタゴタと一緒《いっしょ》に住んでいたのですが、昭和三十年代半ばからマイホームへの夢《ゆめ》が膨《ふく》らむと同時に、家族の一人ひとりが自分の部屋をもつことをものすごく願うようになりました。考えてみれば、これが核家族《かくかぞく》のスタートだったのでしょうが、人間は夢《ゆめ》が膨《ふく》らむにつれて一人になりたいという思いが強くなっていくようです。

また労働組合も、それまでのようにギスギスした闘争《とうそう》ばかりやっているのではなく、給料もどんどんベースアップしていくに違《ちが》いないというので、かなり穏《おだ》やかになっていきます。お話しましたように、政治的《せいじてき》には安保《あんぽ》改定といいますか、むしろA級戦犯《せんぱん》の岸《きし》さんが総理《そうり》大臣になって勝手なことをやろうとしていることに対する反感でもって闘争《とうそう》は起こったのですが、労働者と経営者《けいえいしゃ》の関係についてはずいぶんやわらかくなりだしたわけです。そんなふうにして企業《きぎょう》はぐんぐん発展《はってん》していく。その典型的《てんけいてき》な戦後企業《きぎょう》の具体的な例としてソニーとホンダについてお話してみたいと思います。

◆大衆消費《たいしゅうしょうひ》時代の到来《とうらい》——ソニーとホンダ

ソニーは昭和二十一年（一九四六）に発足《ほっそく》しまして、昭和三十三年（一九五八）までは東京通信工業と名乗っていました。スタート時は非常《ひじょう》に小さな会社でしたが、ご存《ぞん》じのように、井《い》深大《ぶかまさる》さんと盛田昭夫《もりたあきお》さんが、非常《ひじょう》にうまいコンビネーションで技術《ぎじゅつ》と経営《けいえい》の役割分担《やくわりぶんたん》をしていました。私《わたし》がよく覚えているのは、デンスケという四五キロもある大きなテープレコーダーです。昭和二十五年（一九五〇）に国産第一号を発売しましたが、これが十六万円と高かったんですね、半年で一台しか売れなかったそうです。その後どんどん研究を重ねてコストダウンし、軽量化し、学校を中心に少しずつ売れるようになっていきました。そうするうち、昭和二十九年（一九五四）、日本初のトランジスタラジオの試作に成功したのです。当時、テレビが売られはじめた頃《ころ》でしたが、ほとんどの人が高くて買えませんから、情報源《じょうほうげん》としてラジオが貴《き》重《ちょう》でした。そこに小さなラジオを開発したものですから、よく売れた、たいへん成功したのです。

　この技術《ぎじゅつ》は、アメリカのウエスタン・エレクトリック社から導入《どうにゅう》しまして、そのパテント（特許《とっきょ》）料が九百万円と当時としてはものすごく高かったんですね。私《わたし》が文藝春秋《ぶんげいしゅんじゅう》に入った年の月給が一万二千円、一年たった二十九年が一万三千円に上がったという時の九百万円でした。通産省は、「こんな小さな会社が莫大《ばくだい》な特許料《とっきょりょう》を払《はら》うのは無謀《むぼう》だ」と許可《きょか》しませんでした。それならばと融資《ゆうし》を頼《たの》んだ三井銀行も「トランジスタというのは真空管の代用品なんでしょう。そんなに高いはずないいんじゃないんですか」と馬鹿にしてはじめは取り合わなかったそうです。事実、アメリカではトランジスタはわずかに補聴器《ほちょうき》に利用していたそうで、ラジオに生かすなんてことは考えませんでした。そこにソニーが目をつけたのです。よき発想の勝利です。井深《いぶか》さんは言ったといいます。

「補聴器《ほちょうき》のような市場規模《きぼ》の小さいものでは意味がない。やるからには誰《だれ》でも買ってくれる大衆製品《たいしゅうせいひん》にしよう。それならラジオだ」

こうしてラジオに全力を注いだのが大成功し、後のソニーの基盤《きばん》になりました。これを見ても、すでに昭和二十年代の終わり、莫大《ばくだい》なパテント料を払《はら》っても「大丈夫《だいじょうぶ》だ、日本人の購買《こうばい》力《りょく》はこれからどんどん増《ふ》えるんだ」という自信があったわけなんですね。

もう一つはホンダです。本田技術《ほんだぎじゅつ》研究所として昭和二十一年（一九四六）に設立《せつりつ》、ごくごく小さな町工場で自転車に小型《こがた》エンジンをつけてバタバタと走り出したようなものを造《つく》っていた。社長の本田宗一郎《ほんだそういちろう》、専務《せんむ》の藤沢武夫《ふじさわたけお》が、これも技術《ぎじゅつ》と経営《けいえい》のコンビネーションよろしく、次々と技術《ぎじゅつ》改良し、本格的《ほんかくてき》なオートバイへと進んでいったのです。昭和二十四年（一九四九）には二サイクル、九八ＣＣのオートバイ「ドリーム号」（私《わたし》オートバイのことはまったく知りませんので資料《しりょう》を写してきただけですが、一台十八万円もしたそうです）、当時これは欲《ほ》しい人にはものすごく欲《ほ》しいものだったようです。さらに昭和二十七年（一九五二）には四サイクルエンジンを取りつけた「白いタンクに赤いエンジン」の「カブ号」（もちろん、私《わたし》は存《ぞん》じませんが）を発売して大当たりし、いよいよ昭和三十八年（一九六三）には四輪車に進出するという発展《はってん》ぶりでした。

じつは昭和二十七年、ホンダは資本金《しほんきん》がわずか六百万円の時に、量産工場をつくるため、アメリカ、ドイツ、スイスなどから工作機械を四億五千万円というものすごい値段《ねだん》で購入《こうにゅう》しています。社長がいくらオートバイ狂《きょう》とはいえ、もし成功しなかったらどうするんだ、と周囲《しゅうい》が危《あや》ぶんだそうですが、本田《ほんだ》さんはこう答えたといいます。

「会社はつぶれても機械は残る。誰《だれ》かが使うから、日本のためになる」

これが本田《ほんだ》社長のいいところだと思いますし、成功の原点です。昭和三十年の秋でしたか、私《わたし》は本田《ほんだ》社長に談話筆記で会社経営《けいえい》の苦労話をお願いしたことがあります。快諾《かいだく》してくれまして、本田《ほんだ》さんが喋《しゃべ》ったのを私《わたし》が「バタバタ暮《く》らしのアロハの社長」という記事にして「文藝《ぶんげい》春秋《しゅんじゅう》」に載《の》りました。これを本田《ほんだ》さんが喜《よろこ》んでくれましてね、藤沢《ふじさわ》さんと一緒《いっしょ》に神楽坂《かぐらざか》でご馳走《ちそう》になったんです。神楽坂浮子《かぐらざかうきこ》さんという流行歌手兼《けん》芸者さんがいたりして非常《ひじょう》に楽しい夜だったのですが、その時、本田《ほんだ》さんに言われたんです。

「何かお礼を差し上げたいのだが、お金というわけにもいかないから、うちの株《かぶ》を少々もらってもらいましょうか。今は安いけれど、きっとものすごく高くなるから是非《ぜひ》」

私《わたし》は株《かぶ》なんて興味《きょうみ》ありませんから、お断《ことわ》りしました。それがずいぶん後にあるパーティでお会いしてこう言われました。「あの時、あんたが断《ことわ》ったから今さらあげるわけにはいかないけれど、うちの株《かぶ》はあれから数百倍になったんだよ」と。当時ホンダはボーナスが出せないので株券《かぶけん》を社員に渡《わた》していたそうで、男の社員は酒を飲むためか何かですぐ売っちゃうんだけど、それを買ったり、一切《いっさい》売らないでため込《こ》んできた女性《じょせい》社員のなかには、今や億万長者が何人もいるんだ、などと聞かされた覚えがありまして、ああ、あの時に株《かぶ》をもらっておけば今ごろ……

なんて思いもするわけであります。

　ともかく、会社はつぶれても機械は日本人の誰《だれ》かが使うのだから日本のためになる、という言葉がたいへん印象《いんしょう》に残っています。

◆日本の風景が変わった

　ソニーとホンダを例にあげましたが、いずれにしろ新技術《ぎじゅつ》をどんどん導入《どうにゅう》し、それによって新製品《しんせいひん》を開発していく、これは他の会社にもいえることで、戦後の日本企業《きぎょう》の経営戦略《けいえいせんりゃく》の基本姿勢《きほんしせい》です。同時に、懸命《けんめい》な努力をして国民が喜《よろこ》ぶように軽量化、コストダウンし、それが量産化を実現《じつげん》する。するとまたそれが大量消費《しょうひ》をもたらし、各企業《きぎょう》がぐんぐん成長していったのです。戦前に創業《そうぎょう》の松下《まつした》電器、シャープ（当時は早川《はやかわ》電機といいました）、それに戦後創《そう》業《ぎょう》のサンヨー（三洋《さんよう》電機）などがぐんぐん力をつけ、また戦前からの大企業《だいきぎょう》である日立《ひたち》、東《とう》芝《しば》、三菱《みつびし》電機がさらに追いかけ、いずれもあれよという間に大きく発展《はってん》していきました。要するに、そういった土台があったところに政府《せいふ》が積極的にこれを支援《しえん》するかたちになったので、この後昭和三十四年（一九五九）から三十六年、三十七年へと嵐《あらし》か疾風《しっぷう》のように続く高度成長がスタートし、日本の国力が目を見張《みは》るくらい伸《の》びていったわけです。

　またその結果、オートバイだのさまざまな製品《せいひん》の基本《きほん》になる鉄の産業がこれもどしどし大きくなります。そしてそのために日本の国はすっかり様相を変えていきます。どういうことかと言いますと、東海道、つまり太平洋の海岸線に、鉄鋼《てっこう》、次に石油のでかい工場がにょきにょきできたのです。北九州に製鉄所《せいてつじょ》があった八幡製鉄《やはたせいてつ》は、堺《さかい》と君津《きみつ》にも工場をつくりました。さらに富士製鉄《ふじせいてつ》は名古屋と鶴崎《つるさき》に、川崎製鉄《かわさきせいてつ》は水島《みずしま》に、住友金属《すみともきんぞく》は和歌山と鹿島《かしま》に、日本鋼管《こうかん》は福山と扇島《おうぎしま》に、神戸製鋼《せいこう》は加古川《かこがわ》に……とまあ、バブル崩壊《ほうかい》後の不況《ふきょう》でお閉《し》めになるところもあったでしょうが、現在《げんざい》も東海道・山陽新幹線《しんかんせん》に乗れば見ることのできる製鉄所《せいてつじょ》がこの時代にだーっとできたのです。

石油というのは、石油精製《せいせい》と石油化学コンビナートです。出光《いでみつ》の徳山《とくやま》、三井《みつい》の岩国《いわくに》と五井《ごい》、住友《すみとも》の新居浜《にいはま》と広島、三菱《みつびし》の水島《みずしま》と四日市《よっかいち》、日石《にっせき》の根岸《ねぎし》と川崎《かわさき》。今ではなんでもなく昔からそこにあるような工場が、この頃《ころ》にできたんですね。なぜその場所かと言いますと、原料を海外に頼《たよ》っているため、大型専用船《おおがたせんようせん》で持ってくるには海岸線が便利だし、需要地《じゅようち》と近く輸送《ゆそう》コストを引き下げることも可能《かのう》でした。こうして、日本の昔からの自然はかろうじて日本海側に少し残りましたが、太平洋沿岸《えんがん》はほとんど様相を変え、今日見る新しい日本の風景ができあがってしまったのです。

こうなってくると、何よりも労働力がありません。日本ではたくさんの人が戦死し、空襲《くうしゅう》で亡《な》くなりましたから、労働を担《にな》う人材が減《へ》っているわけです。そこでまず目をつけられたのが、中学を卒業した人たちです。会社がこれをどんどん引《ひ》っ張《ぱ》るものの、いややっぱり高校へ行きたいという人が増《ふ》えてくると、今度は高校卒業の人を引《ひ》っ張《ぱ》る、このように昭和三十六年（一九六一）あたりから中卒、高卒の人が珍重《ちんちょう》されたのを「金の卵《たまご》」と言いまして、加藤芳郎《かとうよしろう》さんが漫画《まんが》「まっぴら君」（昭和三十九年二月二十四日付）でも象徴的《しょうちょうてき》に描《か》いています。私《わたし》が社会に出た昭和二十八年（一九五三）から昭和三十年頃《ごろ》まではたいへんな就職難《しゅうしょくなん》だったのに、その後はそれどころじゃない、求人のほうが増《ふ》えたんです。

同時に、田舎《いなか》のお父さんたちも都会へ出稼《でかせ》ぎに出て働くようになります。そのために昭和三十年代の後半あたりから、地方の農家は衰微《すいび》していき、残ったじいちゃん、ばあちゃん、かあちゃんの「三ちゃん農業」が主になりました。このへんから日本の産業は変貌《へんぼう》していったといいますか、農業体質《たいしつ》を薄《うす》め、工業国家（一気にというわけではありませんが）への道を歩みは

当時、引っ張りだこだった「金の卵」を描く加藤芳郎さんの「まっぴら君」

じめたわけです。そのくらい日本人はよく働きました。

さあ、するといつまでもヒーヒーいっている敗戦国というわけにはいきません、国際的《こくさいてき》にも「あの国の力を世界的に使ってもらおうじゃないか」ということで、日本は昭和三十九年（一九六四）、ＩＭＦ（国際《こくさい》通貨基金《ききん》）の八条国《じょうこく》（国際収支《こくさいしゅうし》の赤字対策《たいさく》などを理由に為替《かわせ》取引を制限《せいげん》しないことを約束する。貿易《ぼうえき》・為替《かわせ》の自由化が推進《すいしん》される）に入ります。続いて同年、先進国としてＯＥＣＤ（経済《けいざい》開発協力機構《きこう》）に加盟《かめい》しました。競争力をつけた日本は、国際経済《こくさいけいざい》の仲間入りをし、自由な貿易《ぼうえき》関係を回復《かいふく》すべきであるというところまできたわけです。現在《げんざい》も、日本がまだ中国にＯＤＡ（途上国援助《とじょうこくえんじょ》）を出す必要があるのか、などと議論《ぎろん》されていますが、そういった話もこの時にはじまったのです。そして九月七日には、実に百二カ国、千八百人が参加して東京でＩＭＦ・世界銀行東京総会《そうかい》が開かれました。こんな華々《はなばな》しい催《もよお》しを当時の日本がやったのか、と今でも驚《おどろ》くような感じですが、事実、池田首相《いけだしゅしょう》がそこで歓迎《かんげい》の大演説《だいえんぜつ》をしました。その中で今でも印象深《いんしょうぶか》く、多くの人が記憶《きおく》している言葉に次のようなものがあります。

「所得倍増《しょとくばいぞう》計画は国民に自覚と自信を与《あた》えた」

これ、まったくその通りだと思います。

「戦後十九年の高度成長で日本の国民所得《しょとく》は西欧水準《せいおうすいじゅん》に接近《せっきん》しつつある」

しつつある、でなく、すでに到達《とうたつ》していました。

「戦前八十年でできなかったことを戦後は二十年でやろうとしているが、これを可能《かのう》にしたのは国民の努力と国際協力《こくさい》である」

とまあ、他国にも華《はな》をもたせて池田《いけだ》さんは胸《むね》を張《は》ったのです。こうして敗戦国日本はいっぺんに、国民の自覚においては「大国」になっちゃったのです。続いて十月一日には東海道新幹《しんかん》線《せん》が開業し、時速二〇〇キロのひかり号が東京―新大阪間を四時間で走りました。そして十月十日、東京オリンピックが開幕《かいまく》します。念のため申しますと、昭和三十年（一九五五）にミュンヘンでのＩＯＣ（国際《こくさい》オリンピック委員会）で、次のオリンピックは東京でと決定していました。ですから、それを目標に東京改造《かいぞう》がはじまっていたのが見事に花開いたというわけです。まさに戦後ニッポンが世界的に名乗りを上げ、実力を世界に示《しめ》したのがこの年で、ひとつのエポック・メイキングと言えるでしょう。

実はここまでは今日のお話の大雑把《おおざっぱ》な概要《がいよう》でありまして、以下、この時期の国内外のトピックを取り上げながら、日本の発展《はってん》を、世界の情勢《じょうせい》も絡《から》めて示《しめ》していきたいと思います。

◆神武《じんむ》景気でマネービルが建つ

「もはや戦後ではない」というフレーズは昭和三十一年（一九五六）でしたが、文学の世界ではその言葉通り、まさに「もはや戦後ではない」時代になっていました。戦後文学はまことに暗く、重く、自分たちの怨念《おんねん》と悲惨《ひさん》さと情《なさ》けなさばかり描《えが》かれていたのがこの年、そんなものとはまったく無縁《むえん》の途轍《とてつ》もない小説が登場してきました。世間はアッと驚《おどろ》きました。まさに新時代の開幕《かいまく》です。ご存《ぞん》じ、「文藝春秋《ぶんげいしゅんじゅう》」一月号に芥川賞《あくたがわしょう》作品として発表された石原慎太郎《いしはらしんたろう》さんの「太陽の季節」です。私《わたし》はこの時、その編集部《へんしゅうぶ》におりましたので非常《ひじょう》によく覚えていますが、前年十一月の選考会ではかつてない大激論《だいげきろん》が交《か》わされました。でかい声を出す人も出て、端《はし》でお手伝いをしながら聞いていた私《わたし》など「ヒェー、こんなに本気になって」と驚《おどろ》くほど作家たちがまともにやり合っていました。この作品を推《お》すのが舟橋聖一《ふなばしせいいち》さんと石川達三《いしかわたつぞう》さん、「こんなものは絶対《ぜったい》に認《みと》めない」と主張《しゅちょう》していたのが佐藤春夫《さとうはるお》さん、宇野浩二《うのこうじ》さん、丹羽文雄《にわふみお》さんでした。間に立って、しぶしぶ支持《しじ》しているのかなあというのが中村光夫《なかむらみつお》さんと井上靖《いのうえやすし》さん、どっちつかずで発言しなかったのが川端康成《かわばたやすなり》さんと瀧井孝作《たきいこうさく》さんでした。論争《ろんそう》の骨子《こっし》を再現《さいげん》しますと、佐藤春夫《さとうはるお》さんが言います。

「この作者の鋭敏《えいびん》げな時代感覚はジャーナリストや興行《こうぎょう》者の域《いき》を出ていない。決して文学者のものではないと思っている。また、この作品の美的節度の欠如《けつじょ》を見て最も嫌悪《けんお》を禁《きん》じ得《え》なかった」

文学ではなくて興行《こうぎょう》ですから、今でいうパフォーマンスといいますか、見世物といいますか。また「美的節度」云々《うんぬん》に関しては、例の障子破《しょうじやぶ》り、いや、ご存《ぞん》じの方はご存《ぞん》じであるということにしておきます。それに舟橋聖一《ふなばしせいいち》さんが反論《はんろん》します。

「若《わか》い作者が世間の目を恐《おそ》れず、素直《すなお》に生き生きと〝快楽《かいらく》〟に対決し、その実感を容赦《ようしゃ》なく描《えが》き上げた肯定的《こうていてき》積極さが実にいい。また、この作者の描《えが》く快楽《かいらく》は、戦後の無頼《ぶらい》とは異質《いしつ》的、節度のあるものだ」

かたや節度がないと言い、かたや節度があると言う。いつまでやり合っても終わらないんですよ。そんな時、佐藤春夫《さとうはるお》さんの弟子格《でしかく》である井上靖《いのうえやすし》さんが口を開きます。

「佐藤《さとう》先生のおっしゃるほど、悪い作品ではないと思いますよ」

これが決定的になったんです。佐藤《さとう》さんはむっとしたような顔でしばらく黙《だま》っていたのですが、「君がそう認《みと》めるのか」という感じになると、中間派《ちゅうかんは》だった川端《かわばた》さんも賛成《さんせい》に回り、やがて佐藤《さとう》さんと宇野《うの》さんは無言の行となって、結局当選が決まったのです。この作品は結果的に、文壇《ぶんだん》だけでなく社会的な事件《じけん》ともなり、多くの人に知られまして、風俗《ふうぞく》としては「太陽族[*1]」なるものまで生みました。ジメジメした暗い戦後文学といったものが吹《ふ》っ飛《と》んでしまう。〝節度のない〟、と言っちゃあ石原《いしはら》さんに怒《おこ》られますが、まあそういう作品が芥川賞《あくたがわしょう》となった、そのことがまさに新時代的であったとも言えるんじゃないでしょうか。ついでに、この作品が映画化《えいがか》されて、慎太郎《しんたろう》の弟の石原裕次郎《いしはらゆうじろう》がデビューし、銀幕《ぎんまく》の大スターが誕生《たんじょう》する、というおまけもありました。

同じようなことが、昭和三十二年から三十三年にかけての開高健《かいこうたけし》さんと大江健三郎《おおえけんざぶろう》さんとの一騎打《いっきう》ちにも起こります。開高《かいこう》さんの「裸《はだか》の王様」を支持《しじ》するのが中村光夫《なかむらみつお》、石川達三《いしかわたつぞう》、佐藤《さとう》春夫《はるお》、丹羽文雄《にわふみお》の各氏、大江《おおえ》さんの「死者の奢《おご》り」を推《お》すのが川端康成《かわばたやすなり》、井上靖《いのうえやすし》、舟橋聖一《ふなばしせいいち》――佐藤《さとう》さんと舟橋《ふなばし》さんは文学観がまったく違《ちが》うようですね――の各氏で、これまたどちらも譲《ゆず》らないんです。結果的には開高《かいこう》さんが受賞《じゅしょう》しましたが、この時は落選した大江《おおえ》さんも後にすぐ受賞《じゅしょう》しました。

いずれにしろ、長老方が、大江《おおえ》さんのように当時は大学生だったり、石原《いしはら》さんのように大学を卒業したばかりの若《わか》い人たちの作品を題材に真《ま》っ向《こう》からやり合ったんですよ。文学の世界では滅多《めった》にないことで、それはそれは華々《はなばな》しく面白《おもしろ》かったのです。これが日本の文学を勇気づけ活気を与《あた》えたといいますか、それまでのメソメソしたような文学から、ハツラツと明るい方へと移《うつ》っていきました。「もはや戦後ではない」の言葉とともに景気のうえでも賑《にぎ》やかになり、生活も豊《ゆた》かになった状況《じょうきょう》が、「太陽の季節」や「裸《はだか》の王様」（抑圧《よくあつ》された金持ちの子供《こども》が画塾《がじゅく》に通い、自然と接《せっ》するうちに、想像《そうぞう》や表現《ひょうげん》のエネルギーを取《と》り戻《もど》します）などの作品にも表れたんでしょうね。

当時、日本は神武天皇《じんむてんのう》以来の好景気だというので「神武《じんむ》景気」と呼《よ》ばれました。ちょうどそんな時、世界では昭和三十一年（一九五六）十月にスエズ動乱《どうらん》が起こります。かつてイギリスが管理していて戦後はエジプトが管理するようになったスエズ運河《うんが》を、ナセル大統領《だいとうりょう》が「エジプト国有にする」と言い出すや、「とんでもない」と世界的な反感が起こります。とりわけ反発したイスラエルが——前に話しましたようにあんなところに建国したからものすごく影響《えいきょう》が大きいのですが——電撃的《でんげきてき》にエジプトに攻《せ》め入《い》ったのです。これが世界を揺《ゆ》るがし、「文藝春秋《ぶんげいしゅんじゅう》」もただちに臨時増刊号《りんじぞうかんごう》を出して大いに働かされた覚えがあります。朝鮮《ちょうせん》戦争がそうであったように、スエズ動乱《どうらん》も日本経済《けいざい》にとっては「第二の神風《かみかぜ》」になりました。すでにかなり景気がよくなった時期の世界的動乱《どうらん》、しかも遥《はる》か遠い場所ですから直接的《ちょくせつてき》には被害《ひがい》も受けません。たいへんな儲《もう》けを生み、好景気にさらに弾《はず》みがついたのです。

まったく戦争というのはいつの時代でも儲《もう》かるのです。新聞雑誌《ざっし》もそうです。だから変なことを考えるやつが絶《た》えないのです。ともかく日本では、スエズ動乱《どうらん》直後の兜町《かぶとちょう》の東証《とうしょう》ダウ平《へい》均株価《きんかぶか》が五百円を突破《とっぱ》しました。これに乗じた人もたくさんいて、日興証券《にっこうしょうけん》が言い出した「マネービル」という言葉がはやり、素人《しろうと》までが株《かぶ》に手を出す大衆投資《たいしゅうとうし》時代が到来《とうらい》したのです。さっきも申しましたが、私《わたし》は株《かぶ》にはまったく詳《くわ》しくありません。残念ながらノー・タッチです。されど「マネービル」という言葉だけはしっかりと覚えております。

◆三種の神器でよろめいて

翌《よく》昭和三十二年（一九五七）、映画館《えいがかん》では画面が横にワイド化した「シネスコ」が現《あらわ》れます。それまでチャンバラ禁止令《きんしれい》でアメリカに抑《おさ》えられていた剣豪《けんごう》たちが続々と画面の上で活躍《かつやく》します。同時に「三人娘《むすめ》」――美空《みそら》ひばり、江利《えり》チエミ、雪村《ゆきむら》いづみ――が華《はな》やかに登場し、大画面にのべつやたらに並《なら》んで出てくるのです。これまたシネスコに合うんですよね。また、〝カリプソ娘《むすめ》〟――なんでそういうのか知りませんが――浜村美智子《はまむらみちこ》さんがひょろひょろっと出てきて「デーオ・イデデ・イデデ・イデデ・オ」と歌います。かと思うと、男が女の格好《かっこう》をした

〝シスター・ボーイ〟丸山明宏《まるやまあきひろ》さんが（今の美輪明宏《みわあきひろ》さんですね）、「メケメケ　バカヤロウー情《じょう》なしのケチンボ」とやるわけです。まあこういう歌がやたらはやったんですよ。

またあの頃《ころ》、「よろめき」というのがよく言われました。日本人は変わり身が早いというのか、少し裕福《ゆうふく》になるとたちまちこうなっちゃうんですね。昭和三十年代以降《いこう》、企業《きぎょう》が大衆《たいしゅう》向けにさまざまな便利な商品を開発し、電化ブームが起こります。テレビ、電気洗濯機《せんたくき》、電気冷蔵庫《れいぞうこ》の「三種の神器」で家事から解放《かいほう》された主婦《しゅふ》たちが、大当たりした三島由紀夫《みしまゆきお》さんの小説『美徳のよろめき』のようになったと言いますか……。また自動炊飯器《すいはんき》、電気掃除機《そうじき》、より小さくなったトランジスタラジオなど、耐久消費財《たいきゅうしょうひざい》が登場してきました。

文学では、これは三十三年ですが、松本清張《まつもとせいちょう》さんの『点と線』[*2]が話題となり、清張《せいちょう》ブームが起こります。この頃《ころ》から日本のミステリが本格《ほんかく》路線をゆくようになり、「日本の推理《すいり》小説は清《せい》張《ちょう》にはじまる」とも言われました。というのは、それまでの日本の探偵《たんてい》小説は犯人探《はんにんさが》しばかりでしたが、清張《せいちょう》さんの作品は、普通《ふつう》の人間が罪《つみ》を犯《おか》さざるを得《え》なくなる社会的な背景《はいけい》を描《えが》き、誰《だれ》しもの身の回りに起こりうる犯罪《はんざい》を題材にしたからです。また、人間がしっかり書かれています。犯罪《はんざい》の動機がまことに一般的《いっぱんてき》で、読者のだれもが身につまされるんです。それをまた、地味な刑事《けいじ》が靴《くつ》をすり減《へ》らしてふうふう言いながら追う、現実的《げんじつてき》なんです。ほんとうに現代的《げんだいてき》なんです。そういった社会派《しゃかいは》の推理《すいり》小説がはやったのです。

外に目を向ければ、三十二年、ソ連は十月四日に人工衛星《えいせい》スプートニク一号を打ち上げました。それまで冷戦は、もっぱら核兵器《かくへいき》の競争でした。戦争中から核爆弾《かくばくだん》をつくっていたアメリカに対し、戦後に核実験《かくじっけん》をして競争をはじめたソ連が、いきなり「宇宙《うちゅう》」というものに手を出したのです。いつから目をつけはじめたのか、なかなか問題なのですが、終戦後、アメリカがドイツからロケット科学者たちを連れ帰ったのに対し、ソ連は図面や設計図《せっけいず》を持ち帰りました。そして共に宇宙《うちゅう》に関する研究をはじめたのですが、結局は人間でなく、図面や設計図《せっけいず》などの資《し》料《りょう》を徹底的《てっていてき》に研究したソ連が先んじたわけです。面白《おもしろ》いもんですねえ。

スプートニクは重量八三・六キロ、これを宇宙《うちゅう》に打ち上げたというのですから「そんなに重いものが上がるわけない、八キロの間違《まちが》いではないか？」と世界じゅうが驚《おどろ》き、アメリカは悔《くや》しまぎれに、「スプートニクの軍事的影響《えいきょう》はゼロである。宇宙《うちゅう》にロケットが上がったからといって、純軍事的《じゅんぐんじてき》な意味においての東西のバランスはなんら変化はない」、とは言ったものの実は顔面蒼白《そうはく》、その後シャカリキになって宇宙《うちゅう》研究に取り組むようになりました。

そういったなかで十一月十八日、モスクワで六十四カ国共産党《きょうさんとう》・労働者党《ろうどうしゃとう》代表会議が行なわれた際《さい》、中国の毛沢東《もうたくとう》国家主席のぶった大演説《だいえんぜつ》が、私《わたし》たちにも非常《ひじょう》に印象的《いんしょうてき》でした。

「アメリカ帝国主義《ていこくしゅぎ》は、原子爆弾《ばくだん》をもってはいるが、いずれ倒《たお》れる張《は》り子《こ》の虎《とら》である」

以後、〝アメリカ帝国主義《ていこくしゅぎ》は張《は》り子《こ》の虎《とら》〟というのがはやりまして、さらに、

「世界にはいま、東風と西風の二つの風が吹《ふ》いているが、やがて東風が西風を圧倒《あっとう》するであろ

う」

共産圏《きょうさんけん》の社会主義《しゅぎ》国家が、資本主義《しほんしゅぎ》国家アメリカを圧倒《あっとう》するであろう――見事に宇宙《うちゅう》時代到来《とうらい》の先陣《せんじん》を切ったソ連のほうが、アメリカより一歩も二歩も三歩も先を進んでいるという自信の表れでした。以後、冷戦がさらに厳《きび》しくなっていくなかで、日本はどちらにも関係ないような顔でのほほんとして、せっせと働いていました。

◆ダンチ族はエリート族

年が明けて昭和三十三年（一九五八）。日本の風俗《ふうぞく》をさらに見ていくと、ロカビリー旋風《せんぷう》です。今でも記憶《きおく》に残るのが、渋沢財閥《しぶさわざいばつ》の端《はし》っこにいた軽妙《けいみょう》な筆致《ひっち》のエッセイスト、渋沢秀雄《しぶさわひでお》さんと一緒《いっしょ》にコンサートに行って原稿《げんこう》を書いてもらったことです。それが傑作《けっさく》で、

「ギターを弾《ひ》きながら歌う歌手は、みな昔の車屋さんのハッピみたいな細ズボンで、両足をひろく開き、上半身を左右にクネらせ、背中《せなか》のカユいような恰好《かっこう》をしながら、全身を小刻《こきざ》みにケイレンさせ、いや、全身これ貧乏《びんぼう》ユスリという感じであった。……」

まことこの「全身貧乏《びんぼう》ゆすり」で平尾昌晃《ひらおまさあき》やら山下敬二郎《やましたけいじろう》やらが日劇《にちげき》の舞台《ぶたい》に立って……まあ、なんともかんとも申しかねる時代が来たんだなァと思いましたけど。

この年の生活といいますと、昭和三十年に発足《ほっそく》した日本住宅公団《じゅうたくこうだん》による公団住宅《こうだんじゅうたく》ができはじめます。今では公団住宅《こうだんじゅうたく》というと長屋《ながや》のようなイメージがありますが、当時は高嶺《たかね》の花《はな》で、

ぼこ、ぼこ、と日当たりのいいところに建つじゃありませんか、入れるなんて夢《ゆめ》のまた夢《ゆめ》のような話でした。家賃《やちん》は2ＬＤＫで三千五百円から四千八百円、申《もう》し込《こ》み資格《しかく》は平均月収《へいきんげっしゅう》二万五千円以上（所帯用）。念のために申しますと、当時の国家公務員《こうむいん》の上級職《じょうきゅうしょく》の初任給《しょにんきゅう》は九千二百円でした。この時はやった「ダンチ族」という言葉を命名した「週刊《しゅうかん》朝日」の七月二十日号の調査《ちょうさ》結果によると、三十代の夫婦《ふうふ》、子供《こども》は一人か二人の核家族《かくかぞく》で、月収《げっしゅう》が二〜三万円、「電気洗濯機《せんたくき》が二軒《けん》に一台、電気冷蔵庫《れいぞうこ》は七軒《けん》に一台、電気釜《でんきがま》は三軒《けん》に一台……」あったということです。ダンチ族は当時、ものすごいエリートだったのです。

そして八月、日清《にっしん》食品の初のインスタントラーメン「チキンラーメン」が発売されました。一袋《ふくろ》三十五円、熱湯をかけて二分後に食べられるというので、爆発的《ばくはつてき》に売れました。今でも覚えていますが、私《わたし》の編集部《へんしゅうぶ》でも、記者なんか夜遅《よるおそ》くなると、食べるものがなくなってこればっかり食ってましたねえ。

十月にはフラフープが売り出されます。腰《こし》のところでくるくる回すんですが、「ウエストが細くなり、お年寄《としよ》りなら曲がった腰《こし》が伸《の》びます」の宣伝文句《せんでんもんく》はウソのこんこんちき？

ところで今、何か昭和三十年代ブームのようなものがあって、大いに懐《なつ》かしがられている。東京タワーができる昭和三十三年あたりを扱《あつか》った『オールウェイズ』*3という映画《えいが》も人気を集めているそうですが、あの頃《ころ》の生活といえば、ダンチ族で電気洗濯機《せんたくき》が二軒《けん》に一台、電気冷蔵庫《れいぞうこ》は七軒《けん》に一台、電気釜《でんきがま》は三軒《けん》に一台ですから、行《い》き渡《わた》ったわけではないにしろ、基本的《きほんてき》には日常《にちじょう》生活の一番大事なものとしてそれらがわれらが家に存在《そんざい》しはじめていたわけです。つまり、今私《わたし》たちの日常《にちじょう》生活で使っているほとんどの器具は、昭和三十三、三十四年くらいにだいたいそろったんですね。極端《きょくたん》な言い方をすると、このころにあの貧《まず》しかった戦後生活がパァッと様変わりしちゃったんじゃないか。いまの私《わたし》たちの日常《にちじょう》生活のスタートはまさにこのころに切られた。昭和二十年からのあの飢餓《きが》と貧《まず》しかった生活とは連続しないで、ここでスパッと切り換《か》わり、新しい戦後がはじまった、と私《わたし》なんか非常《ひじょう》に強く感じるのです。

今、「昭和」を懐《なつ》かしがっている若《わか》い人たちは自分たちの今の生活の原点をそこに見ている。電気釜《でんきがま》や冷蔵庫《れいぞうこ》の古い型《かた》を見て、ああ今使っているあれこれは、この時代はこんなにチャチだったのか、と。私《わたし》たち戦前を知っているロートルたちには、昭和三十年代の暮《く》らしなど懐《なつ》かしくもなんともありませんが、若《わか》い人たちの話を聞いていると、そこに自分たちの生活の原点を見出《みいだ》して素晴《すば》らしい、懐《なつ》かしいと思っているようにも見えるわけです。日本人の（意識《いしき》じゃありませんよ）生活としては昭和二十年代の戦後史《せんごし》とはここでいったん切れて、昭和三十年代以後の戦後史《せんごし》がはじまった。いや、それこそが「戦後」なんですね。と考えると、今ああいった映画《えいが》がはやっている理由がよくわかるのです。

ではその時、なくなったのは何か。戦前から昭和二十年代までの日常《にちじょう》生活品です。ちゃぶ台、たらい、火鉢《ひばち》、アンカ、柱時計、蚊帳《かや》、蠅《はえ》たたき、家の外に置いてあったゴミ箱、そして縁側《えんがわ》……私《わたし》たちロートルにとっては一番懐《なつ》かしく、これぞ戦後じゃないかというものがすべて消えたのです。代わってこれらとは縁《えん》がない今の若《わか》い人たちが、その目で間違《まちが》いなく見てきた、電気冷蔵庫《れいぞうこ》、電気洗濯機《せんたくき》、電気釜《でんきがま》という近代文明が登場する。原点、言い換《いか》えれば自分たちのふるさとは、まさにこの時代にあるんですよ。苦闘《くとう》の戦後がここでひと区切りして新しい時代がはじまった。生活の基本《きほん》が変わると、さあ今度は意識《いしき》のうえでも新しさがやってきた。それはすなわち経済重視《けいざいじゅうし》、お金、お金で、「精神《せいしん》はどうでもよい」の時代であったかもしれません。

◆冷戦激化《げきか》、緊張《きんちょう》する世界

先を急いで昭和三十四年（一九五九）。海外の話になりますが、一月にキューバ革命《かくめい》が起きて、カストロが首相《しゅしょう》になります。これは世界の情勢《じょうせい》を理解《りかい》するために非常《ひじょう》に大きなことです。どこの国家でも一番のウィーク・ポイントとなるアキレス腱《けん》といいますか、突《つ》きつけられた匕《あい》首《くち》というようなものがあります。日本の場合それは朝鮮《ちょうせん》半島ですが、アメリカにとってはキューバ。そのキューバが革命《かくめい》によって独立国《どくりつこく》をつくったのです。最初、カストロ政権《せいけん》はアメリカ寄《よ》りだと思ってにこにこ応援《おうえん》していたアメリカは、あにはからんや、とんでもないと気づいて幻滅《げんめつ》し、「ヤツは共産主義者《しゅぎしゃ》ではない、ただのファシストだ」とガンガンやりはじめます。が、そんなものはへでもありません。堂々《どうどう》たる共産主義《しゅぎ》国家の誕生《たんじょう》であり、アメリカが常《つね》にノド元に匕首《あいくち》を突《つ》きつけられる事態《じたい》となる。世界史《せかいし》の大きな分岐点《ぶんきてん》ともなったといえます。

さらに九月十四日、ソ連は初の月ロケットを打ち上げ、見事到着《とうちゃく》に成功します。そして十五日、ソ連のフルシチョフ首相《しゅしょう》がアメリカを訪問《ほうもん》し、いいようにアメリカ国民をおちょくります。宇宙《うちゅう》の競争でどんどんリードしていますから、ざまみろという感じで言ったセリフが、

「われわれはあなた方を葬《ほうむ》るであろう」

宇宙《うちゅう》を制《せい》するものがこれからの世界を制《せい》すると大きな声で怒鳴《どな》った、そうアメリカは受け取ったのですが、実は「共産主義《しゅぎ》は資本主義《しほんしゅぎ》より長く生きるであろう、だからあなた方のお葬式《そうしき》を出してあげますよ」の意味だったそうです。しかし「オレたちはリードしているんだ、アメリカなどくそくらえ」と解釈《かいしゃく》したアイゼンハワー大統領《だいとうりょう》は、「何を言うかっ、クルックチョーフ君」、とやり返します。クルックには「ならず者」の意味があって、フルシチョフはカンカンに怒《おこ》りました。いずれにしろ、キューバ革命《かくめい》もありますし、米ソ関係はますます険悪化《けんあくか》、世界が緊張《きんちょう》してゆくのです。アメリカは負けまいと宇宙《うちゅう》開発はもちろん、軍事力強化にもより力を注ぐなか、いよいよケネディ大統領《だいとうりょう》が出てくるわけです。

◆ジャーナリズムに〝冬の季節〟

続いて昭和三十五年（一九六〇）です。日本では安保闘争《あんぽとうそう》の大動乱《だいどうらん》の年で、戦後の鬱屈《うっくつ》した時代の〝ガス抜《ぬ》き〟が終わったということは前回申しました。その年の九月、アメリカは原子力航空母艦《こうくうぼかん》エンタープライズをつくりました。ソ連は宇宙《うちゅう》であれこれやっているけれど、われわれはいずれ原子力潜水艦《せんすいかん》を建造《けんぞう》し水の底から姿《すがた》を見せずに核兵器《かくへいき》を撃《う》つようにするぞ、とい

う態度《たいど》を見せたのです。すでに引退《いんたい》しましたが、この空母は八万五千トンというものすごい大きさで、八基《き》の原子炉《げんしろ》で航行《こうこう》、最高速力は三六ノット、巡航《じゅんこう》速力三三ノットで十四万海里《かいり》を無寄港で走り回れるといいます。艦載機《かんさいき》は百機でした。昭和四十年（一九六五）、私《わたし》は米国東海岸の軍港ノーフォークで日本人としてはまさしく最初にこれに乗ったのですが、残念ながら、八基《き》の原子炉《げんしろ》は軍事的な大秘密《ひみつ》であるといって見せてくれませんでした。冷暖房完備《れいだんぼうかんび》だとか、いいところばかり見せられたわけです。そしてただただびっくりするばかりでした。

いっぽう日本では、ジャーナリストにとって非常《ひじょう》に大きな事件《じけん》が起きました。岸《きし》さんが辞《や》めて池田《いけだ》さんの新内閣《ないかく》が、国民に信任《しんにん》を問う選挙をするというので政治的闘《せいじてきたたか》いがはじまった直後でした。十月十二日、日比谷公会堂《ひびやこうかいどう》で与野党党首《よやとうとうしゅ》の演説会《えんぜつかい》が行なわれていたその会場で、社会《しゃかい》党《とう》の浅沼稲次郎《あさぬまいねじろう》委員長が演説《えんぜつ》の最中、突然壇上《とつぜんだんじょう》に上がってきた十七歳《さい》の右翼《うよく》青年、山口二矢《やまぐちおとや》に長い匕首《あいくち》で二度刺《さ》されて殺《ころ》されたのです。これはテレビで中継《ちゅうけい》されてたんですね。私《わたし》は「週刊《しゅうかん》文春」の編集部《へんしゅうぶ》で、テレビをつけたまま何か原稿《げんこう》を書いていました。浅沼《あさぬま》さんが「われわれ社会党《しゃかいとう》は……」なんてやっていると、いきなり刺《さ》されたのですから愕然《がくぜん》としました。

その後、少年鑑別所《かんべつしょ》で自殺《じさつ》した犯人《はんにん》をモデルにして大江健三郎《おおえけんざぶろう》さんが小説「セブンティーン」を書いて雑誌《ざっし》「文學界《ぶんがくかい》」に発表しますと、これが大問題になりました。「山口《やまぐち》君は英雄《えいゆう》なのだ、このような描《えが》きかたは許《ゆる》せない」と右翼《うよく》がどかどかと文藝春秋《ぶんげいしゅんじゅう》に乗《の》り込《こ》んできまして、公安の刑事《けいじ》立ち会いのもとで編集部《へんしゅうぶ》と大激論《だいげきろん》をやったんです。われわれは隣《となり》の部屋にいて、何かあったら飛《と》び込《こ》もう、と身構《みがま》えていました。後で聞くと、相手は激昂《げきこう》すると灰皿《はいざら》をつかんで投げる仕草をしたり、いきなり突《つ》き出《だ》してこちらの目の前でパッと止める。決して当てない。当たれば暴行《ぼうこう》の現行犯《げんこうはん》として警官《けいかん》がただちに取《と》り押《お》さえますからね。

そんなことがあってさらに十一月です。十日発売の「中央公論《こうろん》」十二月号に深沢七郎《ふかざわしちろう》さんの小説「風流夢譚《ふうりゅうむたん》」が載《の》りました。皇室《こうしつ》を、何と言いますか、誹謗《ひぼう》というか、馬鹿にしたというか、まあそういった内容《ないよう》で、当然のことながら右翼団体《うよくだんたい》が厳重抗議《げんじゅうこうぎ》します。そしてついに翌年《よくねん》の二月、中央公論社《こうろんしゃ》の社長宅《しゃちょうたく》に右翼《うよく》が強引《ごういん》に押《お》し入《い》る事件《じけん》が起き、社長はいませんでしたが、奥《おく》さんとお手伝いさんを襲《おそ》い、お手伝いさんが亡《な》くなってしまいました。

こうした言論《げんろん》機関への右翼《うよく》による猛烈《もうれつ》な抗議《こうぎ》が続くと、さすがに言論界《げんろんかい》も震撼《しんかん》し、各新聞雑《ざっ》誌社《ししゃ》などが加入する日本ジャーナリスト会議が声明を出します。

「今日の暴力《ぼうりょく》は言論《げんろん》機関に携《たずさ》わるすべてのものに加えられたテロであることを確認《かくにん》し、断《だん》固《こ》たる態度《たいど》で言論《げんろん》、表現《ひょうげん》の自由を守らねばならない」

まあ、その通りなんですが、こんな声明だけで大丈夫《だいじょうぶ》なのかいな、という、非常《ひじょう》に寒々しい思いを私《わたし》たちなどはもっていました。「文學界《ぶんがくかい》」も中央公論《こうろん》も陳謝状《ちんしゃじょう》を出して、やがて解決《かいけつ》はするのですが、それでも何カ月かの間、日本の言論界《げんろんかい》はまことに頼《たよ》りなく、情《なさ》けないくらいにシュリンクしたといいますか、私《わたし》たち編集者《へんしゅうしゃ》も荒涼《こうりょう》たる気分で元気がなくなっていたのです。字義《じぎ》どおり〝冬の季節〟でした。

安保騒動《あんぽそうどう》に続いてそういうことがあったわけで、騒動《そうどう》の後に池田内閣《いけだないかく》が発足《ほっそく》してたちまち高度成長に入り、日本中がわっさわっさと急に元気になったというわけではなく、まさにいろんなことがあったことを記憶《きおく》にとどめておいてほしいと思うのです。こういう冬の時代がいつ来ないとも限《かぎ》らないのですから。昭和六十二年（一九八七）五月三日の憲法《けんぽう》記念日、朝日新聞の阪神支局《はんしんしきょく》が襲《おそ》われて記者の方が亡《な》くなった事件《じけん》も、今もって犯人《はんにん》が捕《つか》まりません。暴力《ぼうりょく》のもとにジャーナリズムは必ずしも強くないのです。戦前、軍の暴力《ぼうりょく》のもとにジャーナリズムがまったく弱かったのと同様で、それは残念ながら、しっかりと認識《にんしき》しておかなくてはいけません。表現《ひょうげん》の自由を断固《だんこ》たる態度《たいど》で守らねばならないというのはその通りですが、断固《だんこ》たる態度《たいど》を必ずしもとれないところがジャーナリズムにはある、それは反省と言いますか、情《なさ》けないくらいの私《わたし》の現実認識《げんじつにんしき》でもあるのです。

◆わかっちゃいるけど無責任《むせきにん》時代

さて昭和三十六年（一九六一）です。一月、ケネディがアメリカ大統領《だいとうりょう》に就任《しゅうにん》し、かの名《めい》演説《えんぜつ》を行ないます。英語で聴《き》いていても「なんだかいいことを言ってるなあ」と、わかったわけじゃないのに感心していましたが、後で翻訳《ほんやく》を見るとやはり名文でしたねえ。

「同胞《どうほう》のアメリカ国民諸君《しょくん》、国が何をしてくれるかではなく、国のために自分が何をできるかを問うてもらいたい。世界の同胞諸君《どうほうしょくん》、アメリカが何をしてくれるかではなく、人類の

アメリカの第35代大統領ジョン・F・ケネディ（1917 - 1963）は就任の名演説の2年10カ月後、銃弾に倒れた

ため、みんなで何ができるかを問うてもらいたい」

これはなかなかいい言葉でねえ、私《わたし》たちはいつだってそうでなきゃいけないと思うのです。してもらうのでなく、自分が社会や国のために何ができるのかを常《つね》に問うことは、これからの人類にとってたいへんに必要なことじゃないかと思うのですが、まあねえ、実際《じっさい》そんなことやってるヒマもなくて、自分のほうが大事だという人も多いわけです。

ケネディさんは、日本に対してもひとこと言っています。

「太平洋は日米両国をへだてるものではないと考える。それどころか太平洋は私《わたし》たちを強く結びつけている」

かつての日米戦争は、太平洋をへだててお互《たが》いの意思はまったく、言葉さえ通じなかったのですが、これからは太平洋がむしろ日米両国民を結びつけるものだというのです。といって隷《れい》属《ぞく》してはいけません――とケネディさんの代わりに付け加えておきますけどね。

さてこの年はまた宇宙《うちゅう》です。四月十二日、ソ連の宇宙船《うちゅうせん》ヴォストーク一号が、当時二十七歳《さい》のガガーリン少佐を乗せて、地球をぐるっと回ったのです。この時はさすがに、へェー、地球を回れるんだと驚《おどろ》きましたね。すると、ソ連の宇宙《うちゅう》兵器はアメリカ上空でストンと核兵器《かくへいき》を落とせるわけですから、軍事的に非常《ひじょう》に有効《ゆうこう》なのです。それはともかく、この時はガガーリンさんの言葉が世界的に有名になりました。

「空は暗かったが、地球は青かった」

この後、たくさんの人が宇宙《うちゅう》へ飛んで行っていろんなことを言ってますが、この言葉ですべて尽《つ》きていますね。ちなみに私《わたし》は、人間が宇宙《うちゅう》へなど行く必要はないと超保守《ちょうほしゅ》的に思っています。軍事的なこと以外にほとんど意味がないからです。あとは気象衛星《きしょうえいせい》くらい上げておけば、莫大《ばくだい》な金を使ってわざわざ行く必要はないんじゃないでしょうか。それはともかく、ガガーリンさんはこの七年後、飛行訓練中に事故《じこ》で墜落死《ついらくし》してしまいます。まことに人間の栄光の裏《うら》には悲劇《ひげき》が待っていると言いますか、短く華々《はなばな》しい生涯《しょうがい》でした。一方で、アメリカは頭が痛《いた》いんですね、またソ連におくれを取ったというので、冷戦は一層激《いっそうはげ》しくなります。

この年はまた、米ソ冷戦激化《げきか》の証拠《しょうこ》のように八月十三日、ベルリンに壁《かべ》がつくられました。私《わたし》はベルリンの壁《かべ》が壊《こわ》された翌年《よくねん》、一九九〇年十月の東西ドイツ合併《がっぺい》のひと月後にベルリンを訪《おとず》れました。飛行場の中のロシア語の看板《かんばん》が全部外されている最中で、そこでずいぶんいろんな話を聞きました。東ドイツの人にとっての壁《かべ》とはどういうものだったのか、という問いに、東ベルリンの子どもたちは、「ソ連の特別の好意で、自分たちの国をつくらせてもらった。壁《かべ》は国を守るための防壁《ぼうへき》である」と教わってきた、と話してくれました。いずれもソ連さんのお蔭《かげ》だと。「ほんとにそう思ったの?」と聞くと、「思っていた」と答えました。教育というものの恐《おそ》ろしさです。壁《かべ》が崩《くず》れ落《お》ちるまで三十年近くかかったのですが、実際《じっさい》は、これを乗《の》り越《こ》えようとしてたくさんの人たちが犠牲《ぎせい》になったのです。国家の分断《ぶんだん》による犠牲《ぎせい》とは本当にひどいものだと思います。『壁《かべ》を跳《と》ぶ男』*4というドイツの小説がありまして、ある男が西から東へベルリンの壁《かべ》を跳《と》んで反対側に入っちゃうのです。捕《つか》まって調べられ、何らの政治的《せいじてき》意図がないことがわかって追い出されると、また西から東へ跳《と》んで行っちゃうんです。何度もやるうちに、向こうがついに捕《つか》まえて送り返すのに飽《あ》きちゃう、という話です。諷刺《ふうし》としてはまことに面白《おもしろ》い作品でありました。

このように世界が緊張《きんちょう》を増《ま》している時も、日本では経済《けいざい》成長でますます生活が豊《ゆた》かになっています。私《わたし》など、いつも月給を使い果たしてボーナスから少しずつ前借りし、いっぺんに引かれてボーナス袋《ぶくろ》の中に一銭《せん》も入っていなかったこともありましたが、それでもちびりちびりとお金が残るようになってきたのがこの頃《ころ》でしょうか。世界がどうなっているかも知らないで、ほんとうに皆《みな》が人生を楽しんでいました。世相全般《ぜんぱん》が明るかったですね。大いにはやったのが「スイスイスーダララッタ　スラスラスイスイスイ　チョイト一杯《いっぱい》のつもりで飲んで　いつの間にやらハシゴ酒」、植木等《うえきひとし》さんが歌う「スーダラ節」です。まことに無責任《むせきにん》時代と言いますか、日本人がいい調子になった時代を象徴《しょうちょう》する歌だと思いますが、慶応《けいおう》大学国文学の池田弥三郎《いけだやさぶろう》先生の感想があります。

「現代《げんだい》の生活というか、いまのサラリーマン哲学《てつがく》というものにピッタリだよね。『わかっちゃいるけどやめられねぇ』てぇ言葉は」

まったく、わかっちゃいるけどやめられなかったねえ、あの頃《ころ》は……。それほど日本は、高度経済《けいざい》成長がはじまり、政治的紛争《せいじてきふんそう》もなくなり、元気がよくていい時代が続いたのです。

そうそう、「トリスを飲んでハワイへ行こう」という名文句《めいもんく》が流行《はや》ったのもこの年でした。ちょっと古いが、〽ああ憧《あこが》れのハワイ航路《こうろ》……なんて歌ってね、ハワイ旅行を夢《ゆめ》にみた時代です。いまじゃハワイなんて……というところですがね。

◆やはり外交なき日本

その池田弥三郎《いけだやさぶろう》さんが翌《よく》昭和三十七年（一九六二）、「女子学生亡国論《ぼうこくろん》」を唱えて大いに話題になります。この少し前に、早稲田《わせだ》大学の暉峻康隆《てるおかやすたか》さんが「大学は女性《じょせい》ばかりになった」ということを発表していて、それを受けたわけでもないでしょうが、池田《いけだ》さんが「婦人公論《ふじんこうろん》」誌上《しじょう》に「大学女禍論《じょかろん》」を書いたのです。

「私立《しりつ》大学の文学部は女子学生に占領《せんりょう》されて、いまや花嫁《はなよめ》学校と化している」

その占《し》める割合《わりあい》は、学習院大学で八九パーセント、青山学院大学八六パーセント、成城大学七八パーセント、早稲田《わせだ》六五パーセント、立教六四パーセント、同志社《どうししゃ》五六パーセント、慶応《けいおう》四四パーセント。つまり慶応《けいおう》を除《のぞ》けばすべて半分以上、こうなれば大学は「花嫁《はなよめ》学校」で日本の将来《しょうらい》は危《あぶ》ない、というわけです。これが女性《じょせい》およびフェミニストたちから総《そう》スカンをくいまして、当たり前ですよね、今や亡国《ぼうこく》どころか「男子学生亡国論《ぼうこくろん》」というくらいに、女性《じょせい》の力で大学は、いや日本はやっとこさっとこもっているんじゃないかという感じで、まあこの頃《ころ》から女性《じょせい》の向学心が高まっていたわけです。「日《ひ》の本《もと》は女ならでは明けぬ国」のはじまりです。

そんな時、世界ではついに冷戦が衝突《しょうとつ》しました。十月二十二日〜二十八日のキューバ危機《きき》です。先ほど申しましたカストロのキューバにソ連が船で核兵器《かくへいき》を持《も》ち込《こ》もうとし、あちこちにミサイル基地《きち》をつくっていることが、空からの偵察《ていさつ》で確認《かくにん》されたのです。できてしまえばアメリカは防衛《ぼうえい》のしようがありません。アッという間に届《とど》いてしまう距離《きょり》ですから、匕首《あいくち》どころではなく大ピンチです。つまり基地《きち》完成の暁《あかつき》には世界戦争にならざるを得《え》ませんから、その前に防《ふせ》がねばならない。ケネディ大統領《だいとうりょう》は「(ソ連の船舶《せんぱく》によるキューバへの核兵器持《かくへいきも》ち込《こ》みを)断固封鎖《だんこふうさ》する、封鎖《ふうさ》ラインを突破《とっぱ》すれば撃沈《げきちん》する」と表明します。さあソ連がどう出るか、そのまま突《つ》っ込《こ》んでくれば、当然アメリカは飛行機と軍艦《ぐんかん》でもって攻撃《こうげき》しソ連船を撃沈《げきちん》し、キューバを爆撃《ばくげき》します。そうなれば世界戦争です。アメリカのトップであるケネディ大統領《だいとうりょう》、弟のロバート・ケネディ司法長官は非常《ひじょう》に慎重《しんちょう》でしたが、軍部は皆《みな》ものすごい強硬姿勢《きょうこうしせい》で、あの時もしかすると、ほんとうに第三次世界戦争すなわち核戦争《かくせんそう》が起きたかもしれなかった。ギリギリの時間に達して、ついにアメリカはソ連に、二十四時間以内にミサイルを撤去《てっきょ》するか、あるいは戦争かと迫《せま》ります。最後になってフルシチョフが「われわれは戦争を望んでいるわけではない」とミサイルを撤去《てっきょ》し、船も全部戻《もど》す、といって危機《きき》が回避《かいひ》されたのが二十八日でした。

まさにこの一週間、世界はたいへんな緊張状態《きんちょうじょうたい》におかれました。すべての国が戦闘態勢《せんとうたいせい》です。日本はそんなこと存《ぞん》じません。当時、日本の外交はまったく何もしていません、出る幕《まく》なしです。そんな状態《じょうたい》をとらえ、日本は結構《けっこう》ですなあとばかりに、フランスのド・ゴール大統《だいとう》領《りょう》が「池田《いけだ》さんはトランジスタラジオのセールスマンと同じである」とからかったのが新聞に載《の》りました。日本は復興《ふっこう》し繁栄《はんえい》することが大目標なのだから少々は構《かま》わないや、とも当時は思いましたが、この時に米ソの緊張《きんちょう》が核戦争《かくせんそう》の手前までいったということを、われわれはほんとうには認識《にんしき》していなかった。もっともわかったとしても手の打ちようもなかったのです。

昭和八年（一九三三）の国際連盟脱退《こくさいれんめいだったい》以来、日本はなんら外交で苦労もせず、戦後も占領《せんりょう》下にありましたし、独立《どくりつ》後も一所懸命《いっしょけんめい》働くばかりで危険《きけん》な外交問題を抱《かか》えているわけでもない。外交で必死に汗《あせ》をかいたことがない。というわけで、いまの日本人は外交下手《べた》としか思えない。日露《にちろ》戦争の頃《ころ》は立派《りっぱ》にやっていたのですから全然できないはずはないのですが、どうも昭和の日本は外交というものを知らない国ではないか。現在《げんざい》もまた、小泉《こいずみ》さんの靖国参拝《やすくにさんぱい》をめぐって中国や韓国《かんこく》とまずくなり、それがアジア全体に波及《はきゅう》しつつある、どうにも手の打ちようのない外交の状態《じょうたい》がつづくのを見ますと、国際連盟脱退以降《こくさいれんめいだったいいこう》、日本はあまりにも世界情勢《じょうせい》について無関心で、そして何かというとどこかの国におんぶにだっこで、習練不足で、不勉強にすぎたのはたしかなことじゃないかと思いますね。

◆ケネディ暗殺《あんさつ》がもたらすことは

昭和三十八年（一九六三）になりますと、一月一日に手塚治虫《てづかおさむ》さんの漫画《まんが》「鉄腕《てつわん》アトム」がテレビに登場します。ロボットがこれから、という時代にもう早々と出てきていたんですねえ。「アトム」という名前もすごいです、原子ですからね。手塚《てづか》さんは天才なんですね。

そして四月七日、ＮＨＫ大河《たいが》ドラマ「花の生涯《しょうがい》」がスタートしました。たいへんな意気込《いきご》みでつくられました。力が入っていました。井伊直弼《いいなおすけ》を主人公とした舟橋聖一《ふなばしせいいち》さんの原作に、尾上松緑《おのえしょうろく》、淡島千景《あわしまちかげ》、佐田啓二《さだけいじ》、香川京子《かがわきょうこ》、中村芝鶴《なかむらしかく》、北村和夫《きたむらかずお》など、当時の歌舞伎《かぶき》、新劇《しんげき》、映画界《えいがかい》のスターをだーっとそろえて大当たりしました。今日まで続くシリーズのはじまりです。

世界では、あのたいへんなキューバ危機回避《ききかいひ》のあと、ケネディとフルシチョフはお互《たが》いに親《しん》密《みつ》感が湧《わ》いたのでしょう、八月五日、英国もあわせて部分的核実験停止条約《かくじっけんていしじょうやく》に調印します。角《つの》突《つ》き合わすだけではなく、核戦争《かくせんそう》が起こらないかたちでお互《たが》いに協調するところは協調し合わなきゃならないと歩《あゆ》み寄《よ》り、二人して冷戦状態《じょうたい》を収《おさ》めようとしたのです。これには米ソ両国とも軍備縮小《ぐんびしゅくしょう》につながるので、軍部をはじめ、猛反対派《もうはんたいは》がたくさんいました。アメリカでは石油資本《しほん》を握《にぎ》っている人たちも大反対します。ケネディは言いました。

「君たちは核爆弾《かくばくだん》が何発あれば十分だというのだ。相手をたたき潰《つぶ》すのに何メガトン要《い》ると思うのか。もうこれ以上実験しなくても、いまあるだけの核爆弾《かくばくだん》で、一時間以内に三億人を殺《ころ》せるんだ」

こうしてあらゆる反対派《はんたいは》をおさえ、一方でフルシチョフも軍部や科学者に対して言います。

「君たちは有能《ゆうのう》な科学者だ。軍人だ。しかし、微妙《びみょう》な駆《か》け引《ひ》きを要する外交政策《せいさく》は、われわれに任《まか》しておいてくれたまえ」

こうして両方が責任《せきにん》の重大さを痛感《つうかん》し、とにもかくにも自国をおさえたのです。しかしこれが、共にものすごい反発を生み出します。そのために、と言ってはなんですが、十一月二十二日、ケネディが殺《ころ》されてしまいます。日本時間では翌日《よくじつ》、勤労感謝《きんろうかんしゃ》の日の祝日に、日米間のテレビ宇宙中継《うちゅうちゅうけい》の第一回実験放送が流れてきたのですが、その第一報《ぽう》がなんと「ケネディ大統領暗殺《だいとうりょうあんさつ》」でした。驚《おどろ》きました。当時、私《わたし》は腰《こし》を痛《いた》めまして、家で寝《ね》ながらテレビを見ていたんです。そこに会社から電報《でんぽう》が届《とど》き「ただちに緊急《きんきゅう》出社せよ、車差し向けた」というわけで、この事件《じけん》についての特集記事を「文藝春秋《ぶんげいしゅんじゅう》」に書かされました。ケネディの死を一番嘆《なげ》いたのはフルシチョフであろう、と「フルシチョフの胸《むね》の底には」というタイトルになりました。

その後あの事件《じけん》についていろんなことが言われましたが、あの時の世界には、何か大きなものが失われたような雰囲気《ふんいき》がありました。せっかくはじまった平和への歩みが、またゼロに戻《もど》ったということでしょうか。翌日《よくじつ》には、ジャクリーヌ夫人の「オー・ノオー」という悲痛《ひつう》な声が伝わってきまして、ともかくたいへんショックを受けた事件《じけん》だったことを覚えています。

◆オリンピックと新幹線《しんかんせん》

さて昭和三十九年（一九六四）です。この年は問題なく、オリンピックと新幹線《しんかんせん》なのですが、その前に四月一日、日本人の海外旅行の自由化が実施《じっし》されます。先ほど申しました、ＩＭＦとＯＥＣＤへの加盟《かめい》で国際《こくさい》社会に仲間入りしたことから実現《じつげん》しました。かくてこの後「猫《ねこ》も杓子《しゃくし》も海外へ」となるわけですが、この年の旅行者でいえば約十二万八千人、それも公務員《こうむいん》や商社マンが仕事で渡航《とこう》したのがほとんどで、わざわざ観光旅行をした人は一万九千人でした。自由化されたとはいえ、日本人にはまだ海外へ行く準備《じゅんび》はできていなかったのですね。でも、このあたりから海外へ目を開こうという日本人の意欲《いよく》は高まっていき、さっそく翌年《よくねん》には、目ざといＪＡＬが「ジャルパック」という団体《だんたい》旅行パックをつくって海外への旅を推進《すいしん》しました。

この前後はふつう、「昭和元禄《げんろく》」と呼《よ》ばれます。はじめて言ったのは福田赳夫《ふくだたけお》さんで、ただしほめた意味ではなく、「池田内閣《いけだないかく》のやっている所得倍増《しょとくばいぞう》、高度成長政策《せいさく》の結果、社会の動きは物《ぶっ》質至上主義《しつしじょうしゅぎ》が国民の全面を覆《おお》い、レジャー、バカンス、その日暮《ぐ》らしの無責任《むせきにん》さ、無気力が充満《じゅうまん》し、〝元禄《げんろく》調〟の世相が日本を支配《しはい》している」と六月十四日、京都の都ホテルでの記者会見で語ったので、つまりこんなに浮《う》わついた時代であってはいかん、という、よく考えると池《いけ》田政策批判《だせいさくひはん》なんですね。早くおれに政権《せいけん》をよこせ、というわけなんでしょうかね。池田《いけだ》さんが

「お前が次だ」とひとこと言えばよかったのに、知らん顔して自策《じさく》を押《お》し付《つ》けているために福田《ふくだ》さんや佐藤栄作《さとうえいさく》さんから批判《ひはん》が出てくる、そうこうして揉《も》めているうち池田《いけだ》さんはお亡《な》くなりになってしまうのです。

いよいよ新幹線《しんかんせん》と東京オリンピックです。

新幹線《しんかんせん》の認可《にんか》は昭和三十四年（一九五九）、予算は初年度三十億円でした。その年の夏、十河信二《そごうしんじ》国鉄総裁《そうさい》に世界銀行への借款《しゃっかん》を勧《すす》めたのが佐藤栄作《さとうえいさく》だったことははっきりしています。

「こんな大工事は一内閣《いちないかく》の期間では完成するはずない。内閣《ないかく》によっては方針《ほうしん》がどう変わるかわからん。世銀からどかんと融資《ゆうし》を得《え》ておけば、その時の内閣《ないかく》もやらざるを得《え》なくなる。外から縛《しば》ることができる」というわけです。そこで全工事費三千八百億円のうち二百八十八億円を世銀から借款《しゃっかん》し、工事期間は五年かかるところ、三年半の突貫《とっかん》工事でオリンピックに間に合わせたのです。

いまも時々、東京駅で東海道新幹線《しんかんせん》に乗るとき、18・19番線階段《かいだん》下の突《つ》き当《あ》たりの壁《かべ》にはめ込《こ》まれている銅板《どうばん》の文句《もんく》を読むことがあるんです。これがこよなくいい文句《もんく》なんです。英文もついているのですが略《りゃく》します。

「東海道新幹線《しんかんせん》

この鉄道は日本国民の叡智《えいち》と努力によって完成された。

東京・新大阪間　515km

鴨宮—大磯間の試運転で、窓から手を振る十河信二前国鉄総裁（撮影＝浜口タカシ）

起工　一九五九年四月二十日
営業《えいぎょう》開始　一九六四年十月一日」

どうです、驕《おご》りも高慢《こうまん》さも思い上がりもなく、さわやかさいっぱいの文章ですね。運輸《うんゆ》大臣や国鉄総裁《そうさい》の名前なんかない。日本国民みんなして造《つく》ったんだと。これがとにかく五年を三年半に縮《ちぢ》めた最大の理由であったんです。

そして東京オリンピックです。オリンピックといえば「東京五輪音頭《おんど》」です。〽はあーあ、それ、あの日ローマで眺《なが》めた月が今日は都《みやこ》の空照らす……というものですが、この歌詞《かし》はＮＨＫが公募《こうぼ》して島根県《けん》庁《ちょう》の職員《しょくいん》、宮田隆《みやたたかし》さんの作品が選ばれたそうです。すでに亡《な》くなりましたが、戦時中にフィリピンでの捕虜《ほりょ》生活で餓死寸前《がしすんぜん》のたいへんな苦労をされた経験《けいけん》から、もうそんなことがないように「世界平和を願って書いた」とか。作曲は古賀政男《こがまさお》さん、たくさんの人が歌いましたが、三波春夫《みなみはるお》さんが一番知られています。

オリンピックについて中身は詳《くわ》しくお話しませんが、少なくとも世界じゅうが集まって競技《きょうぎ》をする大きな祭典で、日本人が心から感じたのは、これでやっと敗戦国から抜《ぬ》け出《だ》して国際《こくさい》社会の一員になった、先進国の仲間入りができた、というたしかな思いだったでしょう。そういう意味でオリンピックは、日本人の気持ちをひとつにまとめる大きな役割《やくわり》を果たしました。昭和三十五年の安保闘争《あんぽとうそう》後、浮《う》わついたり無責任《むせきにん》になったりしてはいましたが、ここで改めて「国家」を再認《さいにん》識《しき》して喜《よろこ》びを分かち合ったのです。

華々しく開会した東京オリンピックで堂々と入場行進する日本選手団（撮影＝浜口タカシ）

開会式を見た作家、三島《みしま》由紀夫《ゆきお》さんのエッセイ「東洋と西洋を結ぶ火」（『文学者が語る東京オリンピック』）を読み上げてみます。

「彼《かれ》（坂井義則《さかいよしのり》＝最後の聖火《せいか》ランナー）が右手に聖火《せいか》を高くかかげたとき、その白煙《はくえん》に巻《ま》かれた胸《むね》の日の丸は、おそらくだれの目にもしみたと思うが、こういう感情《かんじょう》は誇張《こちょう》せずに、そのままそっとしておけばいいことだ。日の丸のその色と形が、なにかある特別な瞬間《しゅんかん》に、われわれの心になにかを呼《よ》びさましても、それについて叫《さけ》びだしたり、演説《えんぜつ》したりする必要はなにもない」

日の丸を見ても、それは静かに一人ひとりが胸《むね》におさめておけばいい、ことさらナショナリズムを喚起《かんき》し叫《さけ》ぶことはない、と書いているのですが、その後ご本人はどうなったのかということにやがてお話は進んでいくわけであります。

いずれにしろ、オリンピックは戦後の国家建設《けんせつ》の過程《かてい》での中間点の大いなる達成でした。日本は敗戦後、占領《せんりょう》で一度転換《てんかん》があり、さらに安保騒動《あんぽそうどう》の収束《しゅうそく》で気持ちのなかの大転換《だいてんかん》があった。それがさらにオリンピックで一区切りして、ここからもう一つ〝違《ちが》う戦後〟がはじまっていくことになります。その違《ちが》う戦後がどのように発展《はってん》していったのか、次回のおたのしみというわけです。

＊1――「太陽族」　既成《きせい》の秩序《ちつじょ》にとらわれない無軌道《むきどう》で不道徳な戦後の若者《わかもの》の姿《すがた》を描《えが》いたといわれる「太陽の季節」は映画化《えいがか》後、登場人物のスタイルや言動を真似《まね》る若者《わかもの》が続出、「太陽族」と呼《よ》ばれた。スポーツ刈《が》りの前髪《まえがみ》をそろえず額《ひたい》に垂《た》らした「慎太郎刈《しんたろうが》り」などが特徴《とくちょう》。

＊2――『点と線』前年から雑誌《ざっし》「旅」に連載《れんさい》され、昭和三十三年に光文社から出版《しゅっぱん》。時刻表《じこくひょう》にこだわった東京駅ホームでのトリックやアリバイ崩《くず》しの絶妙《ぜつみょう》な展開《てんかい》、人間味豊《ゆた》かな刑事《けいじ》たちの言動や「証言《しょうげん》」による一般《いっぱん》市民の謎解《なぞと》きへの参加などが共感を呼《よ》び、ベストセラーとなる。

＊3――『オールウェイズ』『ALWAYS 三丁目の夕日』山崎貴監督《やまざきたかしかんとく》。吉岡秀隆《よしおかひでたか》、薬師丸《やくしまる》ひろ子ら出演《しゅつえん》。昭和三十三年の東京下町を舞台《ぶたい》にした人情《にんじょう》ドラマ。建設途中《けんせつとちゅう》の東京タワー、集団《しゅうだん》就職《しゅうしょく》で上京する少女など、当時の雰囲気《ふんいき》を描《えが》いて平成十七年（二〇〇五）公開されヒットした。

＊4――『壁《かべ》を跳《と》ぶ男』“Der Mauerspringer” ペーター・シュナイダー（Peter Schneider）作、一九八二年刊《ねんかん》。十五回も壁《かべ》をとび越《こ》え、国境線《こっきょうせん》の自動射撃装置《しゃげきそうち》を盗《ぬす》みだした男の話。奇才《きさい》といわれた著者《ちょしゃ》が怒《いか》りと悲しみ、痛烈《つうれつ》な諷刺《ふうし》をこめて「異常《いじょう》都市」ベルリンに肉薄《にくはく》したとされる。

第十五章

昭和元禄《げんろく》の〝ツケ〟

団塊《だんかい》パワーの噴出《ふんしゅつ》と三島事件《みしまじけん》

この章の
ポイント

一九六五（昭和四十）年前後は、政治的《せいじてき》な紛争《ふんそう》のない「昭和元禄《げんろく》」と呼《よ》ばれた、のどかな時代でした。しかし、ベトナム戦争やパリ五月革命《かくめい》など、激動《げきどう》する世界情勢《じょうせい》の影響《えいきょう》を受け、六八（昭和四十三）年頃《ごろ》から「団塊《だんかい》の世代」による反戦・反政府《はんせいふ》運動が日本でもはじまります。さまざまな社会事件《じけん》が起こりますが、七〇年に安保《あんぽ》の自動延《えん》長《ちょう》が通過《つうか》すると次第《しだい》に落ち着いていきます。七二（昭和四十七）年には佐藤栄作内閣《さとうえいさくないかく》により沖縄返還《へんかん》が達成され、ここで〝日本の戦後〟が終わりを告《つ》げます。

キーワード

佐藤栄作内閣《さとうえいさくないかく》／ベトナム戦争／文化大革命《だいかくめい》／パリ五月革命《かくめい》／団塊《だんかい》の世代／全学共闘《きょうとう》会議（全共闘《ぜんきょうとう》）／七〇年安保《あんぽ》／大阪万博《ばんぱく》／三島事件《みしまじけん》／沖縄返還《へんかん》

◆佐藤栄作《さとうえいさく》の登場と「昭和元禄《げんろく》」

昭和三十九年（一九六四）十月、オリンピックが華々《はなばな》しく行なわれ、無事に閉幕《へいまく》しました。しかし実は、肝心《かんじん》の総理《そうり》大臣の池田《いけだ》さんはその前からガンを患《わずら》って入院していて、開会式には病院から出席したんですね。本人は自覚があったのでしょう、これを花道にして、オリンピックが終わるとほぼ同時に引退《いんたい》を表明しました。十月二十五日のことです。自民党《じみんとう》には当時、佐《さ》藤栄作《とうえいさく》さん、河野一郎《こうのいちろう》さん、藤山愛一郎《ふじやまあいいちろう》さんという次代を担《にな》う候補《こうほ》がいました。しかし突然《とつぜん》ですから選挙をせずに、十一月九日に両院議員総会《そうかい》を開き、池田《いけだ》さんの裁定《さいてい》で次期総理《そうり》として佐《さ》藤《とう》さんが決まりました。同日、池田内閣《いけだないかく》は総辞職《そうじしょく》し、佐藤内閣《さとうないかく》が成立します。といっても閣《かく》僚《りょう》をそのまま残し、首相《しゅしょう》だけが替《か》わったというかたちです。佐藤《さとう》さんも、池田《いけだ》さんの政策《せいさく》を踏襲《とうしゅう》すると表明していました（ちなみに池田《いけだ》さんは翌《よく》昭和四十年八月十三日に亡《な》くなりました）。

ただ、佐藤《さとう》さんには自分なりの考えがありました。池田《いけだ》さんは、フランスのド・ゴール大統《だいとう》領《りょう》に「トランジスタラジオのセールスマン」とからかわれるほど経済《けいざい》成長に全力を尽《つ》くした一方で、政治的《せいじてき》・外交的な問題にあまり熱を入れなかったところがあるのですが、佐藤《さとう》さんはそうではなく、いろいろと積み重なり残されている問題を少しでも解決《かいけつ》しなくてはと、池田《いけだ》さんが意識《いしき》して避《さ》けていた政治的《せいじてき》な問題に取り組むことにします。そこでまず昭和四十年（一九六五）一月、暗殺《あんさつ》されたアメリカのケネディ大統領《だいとうりょう》の副大統領《だいとうりょう》で、その後を受けて就任《しゅうにん》したジョンソン大統領《だいとうりょう》と会談し、日米間の懸案《けんあん》だった沖縄、小笠原諸島《おがさわらしょとう》の施政権《しせいけん》の問題を解決《かいけつ》したい旨《むね》を両者で確認《かくにん》します。つまり、佐藤《さとう》さんは沖縄問題を自分の内閣《ないかく》のなさなくてはならない最大の解決事項《かいけつじこう》として自覚し、同時にはっきりと国民にも示《しめ》したのです。

続いてこれも懸案《けんあん》の一つ、戦後ずっと国交のなかった韓国《かんこく》と「隣国《りんごく》として互《たが》いに仲良くしようじゃないか」と国交正常化《せいじょうか》に取り組み、六月には日韓基本条約《にっかんきほんじょうやく》と付属《ふぞく》の協定に調印します。これには野党《やとう》の左翼勢力《さよくせいりょく》がものすごく反対しました。韓国《かんこく》と友好条約《じょうやく》を結ぶということは、対立している北朝鮮《きたちょうせん》と純然《じゅんぜん》たる敵対《てきたい》関係になるではないか。さらに将来《しょうらい》、これが日本・韓国《かんこく》・アメリカの軍事同盟《どうめい》に発展《はってん》していくのではないか、そうなればアジアの平和的安定が一層乱《いっそうみだ》されて、北朝鮮《きたちょうせん》がまた朝鮮《ちょうせん》半島でどういう出方をしてくるかわからない、という理由です。

ただいずれにしろ、隣《となり》の国と長い間、国交がないのはおかしいという声もあり、なによりそろそろ貿易《ぼうえき》、つまり商売的な行き来はせざるを得《え》ない状態《じょうたい》になっていて、国交を結ぶことで互《たが》いに製品《せいひん》や人間の往来《おうらい》を自由にするのは不可欠《ふかけつ》でしたから、佐藤《さとう》さんが思い切って成《な》し遂《と》げた、これは大きな仕事の一つであったわけです。ここで本来ならば、左翼勢力《さよくせいりょく》が結集してデモンストレーションだの猛反対《もうはんたい》運動だのが起こりそうなものなのに、そうはならず条約《じょうやく》は無事に調印されました。

八月になると、佐藤《さとう》さんは首相《しゅしょう》として戦後はじめて沖縄を訪問《ほうもん》します。そして那覇《なは》飛行場で

堂々《どうどう》と宣言《せんげん》した名文句《めいもんく》が、

「沖縄が祖国復帰《そこくふっき》しない限《かぎ》り、戦後が終わっていない」

要するに、自分は内閣《ないかく》の生命をかけて沖縄問題を解決《かいけつ》するという宣言《せんげん》です。

思うに、戦後日本の内閣《ないかく》というのは、それぞれ自分が首相《しゅしょう》になったかぎりは「これは必ずやってみせる」という大きな命題を抱《かか》えてそれを成《な》し遂《と》げる、そういうかたちで継承《けいしょう》されてきました。それはまた内閣《ないかく》として立派《りっぱ》なことだと思います。たとえば吉田茂《よしだしげる》さんは（再軍備《さいぐんび》をしない、というのももちろん大きな仕事でしたが）講和条約《こうわじょうやく》を結び、鳩山《はとやま》さんはソ連との国交を回《かい》復《ふく》しました。石橋湛山《いしばしたんざん》さんはこれからという時に病に倒《たお》れたので残念でしたが、次の岸《きし》さんは、猛反対《もうはんたい》のなか、日米が比較的《ひかくてき》平等な立場にたつ安保条約《あんぽじょうやく》への改定を成《な》し遂《と》げました。池田《いけだ》さんは高度経済《けいざい》成長の実現《じつげん》です。ですから、総理《そうり》大臣が自分の大仕事としてこれをやる、という意味で佐藤《さとう》さんも「沖縄問題を解決《かいけつ》する」と宣言《せんげん》したのだと思います。実際《じっさい》に佐藤《さとう》さんは積極的にいろいろ外交問題に取り組み、それなりの成果を上げました。

すると人気が出そうなもんですよね。ところがさっぱり。それに近い状況《じょうきょう》なんです。慕《した》われたいのか、自分で「栄《えい》ちゃんと呼《よ》ばれたい」なんて言ってるんですが、誰《だれ》もそんなふうに呼《よ》びやしません。容貌《ようぼう》が立派《りっぱ》すぎるので損《そん》したんじゃないか——目がギョロッとして大きく眉《まゆ》が太く、なかには美男子だと言う人もいましたが、残念ながら好かれない顔というのでしょうか……ここで、例の斎藤信也《さいとうしんや》さんの、うんと前ですが昭和二十年代のインタビュー記事を、なかなかうまいところをついているので読んでみます。

「（とにかく）味のない男である。材料は一応《いちおう》とりそろえているようだが、コクのない料理だ。鉄道の役人をやめて（もと運輸省《うんゆしょう》の役人でしたから――半藤《はんどう》注、以下カッコ内同じ）、僅々《きんきん》二年、官房長官《かんぼうちょうかん》、政調《せいちょう》会長、幹事長《かんじちょう》と栄職《えいしょく》にばかり就《つ》いてるんだから、ウマ味が出てきようがない。ただし、三年生ないし二年生陣笠《じんがさ》などが、とやかくいう筋合《すじあい》のものではない。彼《かれ》にのさばらせるほど、自由党《じゆうとう》に人がいないだけのことなのである（ほんとうに若《わか》くして出世しちゃったんですよ、池田《いけだ》さんと佐藤《さとう》さんは吉田《よしだ》さんに可愛《かわい》がられたこともありまして）。（略《りゃく》）あなた、随分《ずいぶん》ねたまれてるでしょう？『いや、人間がノンビリしているから、気がつかんね』（この返事もあまりよくないねえ）。彼《かれ》も、も少しノンビリすれば、味が出て来るだろう。あなたの特長を教えて下さい。『まあ、優柔不断《ゆうじゅうふだん》な点だろうなア。ものをハッキリ決めない』。半分正直だとほめておこうか。半分程《ほど》は切れることの自信なんだろう。（略《りゃく》）官僚派《かんりょうは》が漁夫《ぎょふ》の利を占《し》めるという説は？『同じ代議士《だいぎし》になった以上、党人《とうじん》だ官僚《かんりょう》出だと分けないことにしたいね。お互《たが》いの長所を生かし党《とう》本位にやる。愛党精《あいとうせい》神《しん》だな。すっきりした強い党《とう》でありたいね』（よく読むと面白味《おもしろみ》がないですねえ）」

実際《じっさい》たいへんな自信家で、しかも味のない男というのですから、国民に好かれるはずもありません。政治的《せいじてき》にはかなり成果を上げているんですが、自分でも言っているように、あまりにも官僚的《かんりょうてき》といいますか、事務的《じむてき》といいますか。うまみのないやり方で、お辞《や》めになるまであまり人気が出ませんでした。とくに新聞記者に嫌《きら》われました。

一方で、国内情勢《じょうせい》としては、オリンピックの後、高度成長も上り調子の筋道《すじみち》をたどり、日本をひっくり返すような安保大騒動《あんぽおおそうどう》の後に人びとが穏《おだ》やかさを望んだせいもあったでしょう、政《せい》治的な激烈《じてきげきれつ》な対立もなく、もちろん与野党《よやとう》の対立はありますが、自民党《じみんとう》内で佐藤《さとう》さんに匹敵《ひってき》するような大物は、皆《みな》さんお亡《な》くなりになったり引退《いんたい》したりで河野《こうの》さんくらいしかいませんし、その河野《こうの》さんもまもなく亡《な》くなってしまい（昭和四十年七月八日）、そういう意味では佐藤《さとう》さんは敵《てき》がなく、党内《とうない》のゴタゴタも起こらずに動いていくのです。

国民も、政治的紛争《せいじてきふんそう》に嫌気《いやけ》がさし、静けさを望みながら、昭和三十八年から四十一年あたりはとにかく汗《あせ》みどろといっていいくらいに働きました。そして限《かぎ》られた時間のなかでレジャーも楽しみます。といっても大したレジャーではありませんが、ともかくこれが前回に言いました「昭和元禄《げんろく》」を謳歌《おうか》した時代と言っていいと思います。したがって年表などを見ますと、この前後は実にのどかな、というのか、へえーっと感じるようなお話ばかりが続くことになります。少しそれを挙げてみます。

◆期待される人間とビートルズ

昭和四十年（一九六五）一月十一日、文部省が「期待される人間像《にんげんぞう》」を発表します。元文部大臣の森戸辰男《もりとたつお》さんを会長に中央教育審議会《しんぎかい》というのができまして、文部省の諮問《しもん》に答えてこれからの日本において青少年はいかにあるべきか、戦前の修身《しゅうしん》のかわりと言っちゃあなんですが、そういうものをつくろうというので、その中間的な草案が出たのです。するとたちまち「修身《しゅうしん》の焼き直しじゃないか」「そんなもの今さらつくっても何の役にも立たない」と大論争《だいろんそう》になります。現《げん》に、対象《たいしょう》となる青少年が言ったそうです。

「だいたい平均年齢《へいきんねんれい》六十六歳《さい》の委員に期待される人間像《にんげんぞう》なんて、チャンチャラおかしい」

やってられねえや、というわけです。でも、ともかくそのジジイどもが集まって懸命《けんめい》に草案をつくりまして、たとえば「社会人」の項目《こうもく》は、

「仕事に打《う》ち込《こ》む。福祉《ふくし》に寄与《きよ》する。創造的《そうぞうてき》である。社会規範《きはん》を重んずる。正しい愛国心をもつ。象徴《しょうちょう》に敬愛《けいあい》の念をもつ。すぐれた国民性《こくみんせい》を伸《の》ばす」

なるほど仕事に打《う》ち込《こ》むのはともかく、福祉《ふくし》に寄与《きよ》だの創造的《そうぞうてき》だのと言われたって、現実的《げんじつてき》にはまだ「何を言ってるんだ」という空気が大半でした。といっても、論議《ろんぎ》はされても大きな反対運動が起こるでもなく、皆《みな》が半分茶化《ちゃか》しながらやり過《す》ごしているような雰囲気《ふんいき》でした。

またこの年は「ジャルパック」がいよいよ海外へ進出しました。一月二十日のことです。ハワイ九日間三十七万八千円、アメリカ一周十七日間六十三万九千円、ヨーロッパ十六日間六十七万五千円——当時としては相当高いんでしょうねえ、ともかく海外旅行が日本人全体のものとなり、間もなく「パリが日本女性《じょせい》に占領《せんりょう》される」と言われるくらいに「われもわれも」と海外に出かけて行く時代がはじまったのです。

そして三月十八日、愛知県犬山《いぬやま》市に博物館施設《しせつ》「明治村」が開村します。お金があったんですね。だから主に東京にある明治の建築物《けんちくぶつ》を、わざわざ移築《いちく》することもできたのでしょう。建設《けんせつ》ブームで東京は日一日と変貌《へんぼう》していく。一所懸命《いっしょけんめい》に稼《かせ》いだ日本人が、そういった明治の遺産《いさん》への一種の憧《あこが》れもあり、今のうちに残しておこうという気にもなれたのだと思います。さりとて先立つものがないことには。それがあったというわけです。

またちょっとおかしな話では、『東京オリンピック』という映画《えいが》が完成しました。監督《かんとく》の市川《いちかわ》崑《こん》さんはもともと洒落《しゃれ》ッ気があって、あの人につくらせるのは間違《まちが》いじゃないかという予測《よそく》もあったのですが、出来上がったものはなるほどスポーツの映画《えいが》というより芸術映画《げいじゅつえいが》のようで、富士山《ふじさん》の下を聖火《せいか》ランナーが走っていくのを延々《えんえん》と映《うつ》すような、いくらなんでもあんまりな、という部分もありまして、あれは芸術《げいじゅつ》か、あるいは記録映画《えいが》かと大論争《だいろんそう》になりました。こんなテーマで多くの人がやり合ったんですからのどかなもんです。たとえば女優《じょゆう》の高峰秀子《たかみねひでこ》さんは「あの感激《かんげき》の日の丸をもう一度……と期待する人には不満かもしれないが、それを上回る良さがある。これが『人間の記録』でなくてなんだろう」とほめ称《たた》えると、作家の柴田錬三郎《しばたれんざぶろう》さんは「太陽を映《うつ》すのに、百万円もかける愚行《ぐこう》をあえてして、小中学生の目をくらませておいて、何が芸術《げいじゅつ》か」と批判《ひはん》します。たしかに何べんも太陽が出てくるんです。砲丸投《ほうがんな》げの選手が肩《かた》とアゴに砲丸《ほうがん》を挟《はさ》み、だぶついた肉をブルブルさせて必死の形相《ぎょうそう》をしているのを長々と映《うつ》されても、柴田《しばた》さんの言うとおり「何が芸術《げいじゅつ》か」と思ったりもしました。

また十一月八日には、日本テレビが「11PM《イレブンピーエム》」の放映《ほうえい》を開始します。司会は、東京制作《せいさく》では大橋巨泉《おおはしきょせん》さんほか、関西制作《せいさく》では藤本義一《ふじもとぎいち》さんほかでした。ブラウン管に女の人の裸《はだか》が、といっても真《ま》っ裸《ぱだか》じゃなくてタイツ姿《すがた》なんですが、ともかく体をくねらせて出てきた時は、われわれストリップに慣《な》れた目でも、それとは別の色気がありまして、そのセクシーな姿態《したい》に日本人男性《だんせい》が釘付《くぎづ》けになったものです。後に藤本義一《ふじもとぎいち》さんが回想しています。「イレブンをやったら、NHKをはじめとして、全部の局からキャンセルを食《く》らうんです。それくらいエロ番組扱《あつか》いだったね」。いや、当時にあっては立派《りっぱ》なエロ番組でしたよ。

また昭和四十一年（一九六六）になりますと、六月二十九日、かのビートルズが日本にやって参りました。あの時の騒《さわ》ぎはすごかったですね。私《わたし》はビートルズのビの字も知りませんが、こういう世界的な大人気者を日本に呼《よ》べる時代が来たということは印象的《いんしょうてき》でした。公演《こうえん》は翌日《よくじつ》からわずか三日間、日本滞在《たいざい》は合計で百二時間、ギャラ六千万円——当時としてはものすごい額《がく》です。警備《けいび》に動員された警察官《けいさつかん》のべ八千四百人、その経費《けいひ》九千万円。またこの騒《さわ》ぎで補導《ほどう》された少年少女は六千五百人余《あま》り、とにかく熱狂的《ねっきょうてき》な騒《さわ》ぎが三日間続いたわけです。

またテレビでは七月十七日、「ウルトラマン」が放映《ほうえい》を開始します。人間が変身して、「シュワッチ！」と叫《さけ》んで飛んで行ったり、腕《うで》をクロスさせると（スペシウム）光線が発射《はっしゃ》されるんですね。初の怪獣《かいじゅう》番組であり、また変身ものの第一号で、後に仮面《かめん》ライダーなどが続きます。当時、女学生がトイレに入り、普段着《ふだんぎ》に着替《きが》えて出てきて「シュワッチ！」なんて言うのがはやりまして、どうも若《わか》い人たちには変身願望があったんでしょうね。そろそろ、きっちり出来上がって落ち着いてしまった時代に対しての閉塞感《へいそくかん》が出はじめていたような気がしないでもありません。

　そして、この年、初の建国記念の日をつくることになります。戦争に敗《ま》け、日本の神話が全否定《ひてい》されて何も残っていない、そこで建国記念の日をつくろうというわけです。古き日本の復《ふっ》活《かつ》です。二月十一日をそれと決めよう、というのは戦前派《せんぜんは》なら皆《みな》知っているんです。神武天皇《じんむてんのう》が日本の国をはじめた紀元節《きげんせつ》として昔からお祀《まつ》りしていたのがこの日で、それを復活《ふっかつ》しようとしたものです。すると「また神話の復活《ふっかつ》か」と大論争《だいろんそう》がはじまり、社会党《しゃかいとう》は憲法《けんぽう》が発布《はっぷ》された五月三日案、民社党《みんしゃとう》と公明党《こうめいとう》は対日平和条約《じょうやく》が発効《はっこう》された四月二十八日案（昭和二十七年四月二十八日を日本の独立《どくりつ》した日、本当の独立《どくりつ》記念日とする考え）を出してきました。ほかにも、それなら終戦の八月十五日にしたほうがいいのでは、とかいや立春《りっしゅん》だ、元旦《がんたん》だ、などさまざまな案が出たのですが、結局二月十一日で押《お》し切《き》られます。見事に戦後復興《ふっこう》に成功して自信のついた国民の気分も、復古調《ふっこちょう》へと少しずつ変わっていたのでしょう。

　ついでにいうとこの年の九月、「国民の祝日に関する法律《ほうりつ》」が改定され、「老人の日」が「敬《けい》老《ろう》の日」となる。老骨《ろうこつ》が敬《うやま》われなくなったはじまりがこのころなんでしょう。

　翌《よく》昭和四十二年（一九六七）十月二十日、あの吉田茂《よしだしげる》さんがお亡《な》くなりになり、三十一日に大々的な国葬《こくそう》が行なわれます。戦前の昭和史《しょうわし》でお話した昭和十八年（一九四三）六月の山本《やまもと》

五十六《いそろく》、そして昭和二十年（一九四五）六月の閑院宮載仁親王《かんいんのみやことひとしんのう》以来、戦後としてははじめての国葬《こくそう》でした。

……とまあ、国民の考え方としてはいろいろありましょうから、ときに論争《ろんそう》が起こってもそれにともなって大きな政治的衝突《せいじてきしょうとつ》とはならず、日本全体の空気としては良き時代、「昭和元禄《げんろく》」の謳歌《おうか》が続いていたということです。

◆激動《げきどう》する世界情勢《じょうせい》

対して外に目を向けますと、どうしてどうして世界は日本の「昭和元禄《げんろく》」とは関係なく、大きな動きを見せはじめていました。ひとつがベトナム戦争です。そもそもは昭和三十七年（一九六二）二月に、アメリカは在《ざい》ベトナム軍事援助《えんじょ》司令部を設置《せっち》して、軍事顧問団《こもんだん》四千人を南ベトナム（ベトナム共和国）に派遣《はけん》しました。これが北ベトナム（ベトナム民主共和国）と、その後《うし》ろ盾《だて》になっているベトミン（ベトナム独立同盟会《どくりつどうめいかい》）とを刺激《しげき》します。それでなくとも、攻《こう》撃側《げきがわ》はもっぱらベトミンの兵士《へいし》（いわゆるベトコン）でしたが、南と北の間では内戦的な流血のゲリラ戦が繰《く》り返《かえ》されていました。結果としては、このアメリカの積極的な南支援《しえん》の介入《かいにゅう》が本格的《ほんかくてき》な戦闘《せんとう》へと展開《てんかい》させることになったといえましょうか。

小競《こぜ》り合《あ》いが激化《げきか》の一途《いっと》をたどっている間に、昭和三十九年（一九六四）八月、トンキン湾《わん》で北の哨戒艇《しょうかいてい》が米駆逐艦《くちくかん》二隻《せき》を攻撃《こうげき》するという偽装事件《ぎそうじけん》が起きました。米大統領《だいとうりょう》ジョンソンは議会から、以後あらゆる武装攻撃《ぶそうこうげき》を武力撃退《ぶりょくげきたい》してよいという権限《けんげん》を与《あた》えられました。これに基《もと》づいて十分な攻撃準備《こうげきじゅんび》を整えて、ジョンソンは昭和四十年（一九六五）二月七日についに大々的な北ベトナムへの爆撃《ばくげき》命令を下したのです。それまでアメリカ軍は、介入《かいにゅう》はしていても、実際《じっさい》の軍隊を投入して直接《ちょくせつ》北ベトナム兵と戦うことはなかったのです。しかしこの日と翌《よく》八日、実に七十機余《あまり》の艦上攻撃機《かんじょうこうげきき》が一気に国境《こっきょう》を越《こ》えて北ベトナムを攻撃《こうげき》したのです。さらに八日には朝鮮《ちょうせん》戦争以来はじめて重武装《じゅうぶそう》の海兵隊が投入され、いよいよ大戦争へと踏《ふ》み切《き》ったのです。

以来、二十七カ月に及《およ》ぶ北爆《ほくばく》は、戦費《せんぴ》十六億ドル、出撃《しゅつげき》機数二十万機余《あまり》、投下爆弾《ばくだん》十六万トン余《あまり》と言われています。ものすごいものです。総指揮《そうしき》をとったのがかのカーチス・ルメイ大《たい》将《しょう》。そうです、太平洋戦争で日本本土のほとんどの都市を焼《や》き払《はら》ったあの将軍《しょうぐん》です。彼《かれ》は豪《ごう》語《ご》しました。「北ベトナムを石器時代の昔に戻《もど》してやる」と。これを新聞で読んだ時、私《わたし》は声もなくただ天を仰《あお》ぎました。

私《わたし》がこの年の秋、アメリカ東海岸のノーフォークを訪《おとず》れた時、係留《けいりゅう》中の原子力空母エンタープライズに物が盛《さか》んに運《はこ》び込《こ》まれていました。乗せてもらって見ると、爆弾《ばくだん》や油を積んでいるんです。どこへ行くのかと聞きますと、ベトナムだと答えるので「ん？」と思い、今度は赤い爆弾《ばくだん》を格納庫《かくのうこ》に入れているので何かと聞けば、原子爆弾《ばくだん》だとあっさり言いましたから、うひゃーと驚《おどろ》きました。その後、私《わたし》がまだアメリカにいる間に、十二月のはじめでしたか、新聞にでかでかと「エンタープライズ北爆《ほくばく》す」の記事が出ていたのを覚えています。原子力空母を投入するほど、アメリカは全力を注いでいたわけです。

　こうして実戦部隊がどかどか入ってくると、今度は対抗《たいこう》して中国やソ連が介入《かいにゅう》してきまして、ベトナムは冷戦下にある大国の代理戦争の犠牲《ぎせい》となったのです。この戦争は何年も続き、世界をずいぶんガタガタさせることになりました。

　いっぽうで当然、平和を望む人たちは多く、世界大戦に直結するようなベトナム戦争に対する反戦運動が世界各地で起こります。日本でもそういった声が大きくなり、共産党《きょうさんとう》や社会党《しゃかいとう》の後押《あとお》しなしで集まった人たちが「ベ平連（ベトナムに平和を！市民連合）」を結成しました。これが翌《よく》昭和四十一年になりますと、日本ではビートルズに沸《わ》いたりしていたのですが、世界のあちこちでは、自分たちの国の政治《せいじ》・経済《けいざい》・社会のシステムが硬直化《こうちょくか》している、要するに、閉塞《へいそく》的で出ていくところがない、頭から押《お》しつぶされているように感じている若者《わかもの》たちが、大人社会を猛攻撃《もうこうげき》するといった意味の、結果的には反政府《はんせいふ》運動が噴出《ふんしゅつ》してきます。

　それと軌《き》を一《いつ》にしたわけでもないのでしょうが、五月十六日、中国で文化大革命《だいかくめい》がはじまりました。当時、流行語になった「造反有理《ぞうはんゆうり》」は、背《そむ》くことに理がある、反逆《はんぎゃく》することはむしろ正しいのだ、という意味でしょうが、陰《かげ》で文革《ぶんかく》を指導《しどう》していた毛沢東《もうたくとう》は永久革命論者《えいきゅうかくめいろんじゃ》なんですね。革命《かくめい》をして新政権《しんせいけん》をつくっても、それで良しとしないのです。その政権《せいけん》は必ず腐敗《ふはい》するのだから、また革命《かくめい》しなくてはならない、その繰《く》り返《かえ》しなんです。とにかく繰《く》り返《かえ》し繰《く》り返《かえ》し永《えい》久《きゅう》に革命《かくめい》をしなきゃならないんですから、毛沢東《もうたくとう》さんが生きている間は中国は休まるヒマがなかったんじゃないか。そう思いたくなるくらい革命《かくめい》に次ぐ革命《かくめい》なんです。もちろんこれをおかしいと思う人もいて、なんとか抑《おさ》えようとすると反革《はんかく》分子として追放される、粛清《しゅくせい》される、そういった以前からの動きが大々的に行なわれたのが文革《ぶんかく》なんです。そして八月半ばですから、はじまって三カ月後ですか、紅衛兵旋風《こうえいへいせんぷう》が吹《ふ》き荒《あ》れます。大勢《おおぜい》の中学生や高校生らが赤い腕章《わんしょう》をつけ、大人たちを次々にとっつかまえて三角帽子《ぼうし》をかぶせました。かの鄧小平《とうしょうへい》さんだって吊《つ》るし上《あ》げられたほどです。中国を旅行しますと、至《いた》る所《ところ》で昔の遺跡《いせき》などがぶっ壊《こわ》され、石像《せきぞう》の首が落っこちているのを目にしたものです。皆《みな》、紅衛兵《こうえいへい》が「偶像《ぐうぞう》は革命《かくめい》の邪魔《じゃま》だ」と破壊《はかい》したものでした。後になって、紅衛兵《こうえいへい》の一人だった作家、梁恒《りょうこう》さんが回想しています。

文化大革命を指導した毛沢東（1893 - 1976）と紅衛兵

「今日悪者だと攻撃《こうげき》されたグル

ープが、明日は正しいものとなり、今日英雄《えいゆう》だったものが、明日は反革命《はんかくめい》の烙印《らくいん》をおされた。あのころ、だれも学校や大学に行かなかった。なぜなら、『ものを識《し》れば識《し》るほど反動に走る』が人気のスローガンだったからだ。本を読むな、読むなら毛沢東《もうたくとう》の本（『毛沢東《もうたくとう》語録』）、だった！」

幕末《ばくまつ》のころを歌った戦前の日本の歌、〽昨日勤皇《きんのう》、明日は佐幕《さばく》　その日その日の出来心……と同じですね。とにかく片《かた》やベトナム戦争反対、片《かた》や文化大革命《だいかくめい》、世界各地で若者《わかもの》たちの反乱《はんらん》……地球がガタガタ揺《ゆ》れている、いや、壊《こわ》れかかっているような状態《じょうたい》でした。

そこへまた昭和四十二年（一九六七）六月五日、イスラエルとエジプトの間で六日間戦争（第三次中東戦争）が勃発《ぼっぱつ》します。この時は、イスラエルが国防相《こくぼうしょう》ダヤン少将《しょうしょう》の指揮《しき》による電撃《でんげき》作戦で一気に攻《せ》め入《い》りました。三百五十機が二十カ所の飛行場を一挙《いっきょ》に攻撃《こうげき》、四百機以上を地上で破壊《はかい》するなど、アッという間にエジプト軍を完膚《かんぷ》なきまでに叩《たた》きつぶし制空権《せいくうけん》を奪《うば》いました。次いで戦車を主力にした部隊がダーッと侵攻《しんこう》し、シナイ半島、エルサレム旧市《きゅうし》、ゴラン高原を占領《せんりょう》するなど、ほんとうにイスラエル軍は強かったんです。ですから六月十一日にあわてて国連が間に入って停戦《ていせん》し、戦いは六日間で終わったのですが、あのまま続けば世界戦争につながっていくのではないかという危機《きき》感は全世界に走ったのです。

かと思えば、文革《ぶんかく》中の中国が六月十七日、初の水爆《すいばく》実験を行ない、核《かく》の保有《ほゆう》を誇示《こじ》します。また十月九日には、（キューバ革命《かくめい》における）英雄児《えいゆうじ》チェ・ゲバラがボリビアで戦死します。

世界革命《かくめい》を信じる人たちにとって、ゲバラの言葉「いずこであれ、死がわれわれに不意《ふい》討《う》ちをかけるならば、それを歓迎《かんげい》しようではないか」は金科玉条《きんかぎょくじょう》とされ、まるで「死ぬことは恐《おそ》ろしくない」と言わんばかりでした。このように、社会主義革命《しゅぎかくめい》が世界的に大きな動きとなった時代でもありました。

そして翌《よく》昭和四十三年（一九六八）三月十六日、ベトナム戦争において、ソンミ村という小さな村で、アメリカ軍によるたいへんな虐殺事件《ぎゃくさつじけん》が起こります。これが全世界に伝わります。アメリカ軍はたいへんな被害《ひがい》を出した、これはその復讐《ふくしゅう》戦なのだ。そもそもゲリラ戦だから兵士《へいし》か民衆《みんしゅう》かわからない、皆殺《みなごろ》せ――と、兵士《へいし》でないかもしれない村人百九人が殺《ころ》されたのです。事件《じけん》が公表された時、アメリカ人はたいへんなショックを受けました。われわれにも大きなショックでしたが。のちに心あるアメリカ人は言いました。

「第二次大戦で戦争犯罪《はんざい》を裁《さば》いた（ドイツ人、日本人に対して）が、われわれにはもはやその資格《しかく》はない」

これほどアメリカ人は、等しくベトナム戦争でのアメリカ兵の残虐《ざんぎゃく》さに衝撃《しょうげき》を受けたのです。アメリカ各地で反戦運動の勢《いきお》いが高まり、同時に、戦争で一番たくさん死者を出している黒人が暴動《ぼうどう》を活発化させる事態《じたい》になります。これが日本にも伝わりますと、国内の反戦運動は火に油を注がれたように広がっていきました。

さらに今度はヨーロッパです。五月三日、パリのカルチエ・ラタンにバリケードが築《きず》かれ、立《た》て籠《こも》った学生たちのデモが、取《と》り押《お》さえようとする警官隊《けいかんたい》と正面衝突《しょうとつ》します。そしていわゆる「花のパリ」で大乱闘事件《だいらんとうじけん》が毎日繰《く》り返《かえ》されたのです。フランス政府《せいふ》の体制《たいせい》への不満からはじまったこの運動は、ちょうど第二次世界大戦でパリに突入《とつにゅう》したアメリカ・イギリス軍とフランス軍が、ドイツ軍と戦った市街戦のようになってしまいます。さらに十九日には全フランスで大々的なゼネストをかける動きにまで発展《はってん》し、どんどん盛《さか》んになる反政府《はんせいふ》運動は「五月革命《かくめい》」といわれました。

　考えてみると、昭和三十一年（一九五六）のかのスターリン批判《ひはん》の影響《えいきょう》が全世界的にすこぶる大きかったと思えるのですね。輝《かがや》ける「共産党《きょうさんとう》」がまったく信じられなくなったのですから。それで、いまやその呪縛《じゅばく》を脱《だっ》して、実に多様な反体制《はんたいせい》運動が生まれ出たんです。全世界的に。かつてのような指導部《しどうぶ》への服従《ふくじゅう》なんてことは、まず否定《ひてい》されなければならなかった。六〇年代後半からのものすごい反体制《はんたいせい》・反社会・反戦の運動とはそういうものだったと思います。

　さあ、地球が反社会・反政府《はんせいふ》運動で噴火《ふんか》しているような状態《じょうたい》は、当然のことながら、昭和元《げん》禄《ろく》でのんびりしている日本を直撃《ちょくげき》してきます。煽《あお》られ浮《う》かれ調子になったわけでもないでしょうが、刺激《しげき》を受けたのは確《たし》かでしょう、日本国内の革命的《かくめいてき》あるいは社会主義的《しゅぎてき》な考えをもっている人たちが「われわれも負けてはいられない」とばかりに、「戦後民主主義《しゅぎ》も空洞化《くうどうか》しつつある」「金持ちがいい気になっているような日本は前途《ぜんと》が危《あや》ぶまれる」と、先の「べ平連」の反戦運動と若干《じゃっかん》は絡《から》みながらもより大々的に反戦・反政府《はんせいふ》運動をはじめます。それも大学生がその中心になったのです。なぜ学生たちが運動に走ったのか。ここに、いわゆる「団塊《だんかい》の世代」という話が出てくるのです。

この時に反政府《はんせいふ》運動に走った人の主力は、いうなれば「団塊《だんかい》の世代」といっていい。今マスコミなどでいろいろと書いたりしゃべっている六十歳《さい》前後の人たちはほとんどが、この時に運動をやった人たち、と言っても過言《かごん》ではないでしょう。

あの頃《ころ》、対岸の火事のような朝鮮《ちょうせん》戦争、さらにはベトナム戦争などで儲《もう》けて豊《ゆた》かになった日本では、成金《なりきん》はレジャーや宴会《えんかい》や海外旅行にウツツを抜《ぬ》かしている、たしかに高度経済《けいざい》成長が軌道《きどう》に乗り、働いている人たちは懸命《けんめい》に汗水《あせみず》流していますが、富裕《ふゆう》になった世の中の体制《たいせい》はもうしっかりと確立《かくりつ》している。まだ社会に出ていない人たちはそのどこにも入る余地《よち》がないように思われるわけです。混沌《こんとん》状態《じょうたい》はとうの昔の話で、今や貧富《ひんぷ》の差ははっきりし、世の中はきちんと出来上がってしまった。閉塞感《へいそくかん》あるのみ。そこから若者《わかもの》たちの反逆《はんぎゃく》というものがはじまるんじゃないか——ということで、ここをもう少し詳《くわ》しく見ていきます。

◆ベビーブーム世代の反逆《はんぎゃく》

高度経済《けいざい》成長の全体の動きは非常《ひじょう》にうまくいっていました。ところが、ちょうどうまくいっているあたりから、公害問題や環境《かんきょう》問題が方々《ほうぼう》で表面化してきました。もちろん何もこの時になって急に発生したわけではなく、前にも話しましたように太平洋側の美しい砂浜《すなはま》などの自然

日本各地で見られた公害の風景。川崎工業地帯の黒煙は大気を汚染した
（昭和45年、撮影＝浜口タカシ）

が次々に製鉄所《せいてつじょ》や石油コンビナートなどに取って代わられてからのことですが、表面化しながらもごまかされてわからなかっただけです。昭和四十四、四十五年あたりからそれが目立ってきて、いったい何なんだろうというので研究が進み、水俣病《みなまたびょう》、イタイイタイ病、四日市《よっかいち》ぜんそく、川崎《かわさき》ぜんそくなど、どんどん公害による悲惨《ひさん》な病気の実態《じったい》がわかってきて、大問題になっていくのです。遅《おそ》すぎるほどでした。水《みな》俣病《またびょう》が公害と認定《にんてい》されたのは昭和四十三年（一九六八）九月二十六日です。さすがに国も放っておけなくなり、佐《さ》藤内閣《とうないかく》がようやく環境庁《かんきょうちょう》を発足《ほっそく》させたのが昭和四十六年ですから、かなり対策《たいさく》が遅《おく》れていたわけです。まったく

軽視《けいし》していたと言えば言いすぎかもしれませんが、上の方では公害というものをあまり真剣《しんけん》に考えていなかったのではないでしょうか。そう思うほかはない。また同時に、田子《たご》の浦《うら》へドロ、東京の光化学《こうかがく》スモッグのような環境汚染《かんきょうおせん》なども、徐々《じょじょ》に問題視《もんだいし》されていきました。

そしてまた対外的には、アメリカがベトナム戦争で、安保条約《あんぽじょうやく》があるために日本を基地《きち》として使用しているのは、日本政府《せいふ》が戦争に加担《かたん》していることだと反発が高まります。また隣《となり》を見れば、中国では文革《ぶんかく》で紅衛兵《こうえいへい》がガンガンやっている、なかでも一番直接的《ちょくせつてき》にはフランスの「五月革命《かくめい》」の果敢《かかん》なる闘《たたか》いに影響《えいきょう》されました。鬱屈《うっくつ》していた日本の学生たちが昭和四十三年秋ごろからパワーを噴出《ふんしゅつ》しはじめます。そのパワーの中心になったのは誰《だれ》かといえば、これが「団塊《だんかい》の世代」なんです。昭和二十二〜二十四年あたりに生まれた人約七百万人で、ベビーブームの落とし子です。なぜその頃《ころ》ベビーブームかといえば、外地から兵隊さんがどっと家族のもとに帰ってきて、一所懸命《いっしょけんめい》に、律儀《りちぎ》に子作りに精《せい》を出したからですね。それはともかく、生まれた子どもたちは数が多いもんだから、小学生時代からとにかく競争競争なんです。学校も施《し》設《せつ》が昔のままなので午前と午後の二部授業《じゅぎょう》だったり、一教室六十人くらいでスシ詰《づ》め教育でした。これよりほんの少し前の昭和二十一年（一九四六）に生まれた評論家《ひょうろんか》の松本健一《まつもとけんいち》さんは、自分が小学生の時は一学年四組だったのが、翌年《よくねん》は八組になり、その翌年《よくねん》は十組になったと話してくれました。しょうがないので学校は建《た》て増《ま》しをしますが、追いつかない。加えて、数が多すぎるから一人ひとりは常《つね》に粗末《そまつ》にされ、冷遇《れいぐう》されたんだそうです。皆《みな》がひとしなみにそうならともかく、そこに差が出ようものならすぐさま憤懣《ふんまん》やひがみにつながり、クソッという闘《とう》争心《そうしん》が起こってたちまちキレてしまう。そんな子どもが大学生になっていったわけです。ちょうどそこに授業料《じゅぎょうりょう》の値上《ねあ》げがぶつかります。また講義《こうぎ》といえば、昭和元禄《げんろく》でのんびりしてきた教授《きょうじゅ》たちが、黄ばんだ三十年前のノートブックを広げてつまんなさそうにしゃべっている。数年前のノートを借りて「ここで教授《きょうじゅ》が冗談《じょうだん》を言う」とメモのあるところで、その通りの冗《じょう》談《だん》を聞かされるような講義《こうぎ》が続く。そういったことが全部「許《ゆる》せない」思いにつながってゆくのです。

国内の政治《せいじ》の世界を見れば、先ほど話しましたようにいろんな問題が起こっているはずなのに、共産党《きょうさんとう》も社会党《しゃかいとう》もほとんど無力です。その上、経済至上主義《けいざいしじょうしゅぎ》で、大学そのものが経済界《けいざいかい》や産業界と結びつくようになって、その要請《ようせい》に応《おう》じて学生を増減《ぞうげん》させている。ちなみに昭和三十五年から四十二年までに、大学数は二百四十五から三百六十九に、学生数は六十七万人から百十六万人へ、二倍弱にまで増加《ぞうか》しました。大学もさばき切れなかったのでしょう。自分たちの学んでいる大学が堕落《だらく》している、金儲《かねもう》け一点張《いってんば》りだ、という怒《いか》りがつのってゆきました。

もう一つあえていえば、団塊《だんかい》の世代は、高度成長のもとでもの心がつきましたから、互《たが》いの競争関係を別にすれば、日常《にちじょう》生活に不自由を感じたことがない、我慢《がまん》したことがないんです。ただちにかなえられる。そうした自分たちの高度成長下の生活は、よくなっていって当たり前で、悪くなってはたまらない、そんな意識《いしき》が根底にあるんですね。一方で世の中を見れば、自分たちのお父さんたちはほんとうに一所懸命《いっしょけんめい》に働いていて、しかもしっかり組織《そしき》に管理されている。経済《けいざい》中心、産業中心、会社中心の会社封建《ほうけん》時代なんです。当時われわれはよく言いましたが、昭和の戦争中は軍国封建主義《ほうけんしゅぎ》、さらに戦後は会社封建主義《ほうけんしゅぎ》になったと。終身雇用制《しゅうしんこようせい》もありますが、皆《みな》が会社のため、会社のため、と働いていました。団塊《だんかい》の世代の親たちは、まさにそうだったと思います。当時の企業《きぎょう》戦士《せんし》の理想像《りそうぞう》は、「スモッグの街を突《つ》っ走《ぱし》り、先輩同僚《せんぱいどうりょう》の眼《め》をムかせ、夜はハシゴの先に立ち、今朝もキッパリご出勤《しゅっきん》」――これが当時の肝臓《かんぞう》の薬の広告《こうこく》なんです。

頭にはヘルメット、顔にはタオル、手にはゲバ棒。
これが当時の学生運動スタイル。昭和43年、東大安田講堂前で
（撮影＝浜口タカシ）

かかる管理社会への不満も出てくるわけです。そしてくだらない大学の授業《じゅぎょう》です。公害や環境《かんきょう》の問題、世界の各地で盛《さか》んな革命《かくめい》や学生運動、もういろんな要因《よういん》が重なって、許《ゆる》せない思いがつのり、毛沢東《もうたくとう》の言葉を借りれば「造反《ぞうはん》」がはじまる。革新政党《かくしんせいとう》とは無関係な学生パワー噴出《ふんしゅつ》によって、

日本国内はやがて大混乱《だいこんらん》に次ぐ大混乱《だいこんらん》に陥《おちい》るのです。

学生たちが掲《かか》げたスローガンはまず「産学協同反対」——学校と産業界がぴったり結びつく、経済界《けいざいかい》の要請《ようせい》で大学が動かされる、そのようなことは学問の自由のためにあってはならない、そして「授業料《じゅぎょうりょう》値上《ねあ》げ反対」。他にもいくつもある訴《うった》えが連鎖反応《れんさはんのう》を起こし、とくに日大と東大が激《はげ》しかったのですが、「皆《みな》で集まって闘《たたか》おう」と全学共闘《きょうとう》会議（全共闘《ぜんきょうとう》）という組織《そしき》が生まれ、大学側と対立するようになりました。そこにベトナム反戦運動が重なって、最初は大学内でやっていた活動が街頭に出てデモをするようになります。

そうなると当然、警察側《けいさつがわ》と対決しなくてはなりません。ところがこの時前面に出てきた機動隊は、私《わたし》などがぶつかった昭和二十五年（一九五〇）のレッドパージの時（普通《ふつう》の制服《せいふく》に警棒《けいぼう》を持っているだけ）と違《ちが》って完全武装《ぶそう》なんです。そこで学生たちも対抗《たいこう》するためにヘルメットをかぶり、タオルで顔を隠《かく》し、「機動隊の暴力《ぼうりょく》にはわれらもまた暴力《ぼうりょく》で闘《たたか》うのみ」と手にゲバ棒《ぼう》を持ちました。ゲバ棒《ぼう》というのは、ゲバルトという暴力行為《ぼうりょくこうい》を意味するドイツ語がありまして、要するに暴力棒《ぼうりょくぼう》です。

また、やがて闘争《とうそう》の母胎《ぼたい》としていろんなセクションが生まれて、「五流十三派《ぱ》」とも言われました。すると流派同士《りゅうはどうし》で闘《たたか》う「内ゲバ」まで起こりはじめ、だんだんに暴力化《ぼうりょくか》してわけがわからなくなってきます。そんな闘《たたか》いには興味《きょうみ》がないという「ノン・ポリ」（ポリはポリティカルの略《りゃく》）、また学生なのか革命闘士《かくめいとうし》なのかわからないような「ポリ・ポリ」、流派《りゅうは》に属《ぞく》していない「ノン・セクト」、何も知性《ちせい》がない「ノン・テリ」が現《あらわ》れたり、暴力《ぼうりょく》しか能《のう》がない「単ゲバ」（単純《たんじゅん》ゲバルトの略《りゃく》。当初「ゲバルトやるしか能《のう》がない」の蔑称《べっしょう》的意味合いもあったとか）やら、まあいろんな言葉がはやりました。「花より団交《だんこう》、論《ろん》よりゲバ棒《ぼう》」なんて文句《もんく》もありましたね。

東大教授《きょうじゅ》の上野千鶴子《うえのちづこ》さん（昭和二十三年生まれ）の談話によると、大学闘争《とうそう》の中身は、「全共闘《ぜんきょうとう》はシンパ（周辺的同調者）も入れて約二割《わり》、アンチ全共闘《ぜんきょうとう》が約二割《わり》、残りの大学生の六割《わり》はいわゆるノンポリだった」（平成十八年二月二十日付朝日新聞）ということですが、なにしろベビーブーマーの世代ですからね、二割《わり》といってもそれはもう……。

「漫画読本」（昭和44年４月号）に掲載された、当時東大２年生の橋本治さん作「東大版博徒列伝」

とにかく、日本に限《かぎ》らず学生運動はいろんな名言を生みました。一番有名なのは、パリの五月革命《かくめい》で言われた「禁止《きんし》することを禁止《きんし》する」でしょうか。わが日本では、同じく昭和四十三年十一月二十三日の東大駒場《こまば》祭のポスターの名文句《めいもんく》ですね。

「とめてくれるな／おっかさん／背中《せなか》のいちょう

が／泣いている／男東大どこへ行く」

後に作家となる橋本治《はしもとおさむ》さんの作ったものです。当時、東映《とうえい》映画で『網走番外地《あばしりばんがいち》』だとか、高倉健《たかくらけん》さんや鶴田浩二《つるたこうじ》さんのヤクザ映画《えいが》、藤純子《ふじじゅんこ》さん（今の富司純子《ふじすみこ》さんですね）の緋牡丹《ひぼたん》お竜《りゅう》などが観衆《かんしゅう》を大いに沸《わ》かせた時代でしたから、「とめてくれるな／おっかさん」はピッタリだったんですね。いちょうは、かつて東大生は帽子《ぼうし》などにイチョウのバッヂをつけていたのです。私《わたし》は当時、雑誌《ざっし》「漫画読本《まんがどくほん》」の編集長《へんしゅうちょう》でして、まだ学生であった橋本《はしもと》さんを見込《みこ》んで六ページもの絵を描《か》いてもらったのを覚えています。

そしてこの四十三年十月二十一日の国際《こくさい》反戦デーには、新宿《しんじゅく》駅を中心に全学連と警官《けいかん》が大市街戦をやりました。学生は火炎瓶《かえんびん》を投げるわ、機動隊は催涙《さいるい》ガスをバカバカ撃《う》つわで、夜の新宿《しんじゅく》が明るくなったほどでした。こういった乱闘《らんとう》が日常的《にちじょうてき》に行なわれるなか、クライマックスとなったのが、東京大学の安田講堂占拠《やすだこうどうせんきょ》です。

◆東大・安田講堂《やすだこうどう》の落城

日大とともに運動の中心になっていた東大の学生たちは、まさしく権力《けんりょく》の走狗《そうく》ばかり生み出して日本を悪くしたのはみな東大だ、その歴史《れきし》は汚《よご》れに汚《よご》れていると「東大解体《かいたい》」を叫《さけ》んでいました。そして昭和四十四年（一九六九）は、東大安田講堂攻防戦《やすだこうどうこうぼうせん》で年が明けたといってもいいほどです。「砦《とりで》の上に我等《われら》の世界を」という合言葉とともに、安田講堂《やすだこうどう》は全共闘《ぜんきょうとう》によって占《せん》

昭和44年１月、東大安田講堂に立て籠った学生と機動隊との激しい攻防が繰り広げられた（撮影＝浜口タカシ）

拠《きょ》されました。当時の大河内一男《おおこうちかずお》学長はお辞《や》めになり、加藤一郎総《かとういちろうそう》長《ちょう》代行がいろいろ交渉《こうしょう》したのですが、学生は断固《だんこ》としてききません。やむを得《え》ず警察《けいさつ》を呼《よ》んで機動隊が占拠排除《せんきょはいじょ》のため中に入ったのです。こうして一月十八日午前七時から翌《よく》十九日午後五時四十六分まで二日間、安田講堂《やすだこうどう》は〝戦場〞となりました。下からはガス弾《だん》、上からは投石や火炎瓶《かえんびん》……このようすを朝から晩《ばん》までテレビで流したものですから、日本じゅうの人が一日テレビにかじりついて視聴《しちょう》率《りつ》一〇〇パーセント、「一億総観《そうかん》客《きゃく》」の日が暮《く》れたのです。

当時の新聞によれば「東大の被《ひ》

害《がい》、四億円なり」。内訳《うちわけ》を見ますと、安田講堂《やすだこうどう》の施設破壊《しせつはかい》で一億二一八三万円、設備《せつび》・物品などで三五七七万円、すぐそばにあった法学部研究室が五〇九八万円、隣《となり》にあった工学部の列品館が九〇九〇万円などなど。とにかく東大はあまりにもガタガタになってしまい、その年の入学試験は中止になりました――と、これが東大安田講堂攻防戦《やすだこうどうこうぼうせん》のお粗末《そまつ》であります。

いずれにしろ、安田講堂《やすだこうどう》の封鎖《ふうさ》が解除《かいじょ》され、全員が逮捕《たいほ》されて騒《さわ》ぎが終わりますと、妙《みょう》なもので、多数の一般《いっぱん》学生を組み入れたところの大々的な学生運動がシューッと萎《しぼ》んでしまい、消えてなくなったかのように静かになってしまうのです。上野《うえの》さんのいうノンポリ六割《わり》が学生に戻《もど》ったのでしょう。もちろん革命《かくめい》の闘士《とうし》として本気でやっている人はまだいますし、全共闘《ぜんきょうとう》は依然《いぜん》として健在《けんざい》であり強力ですから、同年六月の大デモで二百人余《あまり》が逮捕《たいほ》されたり、十一月に沖縄返還交渉《へんかんこうしょう》のために佐藤首相《さとうしゅしょう》が訪米《ほうべい》する時には抗議《こうぎ》の大々的ストがさらに街頭でのゲリラ戦となり、実に二千人余《あま》りが逮捕《たいほ》されたりしていました。

ともかく、どうにもおさまらない人たちはまだたくさんいました。新左翼《さよく》というのですが、これまた革《かく》マル（革命的《かくめいてき》マルクス主義派《しゅぎは》）とか社青同（社会主義《しゅぎ》青年同盟《どうめい》）など各派《かくは》に分かれ、どんどん少数になってくるのですが、内ゲバをやったりしながら街頭に出ては機動隊と衝突《しょうとつ》するわけです。なかでももっとも過激《かげき》な赤軍派《せきぐんは》の九人が昭和四十五年（一九七〇）三月三十一日、世界同時革命《かくめい》を叫《さけ》んで日本航空《こうくう》の「よど号」を乗っ取ります。革命基地《かくめいきち》をつくるのだと言って北朝鮮《きたちょうせん》に向かい、着陸はしたのですが亡命状態《ぼうめいじょうたい》になって現在《げんざい》にいたっています。もうずいぶんお歳《とし》なんですが、これがまた拉致《らち》問題に絡《から》んでいるのではないかとも言われたりしています。ともかく日本の航空史上初《こうくうしじょうはつ》のハイジャックで、金浦《きんぽ》空港かどこか途中《とちゅう》で一度降《お》りてまた飛び立って北朝鮮《きたちょうせん》に向かったと思いますが、主犯《しゅはん》の田宮高麿《たみやたかまろ》という人は後に「ハイジャックというのは乗客の同情《どうじょう》を得《え》なければ勝てないんですよ」と語っています。実際《じっさい》、よど号の乗客はかなり彼《かれ》らに同情《どうじょう》したらしいのですが。そういえばこの時もテレビでずーっと放映《ほうえい》していました。

さらにさきに進んで新左翼《さよく》がどんどん孤立化《こりつか》していった昭和四十七年（一九七二）二月には、いわゆる連合赤軍事件《せきぐんじけん》が起こります。互《たが》いのリンチによって十二人の同志《どうし》が殺傷《さっしょう》され、残った何人かが軽井沢《かるいざわ》の浅間山荘《あさまさんそう》に立《た》て籠《こも》って、管理人の奥《おく》さんを人質《ひとじち》にします。これも警官隊《けいかんたい》との銃撃戦《じゅうげきせん》となり、またテレビが朝から晩《ばん》まで流していました。とまあ、何か起きるとテレビが一日じゅう現場中継《げんばちゅうけい》を流しまして、日本人は皆《みな》が画面に釘付《くぎづ》けになっていたんですね。さらに五月、パレスチナ解放《かいほう》戦線の兵士《へいし》と名乗る日本人三人がテルアビブ空港で自動小銃《しょうじゅう》をいきなり乱射《らんしゃ》して、周囲《しゅうい》にいた乗客など二十六人を殺害《さつがい》し、国際的《こくさいてき》な大事件《だいじけん》として報道《ほうどう》されましたが、いずれも新左翼《さよく》がかなり少数になってからの事件《じけん》でした。

というように、安田講堂封鎖解除《やすだこうどうふうさかいじょ》の後も左翼《さよく》運動家の闘争《とうそう》は続いてはいましたが、だんだん小さくなり、沖縄返還交渉《へんかんこうしょう》前のゲリラ戦で二千人逮捕《たいほ》されただの、大騒《おおさわ》ぎはしているものの、一般《いっぱん》の人たちはもうほとんど関心を失っていました。さぁーっと潮《しお》が引くように遠ざかった。

連合赤軍《せきぐん》リンチ事件《じけん》後、朝日新聞のコラム「天声人語《てんせいじんご》」が、「二十数人もの集団《しゅうだん》が、どういう経緯《けいい》で仲間を次々に殺害《さつがい》できたのか。(中略《ちゆうりやく》)浅間山荘事件《あさまさんそうじけん》をみても、愚《おろ》かで、未熟《みじゆく》で、冷酷《れいこく》で、何をするかわからない連中だとは知っていた。その、わけのわからなさが今度で窮《きわ》まった感じがする」(昭和四十七年三月十一日付)と冷ややかな視線《しせん》で書いたのを記憶《きおく》しています。

ともあれ全体的にみて、安田講堂解放《やすだこうどうかいほう》で騒乱《そうらん》はほぼ終わったと言っていいかと思います。

◆万博《ばんぱく》と三島事件《みしまじけん》と

そういう冷酷《れいこく》な事件《じけん》が行なわれている一方で、これまたおよそ正反対の、何ともかんとも申しかねるお祭りというか、「昭和元禄《げんろく》」の最大の打ち上げといえるような日本万国博覧会《ばんこくはくらんかい》が、大阪府吹田市《すいた》の千里丘陵《せんりきゆうりよう》で昭和四十五年(一九七〇)三月十四日に開幕《かいまく》します。「よど号」ハイジャックの半月前ですね。そして九月十三日の閉幕《へいまく》まで百八十三日間ありましたが、私《わたし》は一歩も足を踏《ふ》み入《い》れませんでしたので、内容《ないよう》については存《ぞん》じません。いや、語れません。ただ日本人が次から次へと訪《おとず》れたのは確《たし》かで、総《そう》入場者数は実に、それまでの万博史上《ばんぱくしじよう》最高の六四二一万八七七〇人だそうです。これが全部日本人だとすると国民の三分の二が行ったことになりますが、さすがにそうじゃないでしょう、でも半分くらいの人たちが行ったんじゃないでしょうか。参加国数は七十七で大したもんですし、最終的に一六五億円の黒字といいますから、結構《けつこう》なお話です。

ただ入場はしても、混雑《こんざつ》でお目当てのものを見ることができず、なかでも前年七月二十日に

昭和45年に大阪で開催された万博は大勢の人を集め、中でも「月の石」には連日、長蛇の列ができた（撮影＝浜口タカシ）

米宇宙船アポロ11号が月面着陸してアームストロング船長が持ち帰った「月の石」に人気が殺到《さっとう》して、延々《えんえん》長蛇《ちょうだ》の列でした。そこで、「人類の進歩と調和」をテーマにした万博《ばんぱく》を、これぞ「人類の辛抱《しんぼう》と長蛇《ちょうだ》」の結果であった、なんて冷やかす人もいたわけです。ひとことで言えばバカバカしいったらねえな、と思うのですが、そうも言ってられません。付け加えますと、会期中に会場で亡《な》くなった人は八人、迷子《まいご》は四万八一三九人、これも新記録だったそうです。

今も会場跡《あと》には岡本太郎《おかもとたろう》さんがつくった「太陽の塔《とう》」が残っているとか。当時は大屋根を突《つ》き破《やぶ》って突《つ》っ立《た》っていた。万博《ばんぱく》にはじめから参画した作家の小松左京《こまつさきょう》さんが笑って言ってました。「僕《ぼく》、見たとたんに連想したのが、『太陽の季節』の障子《しょうじ》破《やぶ》る場面（笑）」と。脱《だつ》〝戦後〟日本のはじめと終わりとが、うまく照合しているんですね。

この時、次々にお客を運んで大いに潤《うるお》ったのが新幹線《しんかんせん》の国鉄（現《げん》ＪＲ）です。ところが万博《ばんぱく》が終わると利益《りえき》の持続が期待されない、というので考え出されたのが「ディスカバー・ジャパン」（自分の知らない日本を探《さが》そう、旅しよう）と銘打《めいう》ったキャンペーンでした。これが当たりました。世の中に知恵者《ちえしゃ》はいるものです。

またこの年は、七〇年安保《あんぽ》の年でもありました。つまり六〇年安保《あんぽ》が何もなければ自動延長《えんちょう》される年です。そのときに学生運動が沸騰《ふっとう》し、安田講堂《やすだこうどう》の解放《かいほう》で全共闘《ぜんきょうとう》運動は下火になったものの残党《ざんとう》が残っていましたから、猛反対《もうはんたい》が起こって六〇年安保《あんぽ》が再現《さいげん》されるのではないかとも噂《うわさ》されていました。ところが自動延長《えんちょう》される六月二十三日、反対統一《とういつ》行動の大集会と大デモに六〇年安保《あんぽ》時の最高の五十万五千人をはるかに超《こ》える七十七万四千人が参加したにもかかわらず、人は集まり気勢《きせい》を大いに上げたものの、まことに静かなるデモに終始し、自動延長《えんちょう》はあっさり通過《つうか》したのです。結局、少しごたごたがあったものの、日本はなんとなしに元通りに落ち着いてしまったんですね。するとこんな気力喪失《そうしつ》を「あかんのじゃないか」と感じる人も出てくるわけです。もはや日本は繁栄《はんえい》にウツツを抜《ぬ》かすばかりで、みずからの力で何らの改革《かいかく》もできない！　万博《ばんぱく》の成功だなんて喜《よろこ》んでいるけれど、高度経済《けいざい》成長に酔《よ》いしれている日本人を象徴《しょうちょう》するだけの話だ！　なるほど経済《けいざい》は復興《ふっこう》したが、敗戦で喪失《そうしつ》した日本人の伝統的《でんとうてき》な文化や精神《せいしん》は、なんら復興《ふっこう》することがないではないか！　皆《みな》が金を儲《もう》けるだけでいいのか。みんな腑抜《ふぬ》けでいいのか！――と、強烈《きょうれつ》に思う人がいたのです。作家の三島由紀夫《みしまゆきお》さんです。「私《わたし》は戦後を鼻をつまんで生きてきた」と言い、こんな戦後は許《ゆる》せないと常々《つねづね》語っていた三《み》島《しま》さんは、とうとう自ら主宰《しゅさい》する「楯《たて》の会」のメンバー四人と自衛隊市ヶ谷駐屯地《じえいたいいちがやちゅうとんち》の東部方面総監《そうかん》室に乗《の》り込《こ》み、総監《そうかん》室前のバルコニーの上から大演説《だいえんぜつ》をぶちます。十一月二十五日のことでした。「自衛隊諸君《じえいたいしょくん》よ、だらしのない政府《せいふ》に対してクーデタを起こせ、日本精神《せいしん》はいずこにあったのか」と叫《さけ》んで憲法《けんぽう》改正・天皇親政《てんのうしんせい》の復活《ふっかつ》を大声で訴《うった》えたのですが、自衛隊諸君《じえいたいしょくん》に拍手《はくしゅ》も賛同《さんどう》もする者はなく、皆《みんな》ただポカーンと見ているだけでした。まあ、三島《みしま》さんもはじめから予想していて、死ぬつもりで乗《の》り込《こ》んだのだと思いますが、やるだけのことはやって割腹《かっぷく》自殺《じさつ》したわけです。これもまたテレビが延々中継《えんえんちゅうけい》しまして、日本じゅうの人が見ていました。

　ちなみに三島《みしま》さんが腹《はら》を斬《き》った部屋は、戦時中は陸軍大臣の部屋だったと思いますが、現在《げんざい》、東京裁判《さいばん》が行なわれた講堂《こうどう》とくっついて、記念館として見学できます。前にも申しましたかね。先日も行ってきましたが、案内してくれた人が、ここで三島《みしま》さんが座《すわ》って腹《はら》を斬《き》り、後ろから介錯《かいしゃく》する人がいたと身ぶり手ぶりで懇切丁寧《こんせつていねい》に説明してくれました。

　この事件《じけん》について、佐藤栄作首相《さとうえいさくしゅしょう》はひと言「気が違《ちが》ったとしか思えぬ」と片付《かたづ》け、当時の防《ぼう》衛庁《えいちょう》長官、中曾根康弘代議士《なかそねやすひろだいぎし》は「民主的・平和的秩序《ちつじょ》の破壊者《はかいしゃ》として糾弾《きゅうだん》する」と全否定《ひてい》しました。これには三島《みしま》さんを敬愛《けいあい》し、立派《りっぱ》な死じゃないかと思っている人たちは「何を言ってるんだ、総理《そうり》大臣はけしからん、防衛庁《ぼうえいちょう》長官はもっとけしからん」と息巻《いきま》き、評論家《ひょうろんか》の村松《むらまつ》剛《たけし》さんは「昭和元禄《げんろく》への死をもってする警告《けいこく》」と述《の》べ、さらに作家の林房雄《はやしふさお》さんは「彼《かれ》の死は諫死《かんし》である」、つまり日本人全員を身をもって諫《いさ》めようとして死んだのだ、と三島《みしま》さんを心から称《たた》えたのです。

いずれにしろ、三島事件《みしまじけん》はテレビ、新聞、雑誌《ざっし》、とくに週刊誌《しゅうかんし》は軒並《のきな》み一所懸命《いっしょけんめい》にバンバン報道《ほうどう》しました。ちなみに事件《じけん》直後の「週刊文春《しゅうかんぶんしゅん》」は、編集長《へんしゅうちょう》の判断《はんだん》か何かで事件《じけん》を一行も取り上げませんでした。すると売れ行きがダーッと急降下《きゅうこうか》して、回復《かいふく》するのに半年かかった。それくらいどのマスコミも事件《じけん》を派手《はで》に扱《あつか》ったのです。要するに、報道《ほうどう》をセンセーショナリズムをエスカレートさせる今のマスコミ体質《たいしつ》は、三島事件《みしまじけん》をもってはじめとするのではないか、そう私《わたし》などは思うのです。それほど日本人を仰天《ぎょうてん》させた事件《じけん》でした。

その当時もそうでしたが、今考えても、三島《みしま》さんの壮絶《そうぜつ》なる死が、保阪正康《ほさかまさやす》さんのいうように、戦後民主主義《しゅぎ》と高度経済《けいざい》成長下の社会的怠慢《たいまん》と安定に対する、極端《きょくたん》にラディカルな反抗《はんこう》の意味をもっていたと言えなくもありません。それくらい昭和四十年代の日本全体には、ごくごく安定した元禄《げんろく》時代のような太平意識《いしき》が覆《おお》っていたのです。三島《みしま》さんは遺書《いしょ》の一つで、「古き良き伝統《でんとう》のためにわが身を捧《ささ》げようという気持ちになっている」と書いていますが、ただ復古《ふっこ》主義《しゅぎ》というだけではなく、経済《けいざい》大国日本の精神的頽廃《せいしんてきたいはい》と怠惰《たいだ》に警鐘《けいしょう》を鳴らしたんですね。このあと三島《みしま》さんに続いて戦後民主主義《しゅぎ》に対する同じような批判《ひはん》を叫《さけ》ぶ論者《ろんじゃ》が増《ふ》えていくようになる。いずれにせよ、安保《あんぽ》の年と言われた七〇年が三島《みしま》さんの死をもって終わりました。そういう点では三島《みしま》さんの死に方はまさに象徴《しょうちょう》的《てき》であったとは思います。

◆沖縄返還《へんかん》で〝完結〟した戦後

三島《みしま》さんは、早くいえば復古主義《ふっこしゅぎ》というか、昔の日本を取《と》り戻《もど》そうという努力を傾《かたむ》けたわけです。しかし誰《だれ》もこれに乗ってこず、結果的に戦後日本はそのまま、高度成長を大事なものとして国をつくっていきました。

いろんな見方があると思いますが、戦後日本がどこで〝完成〟、あるいは〝完結〟したか。なにかしら戦後というものを引きずりつつ最後の成果を上げたのはどこかといえば、私《わたし》は佐藤内《さとうない》閣《かく》がやった沖縄返還《へんかん》ではないかと思います。組閣《そかく》した時から「沖縄を日本の国土に取《と》り戻《もど》す」と宣言《せんげん》していた、これは佐藤内閣《さとうないかく》の最大の仕事でした。それを少し考えてみます。

そもそも沖縄がなぜ日本の領土《りょうど》でなくなったのか。戦争中の軍事占領《せんりょう》に引き続いて、昭和二十一年（一九四六）一月二十九日に発せられたGHQ覚書《おぼえがき》で確定《かくてい》したのです。

「北緯《ほくい》三〇度以南の琉球諸島《りゅうきゅうしょとう》（口之島《くちのしま》を除《のぞ》く）、大東諸島《だいとうしょとう》などに対し、政治《せいじ》上の権力《けんりょく》を行使することを停止《ていし》するよう日本政府《せいふ》に指令する」

こうして沖縄に対して日本は政治的《せいじてき》な措置《そち》（司法・立法・行政三権《ぎょうせいさんけん》）を一切《いっさい》行使できなくな

り、沖縄はＧＨＱの管轄《かんかつ》下に入ったわけです。さらにそれが講和《こうわ》条約《じょうやく》で、「沖縄は米国を施政《しせい》権者《けんじゃ》とする国連の信託統治《しんたくとうち》のもとに置かれる」ことが決められ、沖縄はまったく日本の政治権《せいじけん》限《げん》の及《およ》ばないところに存在《そんざい》することになりました。ちなみに昭和三十三年（一九五八）、全国高校野球大会に首里《しゅり》高校が沖縄代表としてはじめて出場することになった時、沖縄はあくまで外国だというので選手たちは甲子園《こうしえん》に行くのにパスポートが必要でした。

　では連合軍、とくにアメリカがなぜこれほど沖縄を必要としたのか。それには冷戦が大きく影響《えいきょう》しています。戦前の話をした時、制空権《せいくうけん》がいかに戦局を左右するかを話しました。同じことで、沖縄を基点《きてん》として太平洋に大きなコンパスを回せばわかりやすい。グアム、沖縄、台湾《たいわん》からは北朝鮮《きたちょうせん》や中国やソ連などを爆撃機《ばくげきき》や戦闘機《せんとうき》で十分にカバーできる位置にあるのです。たとえば北海道からですとシベリアあたりにしか届《とど》きません。そこに冷戦がはじまると、沖縄とフィリピンを基点《きてん》にすれば共産圏《きょうさんけん》に対するアジアの戦略態勢《せんりゃくたいせい》がほぼ整いますので、アメリカ軍としては沖縄確保《かくほ》がアジアの権益《けんえき》を守るための絶対的《ぜったいてき》な必要条件《じょうけん》となったのです。現《げん》にベトナム戦争では、沖縄の基地《きち》からＢ52爆撃機《ばくげきき》が北ベトナム爆撃《ばくげき》へと飛び立ちました——これを日本がベトナム戦争に加担《かたん》しているとして、すでにお話ししましたように左翼《さよく》の人たちが猛反対《もうはんたい》運動を起こしたのです。というわけでアメリカは容易《ようい》なことでは沖縄を手離《てばな》しません。また、もちろん明言はしませんが、当然、そこには核兵器《かくへいき》が持《も》ち込《こ》まれていました。アジアの戦略態勢《せんりゃくたいせい》を固めるのに核兵器《かくへいき》がないほうがおかしな話ですからね。

沖縄返還交渉にのぞむ佐藤首相（中央）を国民たちはこぞって応援
（撮影＝浜口タカシ）

そういった非常《ひじょう》に厳《きび》しい戦略的《せんりゃくてき》・戦術的《せんじゅつてき》な条件《じょうけん》下、佐藤内閣《さとうないかく》はどうしても施政権《しせいけん》を日本に取《と》り戻《もど》そうとします。沖縄県にしようというわけです。困難極《こんなんきわ》まる交渉《こうしょう》を承知《しょうち》で、昭和四十年（一九六五）に「沖縄を返してもらわないと戦後は終わらない」と発言して以来、返還《へんかん》運動に正面から取り組んだのです。

国民はそんな佐藤《さとう》さんを応援《おうえん》はしましたが、一方で「核《かく》をどうするか」に関してはさまざまに議論《ぎろん》がなされ、言《げん》論界《ろんかい》では「返還《へんかん》は核抜《かくぬ》きでなければならない」と盛《さか》んに言われます。なるほど施政権《しせいけん》は返すとしてもアメリカは基《き》地《ち》がどうしても必要です。しかしそこに核《かく》があったのでは、冷戦下で非常《ひじょう》に危険《きけん》であり、真に施政権《しせいけん》が返されたとは言えない、と猛反対《もうはんたい》運動が起こります。激論《げきろん》が交《か》わされて、アメリカとの交渉《こうしょう》前に国内の意見統一《とういつ》が困難《こんなん》になりました。

そこで佐藤《さとう》さんは、「核《かく》を造《つく》らず、核《かく》を持たず、核《かく》を持《も》ち込《こ》まず」――後に非核三原則《ひかくさんげんそく》と言われる国策《こくさく》を決定し、横須賀《よこすか》など本土内の基地《きち》と同様、沖縄を返してもらう際《さい》もアメリカに「核抜《かくぬ》き」を承諾《しょうだく》してもらうという態度《たいど》を決めます。アメリカは日本の事情《じじょう》を承知《しょうち》して、昭和四十四年（一九六九）十一月、佐藤《さとう》・ニクソン会談において、合意にいたりました。当時の米大統領《だいとうりょう》ニクソンさんは、「われわれは深い理解《りかい》を示《しめ》し、日米安保条約《あんぽじょうやく》の事前協議制度《せいど》に関する米国政府《せいふ》の立場を害することなく、沖縄返還《へんかん》を日本政府《せいふ》の政策《せいさく》に背馳《はいち》しないように実施《じっし》する旨《むね》を、総理《そうり》大臣に確約《かくやく》した」と述《の》べます。ただしこれは、聞いただけではわからないでしょうが、文字にして読むと非常《ひじょう》に微妙《びみょう》なんですね。核《かく》をどうするか、をはっきりさせていないのです。日本側は仮《かり》に原子力航空母艦《こうくうぼかん》や軍隊が沖縄に入るとしても、核《かく》をどこかに置いてくるなり、ともかく核《かく》を外して入ってくる、つまり事前協議で持《も》ち込《こ》みを拒否《きょひ》できると理解《りかい》するのですが、アメリカ側は必ずしもそうではなく、持《も》ち込《こ》み可能《かのう》であると勝手に理解《りかい》する。ですから双方《そうほう》が違《ちが》った思惑《おもわく》のもとに合意がなされたのです。ところがじつはごく最近になって、日本側はアメリカの解釈《かいしゃく》を承知《しょうち》していたらしい、あるいは沖縄県民の土地を元の田畑に戻《もど》すためにアメリカが支払《しはら》うべき補償費《ほしょうひ》の一部を、日本側が肩代《かたが》わりしていたという密約《みつやく》に関する話が出てきました。ですが当時はともかく、核抜《かくぬ》き本土なみでアメリカは納得《なっとく》してくれたとわれわれは思っていたのです。現代史《げんだいし》というのは、後になって新しい事実が出てきて「そんなはずじゃなかったのでは」というケースが往々《おうおう》にしてあるわけで、しゃべりづらい一番の証拠《しょうこ》であります。

　ともかく昭和四十六年（一九七一）六月十七日、「沖縄返還《へんかん》」の協定を調印し、佐藤内閣《さとうないかく》はまさに沖縄返還《へんかん》に成功しました。協定は次のようなものです。

「アメリカ合衆国《がっしゅうこく》は琉球諸島《りゅうきゅうしょとう》及《およ》び大東諸島《だいとうしょとう》に関し、平和条約《じょうやく》第三条《じょう》の規定《きてい》に基《もと》づくすべての権利《けんり》及《およ》び利益《りえき》を日本国のために放棄《ほうき》する」

講和《こうわ》条約《じょうやく》の第三条《じょう》、アメリカがもっている沖縄における諸権利《しょけんり》をすべて放棄《ほうき》して日本側に譲《ゆず》り渡《わた》すこととなり、実に二十五年ぶりに沖縄は日本に復帰《ふっき》します。ただし広大な米軍基地《きち》の存続《そんぞく》をなおも認《みと》める基地《きち》協定はもちろん生きていて、そこに核《かく》はない、というのが日本の理解《りかい》でしたが、繰《く》り返《かえ》しますとどうもそうではなかったのが事実のようです。

　翌《よく》四十七年（一九七二）五月十五日、沖縄の施政権《しせいけん》が日本に完全に返還《へんかん》され、沖縄県が発足《ほっそく》しました。戦後二十六年たって、ようやく一道一都二府四十二県が「四十三県」になったのです。考えてみれば戦後二十六年間もずっと沖縄がアメリカ占領《せんりょう》下にあったこと自体おかしな話で、六〇年安保《あんぽ》で戦後の葬式《そうしき》を済《す》ませたと前に言いましたが、そういう厳密《げんみつ》な意味では戦後日本はやはり終わってなかったかもしれなかったんですね。実際《じっさい》は現在《げんざい》もまだ北方四島が残っていますが、これはソ連が相手ですから別問題となりまして、ともかくこの沖縄返還《へんかん》で日本の戦後は一応《いちおう》、終わったとみていいのではないかと思います。

まとめの章

日本はこれからどうなるのか

戦後史《せんごし》の教訓

この章の

ポイント

沖縄返還《へんかん》以降、昭和の終わりまでの十七年間は〝現代史《げんだいし》〟の範囲《はんい》です。奇《く》しくも昭和が終わった一九八九（昭和六四）年の十二月に東京証券《しょうけん》取引所の平均株価《へいきんかぶか》が史上最高値《しじょうさいこうち》を記録し、戦後日本がつくってきた軽武装《けいぶそう》・経済《けいざい》第一の貿易通商国家が完成しました。一九四五（昭和二十）年八月十五日の敗戦を機にはじまった〝日本の戦後〟とは一体何だったのでしょうか。そして、私《わたし》たちはこの日本の戦後の歩みから何を学び、これからの日本に活《い》かしていけばよいのでしょうか。

キーワード

占領の時代／政治闘争《せいじとうそう》の時代／経済《けいざい》第一の時代／高度成長の時代／価値観《かちかん》見直しの時代／国際化《こくさいか》の時代／田中角栄内閣《たなかかくえいないかく》／日中共同声明／オイル・ショック／中東戦争

◆〝現代史《げんだいし》〟まで

長々としゃべって参りまして、昭和四十七年（一九七二）までできました。でも昭和は六十四年（一九八九）までありますから、あと十七年も残っているわけです。ところが、です。これをいちいち丁寧《ていねい》にやっていたのでは膨大《ぼうだい》な話になりますし、なにより、ここから先は皆《みな》さんご自身が生きてきた、〝現代史《げんだいし》〟なんですな。私《わたし》たちはみんなまさにその時代を生きてきているのです。それに実際《じっさい》問題としては、データが完全に出切っていない可能性《かのうせい》があります。国際的《こくさいてき》にも情報《じょうほう》公開法といって、三十年間は資料《しりょう》を出さないことが認《みと》められています（ただし手の内をさらすわけにいかない諜報《ちょうほう》関係の資料《しりょう》は例外で、三十年以後も出てきませんが）。ですからこのあとの時代は、これからぼつぼつ資料《しりょう》が出はじめるわけです。これ以降《いこう》のことをお話ししてから新たな資料《しりょう》が出てきて「お前の話と全然違《ちが》うじゃないか」と言われる可能性《かのうせい》も山ほどあります。ここでは「現代史《げんだいし》はまだ歴史《れきし》になっていない」と解釈《かいしゃく》し、以下は大雑把《おおざっぱ》に「まとめる」というかたちでお話ししたいと思います。終わりは脱兎《だっと》の如《ごと》しというわけです。が、その前に一度振《ふ》り返《かえ》って、ここまでしゃべってきた時代について簡単《かんたん》にまとめてみます。

◆戦後とは何だったか――これまでを振《ふ》り返《かえ》って

昭和二十年（一九四五）八月十五日、明治以来の大日本帝国《ていこく》が突《つ》き進《すす》んできた道が終わり、新しい道がはじまりました。日本の戦後は波瀾万丈《はらんばんじょう》である意味でまことに面白《おもしろ》い時代であり、私《わたし》は昭和二十八年（一九五三）に出版社《しゅっぱんしゃ》に入り、編集者《へんしゅうしゃ》としてこの時代とつきあってきましたから、その体験談もいろいろと織《お》り込《こ》んで話してきたわけです。でもあまりにも波乱《はらん》に富んだ時代であり、混乱《こんらん》したところもあったかと思いますので、ごくごく単純《たんじゅん》に整理してみます。

一口に戦後日本と言いましても、時代が大きく変わったという意味ではいくつかに分けられると思います。人によって意見が違《ちが》うでしょうが、私《わたし》なりに六つに分けてみました。

①まず昭和二十年八月十五日、正確《せいかく》に言えば九月二日、降伏《こうふく》文書に調印してアメリカ（連合国）の占領《せんりょう》がはじまってから昭和二十六年（一九五一）までを占領《せんりょう》の時代――これはどなたがみても共通していると思います。いわゆる Occupied Japan です。

この時期にはＧＨＱが非《ひ》軍事化・民主化方針《ほうしん》にのっとって日本政府《せいふ》に次々と指令を出し、日本はこれらを唯々諾々《いいだくだく》と受け入れ、大きく国柄《くにがら》を変えました。中でも一番大きなことを並《なら》べてみますと、まず象徴天皇制《しょうちょうてんのうせい》になり、主権《しゅけん》は国民にありと決められました。同時に議会制《ぎかいせい》民主主義《しゅぎ》を確認《かくにん》しました。さらに非《ひ》軍事化、軍事力をまったく放棄《ほうき》します。ほかに財閥解体《ざいばつかいたい》、農地改革《かいかく》、言論《げんろん》・表現《ひょうげん》・結社の自由、さらに労働三法の実行などなど。とにかくすっかり模様《もよう》替《が》えしました。とりわけ農地改革《かいかく》は、日本人が自主的にやろうとしてもなかなかできなかったことです。それをＧＨＱの指令とはいえ見事にやってのけた結果、農業国家日本が大きく変革《へんかく》することになりましたが、小作人《こさくにん》などの封建的《ほうけんてき》なシステムが崩壊《ほうかい》したのは大変素晴《すば》らしいことではないかと思います。ただし「是認《ぜにん》できない改革《かいかく》もある」と言う人もいます。もちろん「天皇象《てんのうしょう》徴制《ちょうせい》などけしからん！　天皇陛下《てんのうへいか》は絶対《ぜったい》だ」とか、「軍隊放棄《ほうき》とは何事か。国家防衛《ぼうえい》はどうするのだ、陸海空軍を再度編成《さいどへんせい》すべきだ」などさまざまな意見もあります。ただ私《わたし》が一つ思うのは、民法を変えさせたのは日本の国柄《くにがら》が変わるのに非常《ひじょう》に大きな影響《えいきょう》を与《あた》え、それはいい影《えい》響《きょう》ばかりでなく悪い影響《えいきょう》もたくさんあったのではないかということで、これにはかなり問題が残るのではないでしょうか。今さら元へは戻《もど》れませんが。

そしてこの時代の最大の決断《けつだん》は、首相《しゅしょう》の吉田《よしだ》さんのそれであったと思います。ダレスが独立《どくりつ》後の日本の安全保障《ほしょう》だけではなく、自由主義《しゅぎ》世界への貢献《こうけん》のためにも再軍備《さいぐんび》が必要だとガンガン迫《せま》ったのに、これを敢然《かんぜん》として拒否《きょひ》した。ほかの政治家《せいじか》であったら、とてもできないことであったでしょうな。

いずれにしろこの時代、われわれは食うことに精一杯《せいいっぱい》でしたから、たいていの改革《かいかく》はＯＫというふうに、耐《た》えがたきを耐《た》え、忍《しの》びがたきを忍《しの》び、と終戦詔勅《しょうちょく》の文句《もんく》ではありませんが、どんどん改革《かいかく》を進めていきました。途中《とちゅう》、冷戦の開始にともなってアメリカが方針《ほうしん》を変えたばかりに民主化がおかしな形になるところはありましたが、それを経《へ》ながらも朝鮮《ちょうせん》戦争などで、日本はアッという間に復興《ふっこう》の基盤《きばん》を築《きず》いてゆきます。結果的にはこのOccupied Japanが、好むと好まざるにかかわらず、戦後日本の骨組《ほねぐ》みをつくったと言えると思います。

②次に昭和二十七年（一九五二）、講和条約《こうわじょうやく》による独立《どくりつ》日本のスタートから昭和三十五年（一九六〇）の「六〇年安保《あんぽ》」までを政治闘争《せいじとうそう》の時代とみることができると思います。まず、改めて天皇《てんのう》の戦争責任《せきにん》や天皇制《てんのうせい》をどうするか、簡単《かんたん》に言えば国体《こくたい》の問題が論議《ろんぎ》されて大騒《おおさわ》ぎになりました。それも昭和三十四年（一九五九）のミッチーブーム、そしてご成婚《せいこん》に国民が盛大《せいだい》な拍手《はくしゅ》を送るとともになんとなく結論《けつろん》が出たというか、象徴天皇制《しょうちょうてんのうせい》のもとで天皇家《てんのうけ》をずっと大事にしていこうじゃないかという国民的合意に達したような気がします。ただ最近、これを存《そん》続《ぞく》させるために別な問題として「女帝《じょてい》」が論議《ろんぎ》されています。これは女帝《じょてい》だけを考えて安易《あんい》に結論《けつろん》を下すのでなく、天皇家《てんのうけ》が日本国そして日本国民にとってこの後どういう意味をもつのかをきちんと考えなければいけないと私《わたし》は思います。早急《そうきゅう》に結論《けつろん》を出す問題ではない。いずれにしろ天皇陛下《てんのうへいか》および天皇家《てんのうけ》の問題は、昭和三十四年あたりですっかり落ち着きました。

となると議論《ぎろん》は、平和と民主主義《しゅぎ》をめぐる政治闘争《せいじとうそう》になるわけです。当時、これがいろんなかたちで論《ろん》じられました。平和と民主主義《しゅぎ》を守るため、という同じスローガンで左翼《さよく》と右翼《うよく》がまったく違《ちが》う考えをもって日常的《にちじょうてき》に衝突《しょうとつ》し、政治的《せいじてき》に揉《も》めて混乱《こんらん》しました。考えるに、戦後日本にもし不幸があるとすれば、この混乱《こんらん》の結果、新しい日本をつくるための最大の眼目《がんもく》である「平和と民主主義《しゅぎ》」が、言葉をひねくり回して左右両陣営《じんえい》があでもないこうでもないとバラバラな意見で議論《ぎろん》が揉《も》めるうちに、平和とは何か、民主主義《しゅぎ》とは何か、そのこと自体、意味も内容《ないよう》も不鮮明《ふせんめい》になったことです。その大衝突《だいしょうとつ》が六〇年安保《あんぽ》の大騒動《おおそうどう》であったと思います。

ここまでの日本は、あっさり言えば、どういう国家をつくるかについて選択肢《せんたくし》が四つありました。すでにいっぺんふれたことがあります。一つは、戦前のように天皇陛下《てんのうへいか》を頭に戴《いただ》き、陸海軍を整備《せいび》した、いわゆる〝普通《ふつう》の国〟になることです。三島由紀夫《みしまゆきお》さんが腹《はら》を斬《き》ってまで訴《うった》えた〝あるべきほんとうの国の姿《すがた》〟です。事実、鳩山《はとやま》さんや岸《きし》さんがそれをやろうとして安保《あんぽ》騒動《そうどう》が起こったわけです。二番目は、左翼《さよく》が主張《しゅちょう》するところの社会主義《しゅぎ》国家です。ソ連の傘下《さんか》に入るという意味ではなく、アメリカ的な資本主義《しほんしゅぎ》からは距離《きょり》を置いたかたちの国家です。共和国でしょうね。三番目は、結果的にこれを選ぶことになるのですが、軽武装《けいぶそう》・通商貿易《ぼうえき》国家、つまり吉田《よしだ》さんがやろうとした経済《けいざい》第一で豊《ゆた》かな国をつくろうという選択《せんたく》です。さらに四つ目としては〝小日本〟です。一切《いっさい》のごたごたに関与《かんよ》しないような文化国家、つまり〝東洋のスイス〟といいますか、自分たちだけが静かに平和に生きていこうじゃないかという選択《せんたく》です。冷戦が厳《きび》しくなって現実的《げんじつてき》には不可能《ふかのう》だったでしょうが、選択肢《せんたくし》としてはあり得《え》たと思います。

それが六〇年安保《あんぽ》という一大国内闘争《とうそう》を経《へ》て、決着がついたんですね。平和と民主主義《しゅぎ》をめぐる議論《ぎろん》の最後の大衝突《だいしょうとつ》で、結果的にはその後の池田内閣《いけだないかく》が主張《しゅちょう》するところの軽武装《けいぶそう》・通商貿易《ぼうえき》国家、経済《けいざい》第一の国をつくろうじゃないかという方針《ほうしん》が決まり、国民も合意し、日本はその方向へどんどん進み出すのです。

③次が経済《けいざい》第一の時代――富を豊《ゆた》かにするという国家目標が見事に実現《じつげん》されたのが昭和三十六年（一九六一）から昭和四十年（一九六五）じゃないかと思います。池田《いけだ》さんの国民所得倍《しょとくばい》増《ぞう》計画が非常《ひじょう》に魅力的《みりょくてき》で、これに合意した日本人は「強兵なき富国」に励《はげ》み、懸命《けんめい》に努力しました。ほんとうによく働きました。ただ、たしかに一所懸命《いっしょけんめい》に働いて稼《かせ》ぐのですが、不満を抱《いだ》く人も出てくるのです。日本人本来の精神《せいしん》はどこへいったのか、かつては武士道《ぶしどう》といったきちんとした精神《せいしん》があったではないか。志《こころざし》はなくなったのか？――言われてみれば、金持ちになるとか儲《もう》けるとかの経済《けいざい》活動が国家の本質《ほんしつ》であるというのはおかしいといえばおかしいのです。やはり国家というものには、国際的《こくさいてき》に果たすべき役割《やくわり》もありましょうし、国そのものがどういう方針《ほうしん》で世界に訴《うった》えかけてゆくかの使命もあるはずです。日本はとりあえず「申《もう》し訳《わけ》ありませんが、敗戦国民の私《わたし》たちは国家再建《さいけん》のために頑張《がんば》っているのであって、そういうことは存《ぞん》じません」と言わんばかりの商人的態度《たいど》で突《つ》き進《すす》んでいました。例の「トランジスタラジオのセールスマン」です。そのうち人びとの精神《せいしん》にいわゆる金権主義《きんけんしゅぎ》といいますか、お金やモノであらゆるものを判断《はんだん》する思想――思想とはいえないんですが――が定着してしまった、無思想の商人国家、そういう点に非常《ひじょう》に不満を抱《いだ》く人がたくさん出てきたのです。ただし、この時代で日本が目覚ましく復興《ふっこう》したのはたしかです。

④その後の昭和四十一年（一九六六）から昭和四十七年（一九七二）は、働いた成果が次々

に出てきて日本経済《けいざい》がぐんぐん成長した、日本人はひとしく胸《むね》を張《は》った、自信回復《かいふく》の時代と呼《よ》んでいいんじゃないでしょうか。この時期の平均成長率《へいきんせいちょうりつ》は九・六パーセント。年によっては一〇パーセントを超《こ》え、日本人はほんとうに豊《ゆた》かになりました。何度も言いますが、私《わたし》の月給もどんどん上昇《じょうしょう》して、会社にずいぶん前借りしていたのもあれよという間に消えましたねえ。社会構造《こうぞう》も、人びとの生活や意識《いしき》もすっかり変わり、かつて敗戦で打ちひしがれ、憐《あわ》れを極《きわ》めた気分はどこへやら、日本はたいへん立派《りっぱ》な国なんだと国民一人ひとりが自信をもったのじゃないでしょうか。概《がい》して一九六〇年代というのはうまく操作《そうさ》された華《はな》やかな時代で、六四年に東海道新幹線《しんかんせん》が開通、東京オリンピック開催《かいさい》にはじまり、七〇年には大阪万博《ばんぱく》の開催《かいさい》、そして七二年の沖縄返還《へんかん》と続きました。

その一方で統制《とうせい》管理された社会への抗議《こうぎ》としての大学紛争《ふんそう》が拡大《かくだい》し、国家騒乱《そうらん》の様相も呈《てい》しました。モノが食えない時代にはそんな余裕《よゆう》もありませんが、金持ちになると国家のあり方に対する不満が出てきて、学校騒動《そうどう》が起こるのでしょう。昭和四十三年（一九六八）だけで警視《けいし》庁《ちょう》機動隊による大学の占拠解除《せんきょかいじょ》は十五校・七十五回、検挙者《けんきょしゃ》が九千三百四十人といいますから方々《ほうぼう》の大学でやっていたんですね。

……と、ここまでの時代を、今日までえんえん喋《しゃべ》ってきたわけで、簡単《かんたん》にまとめると以上のようになる。そしてこの後は〝現代史《げんだいし》〟となるわけです。

◆その後の〝戦後〟

歴史的《れきしてき》と言ってもいい沖縄返還《へんかん》で、戦後日本は完全に終わり、新しい日本の歴史《れきし》がはじまりました。同時に、条約《じょうやく》の批准《ひじゅん》とともに佐藤内閣《さとうないかく》の役割《やくわり》は終わり、昭和四十七年（一九七二）六月に佐藤《さとう》さんは辞意を表明します。それにしても佐藤内閣《さとうないかく》は長かったんですよ。昭和三十九年（一九六四）のオリンピックが終わった後に発足《ほっそく》したのですから八年間ですか、国民もいいかげん飽《あ》き飽《あ》きしていたのですが、沖縄返還《へんかん》という大仕事があったせいかもしれません、まあ続いたんですよね。そして自民党《じみんとう》は次の総裁《そうさい》を誰《だれ》にするかでまた激《はげ》しい権力闘争《けんりょくとうそう》があったのですが、福田赳夫《ふくだたけお》さんを抑《おさ》えた田中角栄《たなかかくえい》さんがここで登場してくるわけです。

七月七日、田中内閣《たなかないかく》が成立します。角さんとくれば「日本列島改造論《かいぞうろん》」、これは総裁《そうさい》になる前の六月に「首相《しゅしょう》になれば実行するぞ」と発表していまして、すなわち地域《ちいき》開発の推進《すいしん》、さらに日中国交正常化《せいじょうか》という大仕事を田中《たなか》さんはすぐにやりました。日中国交回復《かいふく》は内閣《ないかく》をつくると同時くらいでしたから、国民もアッと驚《おどろ》きました。実はこれは角さんの仕事ではなくて、後で「オレが前から裏交渉《うらこうしょう》をしてたんだ」と言う人も出てきたようですが（三木武夫《みきたけお》さんです。でなければあれほど早くできるわけがないともいえますが）、いずれにしても九月二十九日に角さんが日中共同声明に調印したのです。

国民も田中内閣《たなかないかく》に大いに期待します。日本列島改造論《かいぞうろん》を表看板《おもてかんばん》に、翌《よく》昭和四十八年（一九七三）春ぐらいから田中《たなか》さんは次々と、ブルドーザーのごとく政策《せいさく》を強力に実行していきました。公共事業は支出《ししゅつ》が前年比《ぜんねんひ》三二パーセント増《ぞう》の大規模《だいきぼ》なものとなり、老人医療《いりょう》をタダにする法案、老齢《ろうれい》年金の大幅増加《おおはばぞうか》など、これで日本の社会保障《ほしょう》が国際水準《こくさいすいじゅん》に近づいたと言われるほど福祉《ふくし》に力を入れ、昭和四十八年は日本の福祉《ふくし》元年とさえ呼《よ》ばれました。

……といちいちやっていては、何度も申しますようにいつまでたっても終わりませんが、ともかくこうして戦後ほぼ三十年間で、廃墟《はいきょ》からの再生《さいせい》で、日本は見事なまでに新国家建設《けんせつ》を成功させたのです。「何を言ってるんだ、威張《いば》るな。それはアメリカの核《かく》の傘《かさ》の下にいたからだろう」という人も多く、たしかにその通りなんですが、やはり国策《こくさく》を経済《けいざい》第一主義《しゅぎ》とし、国民が努力に努力を重ねて一所懸命《いっしょけんめい》働き、経済《けいざい》大国をつくったこと自体は世界史《せかいし》的に大きな成果です。戦争に勝った国が貧乏《びんぼう》になっているなかで、敗《ま》けた日本が一番金持ちになっているなんて奇跡《きせき》と言ってもいいくらいでした。

それはともかく、昭和の終わりまでをあえて定義《ていぎ》しながらまとめてみたいと思います。

⑤昭和四十八年（一九七三）から昭和五十七年（一九八二）、経済最優先《けいざいさいゆうせん》で頑張《がんば》ってきた私《わたし》たちに、なんとなしに虚《むな》しさ、これでいいのかという気分がわいてきて、もう一度考え直したほうがいいのではと皆《みな》が感じだしました。そこでこの時期を、日常《にちじょう》生活での価値観《かちかん》の見直しの時代と試みに呼《よ》んでみます。

昭和四十八年、ベトナム戦争が終結しました。実に九年間の戦いで、非公式《ひこうしき》な推定《すいてい》によれば、アメリカ軍が費《つい》やした金額《きんがく》はおよそ一千六百五十億ドル、ムチャクチャな金です。死者はおよそ五万八千人、行方《ゆくえ》不明が二万人。アメリカにとっては何たるアホな戦争をやったかということになります。日本はベトナム戦争とは関係していません――もちろんB52が沖縄から飛んでますし、補給《ほきゅう》などの面で潤《うるお》ったのはたしかですが、直接《ちょくせつ》には介入《かいにゅう》しませんでした。

そしてこれ以前から日米経済摩擦《けいざいまさつ》がクローズアップされたり、昭和四十六年（一九七一）八月にはニクソン米大統領のドル防衛策《ぼうえいさく》発表（ドル・ショック）により経済《けいざい》成長にかげりが見えるなど、国際的《こくさいてき》な動向が日本を直撃《ちょくげき》するようになります。すでにむずかしい時代がはじまっていたのです。

さらにこの時代、日本は二度の石油ショックを経験《けいけん》しました。一回目が昭和四十八年十月に勃発《ぼっぱつ》したイスラエルとアラブの衝突《しょうとつ》（第四次中東戦争）によるものです。イスラエルとアラブの衝突《しょうとつ》についてては何度も出てきて耳にタコだとは思いますが、いったいこの衝突《しょうとつ》はなぜ起きるのかをもう一度簡単《かんたん》に言いますと、アラブ世界の中に戦後、英米の後押《あとお》しで突然《とつぜん》、ユダヤ人国家イスラエルを人工的に成立させちゃったんです。そのためにパレスチナ人（パレスチナ地《ち》域《いき》に住んでいたアラブ系《けい》住民）が追い出された。これは許《ゆる》せないことで、その権利回復《けんりかいふく》、元の土地への帰還《きかん》、民族自決《じけつ》の大問題が起き、永遠《えいえん》に戦わざるをえない事態《じたい》となったんですね。

じゃあイスラエルをどうするのか、これは大問題で、アメリカは大袈裟《おおげさ》に言えばユダヤ人的な国家みたいなもんですからイスラエルが自分の子どものように可愛《かわい》いんですよ。ところがアラブ諸国《しょこく》にとっては、勝手に国をつくりパレスチナの人を叩《たた》き出《だ》して国土を奪《うば》っているのですから、元に戻《もど》るまで頑張《がんば》らなきゃならない。日本とは関係ないのですが、そうも言っていられません。何となれば、日本はアラブ諸国《しょこく》から石油を輸入《ゆにゅう》しているからです。中東戦争が起こりますと、アラブからすれば「日本は反イスラエル国家ではない、アメリカと手を組んでいるからイスラエルを応援《おうえん》している」、つまり敵《てき》とみなして石油を送らない、ないしはものすごく値上《ねあ》げするという措置《そち》をとる――この危険《きけん》は常《つね》にあるのです。それが最初に起きたのが一回目の石油ショックでした。第三次中東戦争までは、日本はあまり関与《かんよ》していなかったというか、まだ小国であって、石油をどんどん輸入《ゆにゅう》する経済《けいざい》大国でなかったし、それにアラブ側が石油戦略《せんりゃく》というものにまだ気づいていなかったのですね。

　この時、アラブの湾岸諸国《わんがんしょこく》は原油生産も輸出《ゆしゅつ》も制限《せいげん》し、価格《かかく》も四倍に値上《ねあ》げしてきます。大戦前、日本は石油をもっぱらアメリカから輸入《ゆにゅう》していたんですが、この当時は実に八〇パーセントをアラブの安い原油に依存《いぞん》して潤《うるお》っていました。お蔭《かげ》でぐんぐん経済《けいざい》成長もできたわけです。それが反イスラエルではないというだけの理由であおりを食い、途端《とたん》にアップアップします。考えてみれば、太平洋戦争は石油をアメリカから止められたのが原因《げんいん》で起こりました。また同じような事態《じたい》になれば日本は生きる道がなくなります。自存自衛《じそんじえい》のために戦争、というわけにはいきません。やむなく国内の電力を制限《せいげん》せざるを得《え》ず、電力に依存《いぞん》して生産されている製品《せいひん》はなくなってモノ不足、製造費《せいぞうひ》も高くなるから物価《ぶっか》がみるみる高騰《こうとう》します。いい気になって高度成長を謳歌《おうか》していた日本人の生活は、それどころではなくなったのです。第一に、トイレットペーパーが作られなくなるという噂《うわさ》が流れて「買《か》い占《し》めだ」と大騒《おおさわ》ぎになります。覚えているでしょう？　そんなことないんですけどねえ。当時はみんなあたふたした。さらに洗剤《せんざい》、砂糖《さとう》、塩、醤油《しょうゆ》、灯油……日常《にちじょう》生活用品がすべてなくなるといわれました。電力制限《せいげん》というので銀座《ぎんざ》のネオンもすべて消え、テレビも十一時まででしたか、深夜放送がなくなり……ともかく日本は石油がなくなればダメなんです。いっぺんにお手上げ、昔も今も変わりがない。

　その時ものすごくはやったコマーシャルが、ボンカレーの「じっとガマンの子であった」（大《おお》塚《つか》食品）。「子連れ狼《おおかみ》」の姿《すがた》で笑福亭仁鶴《しょうふくていにかく》さんが言うのです。戦争中の標語「ぜいたくは敵《てき》だ」の延長《えんちょう》みたいなもので、ともかく皆《みんな》でガマンしようと。日本はたいへんな高度経済《けいざい》成長はしましたが、資源的《しげんてき》には何もない小国です。開けてみればカラッポです。たとえば台湾海峡《たいわんかいきょう》がどこかの国によってとめられて東南アジアからものが入ってこなくなったり、ちょっと蛇口《じゃぐち》を締《し》められれば金があっても何も買えなくなる。そういう国ですから、この時はとにかくガマン、ガマンで、家の中でじっとしている以外ありませんでした。

　ところがこれがかえってよかったのです。反省する機会を得《え》たのです。われわれは永遠《えいえん》に右《みぎ》肩《かた》上がりで走り続けられると思うのは間違《まちが》いで、外部的な条件《じょうけん》でたちまち窮地《きゅうち》に立たされることを知った。現在《げんざい》も、日本が自力で生活していこうとすればおそらく六千万人くらいしか食えず、つまり半分の人はあの世へ行って頂《いただ》かなくてはなりません。ともかくそんなにいい気になっていてはいけないというわけで、ここはもう一度しっかりと自分たちの生活を見直して、暴《ぼう》走《そう》せず、節約し、貯蓄《ちょちく》に励《はげ》み、贅肉《ぜいにく》をそぎ落とす、そして高度成長の水ぶくれ体質《たいしつ》を引《ひ》き締《し》めたほうがいいのではないかと、この時、日本人は実に一所懸命《いっしょけんめい》にガマンしました。そしてそれによって、世界的な石油ショックからいち早く脱《だっ》したのです。このへんが日本人の面白《おもしろ》さで、たちまち皆《みな》が気持ちを合わせてあれよという間に窮《きゅう》地《ち》を抜《ぬ》け出《だ》すのです。そしてこれまでの行け行けどんどんのやり方への反省が生まれます。価値観《かちかん》が見直され、もう少し人間らしい生活、自然に回帰した暮《く》らしの良さが叫《さけ》ばれ、それまでの馬車馬のような動きとは違《ちが》ったものの見方が要請《ようせい》されるようになったわけです。

付け加えますと、コンビニ時代がこの頃《ころ》にスタートします。昭和四十九年（一九七四）五月にセブン・イレブンの第一号店が開店し、以後国民の生活を全体的に変えてゆきます。贅沢《ぜいたく》に走ることなく、生活を安定させようという意味もあったのでしょうね。

さてものの見方が変わり、それとともに新しい生きる道をしっかりつくっておく必要があるとなると、それまでの鉄鋼《てっこう》や石油産業といったでっかく重たい産業にコンピュータなどソフト産業が取って代わり、半導体《はんどうたい》など新技術《ぎじゅつ》による新製品《しんせいひん》が世界の先端《せんたん》を切ってぞくぞく登場します。いわゆる通信技術《ぎじゅつ》の発達による情報《じょうほう》化社会の出発です。日本はいち早く手をつけました。コピー機、コンピュータ、ファクシミリ（以上、昭和四十六年）、ワープロ（昭和五十三年）

――ＯＡ四種の神器だそうです――がほとんど同時に会社に入ってきた印象《いんしょう》があります。またパーソナル電卓《でんたく》（昭和四十七年）、デジタル時計（昭和四十九年）、家庭用ＶＴＲ（昭和五十年）――二種類が同時に出ました――、また電話のダイヤルが全国的に自動化されます（昭和五十四年三月）。それまで地方に電話をかけるのは大変でしたから、実に大きな変化でした。この結果、情報《じょうほう》の大量かつ高速処理《しょり》が可能《かのう》となり、情報《じょうほう》化時代が駆《か》け足《あし》でやってきたのです。

それを追っかけるように第二の石油ショックがありました。昭和五十四年（一九七九）二月、イランのホメイニ師《し》という人がハッスルして革命《かくめい》が起こり、その後イランは徹底《てってい》したイスラム国家となって、強引《ごういん》に原油価格《かかく》の引き上げを要求しました。日本は再《ふたた》びショックを受けますが、さすがに前回学習しています。世界的な大騒動《おおそうどう》も、日本ではガソリンスタンドの日曜祝日全面休業など、巧《たく》みに節約の先手を打って対応《たいおう》し、前のような騒《さわ》ぎを起こさずに乗り切ったのです。この時にはやった言葉が「省エネ」でした。

というようにこの時代は、高度成長の経済優先主義《けいざいゆうせんしゅぎ》から少し脱却《だっきゃく》し、外圧《がいあつ》もあり、日常《にちじょう》生活を守るために考え方を少し変え、私《わたし》たちは安定成長を目指したと言えるのではないでしょうか。

⑥そして昭和五十八年（一九八三）から昭和の終焉《しゅうえん》、昭和六十四年（一九八九）、といっても一月七日に天皇陛下《てんのうへいか》がお亡《な》くなりになったのですからほとんど昭和六十三年までですね、こ

れにあえて名をつければ国際化《こくさいか》の時代と言えるかと思います。

二度の石油ショックによって、日本は高度成長政策《せいさく》がこのまま続くことはないと安定成長を目指し、引《ひ》き締《し》めがはじまり、昔のように無我夢中《むがむちゅう》で働くことはおさえます。ところが日本人というのは、偉《えら》いといえば偉《えら》いし、愚直《ぐちょく》といえば愚直《ぐちょく》なんですが、だからといって全面ストップするわけにいかないのですね。走り出したら一所懸命《いっしょけんめい》に走っていなきゃいけない。その意味で日本経済《けいざい》はストップしません。石油ショックを経《へ》て実に穏《おだ》やかな気風になった点もあるのですが、日本人はまだまだ頑張《がんば》るのです。安い輸入《ゆにゅう》原料に依存《いぞん》してきた鉄鋼《てっこう》や石油製品《せいひん》から自動車やエレクトロニクスを中心とする産業へとばーっと切《き》り替《か》え、輸出《ゆしゅつ》国家へと転換《てんかん》してゆく。そして落ち目にならず依然《いぜん》として経済《けいざい》大国であり続けるのです。

ただし、そこまで国が大きくなると、「自分たちのこと以外は知りません」の態度《たいど》では立ちゆかなくなります。当然、世界との協調が強く要求されるようになってきました。アメリカも「核《かく》の傘《かさ》の下で保護《ほご》してきてやったのになんだ、いい調子になって俺《おれ》たちより大きな国になるつもりか」と貿易《ぼうえき》問題でより反発し、ＥＣなどヨーロッパともギスギスしはじめます。それでも稼《かせ》ぎ続けた日本は、国際的《こくさいてき》にアメリカに次ぐ第二の経済《けいざい》大国の地位を誇《ほこ》っていました。

政治的《せいじてき》には、田中角栄《たなかかくえい》さんがロッキード事件《じけん》で失脚《しっきゃく》し、三木武夫《みきたけお》、福田赳夫《ふくだたけお》、大平正芳《おおひらまさよし》、鈴木善幸《すずきぜんこう》と、⑤の時代は比較的《ひかくてき》短期間で次々と内閣《ないかく》が変わります。日中国交を回復《かいふく》した田中角栄《たなかかくえい》さんは別として、他の人がとりたてて目覚ましい成果を上げたといえるかどうか。それは⑥

の時代の中曾根康弘《なかそねやすひろ》、竹下登内閣《たけしたのぼるないかく》にもいえましょう。同じスタイルで国を運営《うんえい》したと言っていいんじゃないでしょうか。

　そのスタイルとは何か、といえば、官僚統制《かんりょうとうせい》システムといっていい。つまり国の経済的運営《けいざいてきうんえい》（早く言えば商売です）を個人《こじん》の自由なものとせず、すべて官僚《かんりょう》が決める方式です。官僚《かんりょう》がグランドデザインを描《えが》き、アメとムチを駆使《くし》して実現《じつげん》していくというやり方で、これが見事に働いたんですね。これは前に話しましたが、大事な点なので、もう一度くり返します。実は昭和十四年（一九三九）の、軍事大国を目指した国家総動員体制《そうどういんたいせい》がこれと同じです。このとき十八《おは》番《こ》とした政策《せいさく》です。国家の経済方針《けいざいほうしん》を各企業《きぎょう》や個人《こじん》には任《まか》せず——本来はそれらが自由な働きをし、その総和《そうわ》が国全体の動きになるのですが——官僚《かんりょう》がグランドデザインと具体的な政策《せいさく》をつくり、それを国会にもっていき、与野党《よやとう》に根回しをして国会で法案として成立させ、それを再《ふたた》び官僚《かんりょう》が取《と》り戻《もど》して企業《きぎょう》にやらせるシステムなわけです。ただし、上からの強権的《きょうけんてき》なものではありません。戦争中は若干《じゃっかん》それはありましたが、もともと官僚《かんりょう》は上手に、必ず自分たちのつくった政策《せいさく》が実現《じつげん》できるよう、予算をつくっておいて誘導《ゆうどう》するのです。さらにそれをうまくリードしながら、国家資金《しきん》である税金《ぜいきん》の補助《ほじょ》や優遇税制《ゆうぐうぜいせい》を用意しておいて企業《きぎょう》にやらせるのです。しかも、企業《きぎょう》がやりたいといってくるのを許可《きょか》、認可《にんか》する許認可制《きょにんかせい》もしっかり確立《かくりつ》しておく。要するに、法的にうまく按配《あんばい》して国家全体の繁栄《はんえい》を官僚《かんりょう》たちが考えていくかたちになっていたのです。

このシステムは高度成長時代とくに有効《ゆうこう》に機能《きのう》し、国家の経済《けいざい》をうんと大きくした原動力であったと言ってもいいでしょう。もっとも、かつて官僚《かんりょう》には非常《ひじょう》に優秀《ゆうしゅう》な人が多く、たとえば「もはや戦後ではない」の経済《けいざい》白書をつくった後藤誉之助《ごとうよのすけ》さん、池田《いけだ》さんとともに月給二倍論《ろん》を唱えた下村治《しもむらおさむ》さん、元外務大臣の大来佐武郎《おおきたさぶろう》さん、大蔵事務《おおくらじむ》次官などを経《へ》て日銀総裁《そうさい》にもなった森永貞一郎《もりながていいちろう》さんなどは非常《ひじょう》に有能《ゆうのう》であって、熱意があり、強権的《きょうけんてき》にではなく、話し合いによる誘導《ゆうどう》で政策《せいさく》を運営《うんえい》したのです。

この官僚《かんりょう》計画経済《けいざい》国家とでも呼《よ》べるシステムがうまくいきました。内閣《ないかく》がちょこちょこ代わっても比較的経済《ひかくてきけいざい》は順調に伸《の》び、社会的安定もまずまず、国際化《こくさいか》の時代にもうまくやってきました。日本はなんとなしに成熟《せいじゅく》した国家になったと言えるのかもしれません。

そして、昭和天皇《てんのう》がお亡《な》くなりになったその年（一九八九・平成元年）の十二月二十九日、経済《けいざい》大国日本は最高に輝《かがや》ける日を迎《むか》えました。東京証券《しょうけん》取引所の平均株価《へいきんかぶか》が三万八千九百十五円の最高値《さいこうち》を記録したのです。もう永遠《えいえん》に出てこないであろう史上最高値《しじょうさいこうち》です。これが昭和天皇《てんのう》の亡《な》くなったその年であることが妙味《みょうみ》ですが、戦後日本をつくってきた軽武装《けいぶそう》・経済《けいざい》第一の貿易《ぼうえき》通商国家がここに完成し、最高に輝《かがや》いた瞬間《しゅんかん》でありました。

◆これからの日本は……

さて、昭和は改元されて平成となりました。「昭和史《しょうわし》」の終焉《しゅうえん》とともに私《わたし》の話は終わりにしていいわけです。いやはや、くたびれました。聞いている皆《みな》さんもご苦労さんでした。

でも、せっかくですから、余談《よだん》としてもうちょっと続けると、まるで昭和時代が幕《まく》を引くのを待っていたかのように、世界情勢《じょうせい》が激変《げきへん》するのですね。それはもうご存《ぞん》じのとおりです。平成二年（一九九〇）、ソ連が一党独裁《いっとうどくさい》を放棄《ほうき》し、東西ドイツが統一《とういつ》します。同三年の暮れには連邦《れんぽう》を構成《こうせい》していた共和国が次々に独立《どくりつ》を宣言《せんげん》し、ソ連邦崩壊《れんぽうほうかい》という驚《おどろ》くべきことが起《お》きます。冷戦はアメリカの勝利をもって終結し、ロシアと新たな国家共同体に加盟《かめい》するその他の共和国すべてを〝即時承認《そくじしょうにん》する〟とアメリカは高らかに宣言《せんげん》します。

それと歩調を合わせたように、日本経済繁栄《けいざいはんえい》が平成二年にガラガラと崩《くず》れ落《お》ちてしまうんですね。冷戦終結が日本のバブルをはじいてしまった。冷静に振《ふ》り返《かえ》ってみれば、昭和末期の日本は、政《せい》・官・財《ざい》の馴《な》れ合《あ》い、真面目さを失い軽佻浮薄《けいちょうふはく》もいいところでした。なかでも官僚《かんりょう》がリードする最後の十年ほどは、土地ブームと株価《かぶか》のもたれ合い構造《こうぞう》による張《は》り子の虎《とら》に過《す》ぎなかった。大いなる繁栄《はんえい》も春の夜の夢《ゆめ》の如《ごと》し。まさしく「バブル」であったのです。

前の昭和史《しょうわし》で「四十年史観《しかん》」ということを申しました。四十年ごとに日本の国家が変わってきたということです。ちょうど戦後日本を考えますと、昭和二十七年（一九五二）に独立国《どくりつこく》として出発してから四十年と言えば一九九二年、まさにその前年にバブルがはじけました。皆《みな》が一所懸命《いっしょけんめい》努力してつくってきた戦後日本は、四十年で株価《かぶか》が最高値《さいこうち》を記録し、GNPで世界第二位を誇《ほこ》るほどの経済《けいざい》大国になりました。明治時代、近代国家をつくろうとして一所懸命《いっしょけんめい》だった日本が日露《にちろ》戦争に勝ち（一九〇五年）、国家づくりに大成功し、結果的にうぬぼれのぼせて国《こく》際的《さいてき》にどんどん孤立《こりつ》し、ついには世界を相手に戦争をして国を滅《ほろ》ぼしてしまったのが四十年後でした。同じなんです。戦後日本も、独立《どくりつ》して国家づくりをはじめてから四十年かけて経済《けいざい》大国にまでなりました。そしてそこで大いに繁栄《はんえい》を謳歌《おうか》しうぬぼれのぼせた挙句《あげく》にバブルがはじけておかしなことになる。さらにその後のいまの日本を考えますと、新しい国家をつくるために、じゃあどういう国にするのかの国家目標もなく浮遊《ふゆう》しているようで、また滅《ほろ》びの四十年にかかっているんじゃないかとも思えるのです。

　明治時代、国家目標は富国強兵であり、国家の機軸《きじく》――国をつくるためには、皆《みな》が心を一つにして同じようなことを考え同意することができる軸《じく》が必要なのです――は立憲天皇制《りっけんてんのうせい》でした。天皇制《てんのうせい》という言葉があまり評判《ひょうばん》がよくないので悪く聞こえますが、国家をつくるにあたっての一つのシステムとして非常《ひじょう》にうまく機能《きのう》したと思います。これが成功したあとに、先に言いましたようにうぬぼれのぼせ、国家の機軸《きじく》として立憲君主制《りっけんくんしゅせい》よりもすごい天皇制《てんのうせい》を世界の中心であるかのように仕立て、天皇《てんのう》を現人神《あらひとがみ》として奉《たてまつ》り、さらに国家目標も富国強兵を超《こ》え、アジアの盟主《めいしゅ》たらんとする幻想《げんそう》を抱《いだ》いて結果的に国家を滅《ほろ》ぼしてしまった。

　これを戦後日本について言いますと、国家の機軸《きじく》は憲法《けんぽう》にある平和主義《しゅぎ》だったと思います。これに関して日本人はかなり一致《いっち》して受け入れただけではなく、それを進んで喜《よろこ》びとするようになった。鳩山《はとやま》さんや岸《きし》さんの主張《しゅちょう》する改憲《かいけん》・再軍備《さいぐんび》にはノーと言ったのです。また国家目標は、一九六〇年代の後半からは軽武装《けいぶそう》・経済《けいざい》第一主義《しゅぎ》とし、これもまた完成しました。そして現在《げんざい》となるわけです。じゃあバブル崩壊《ほうかい》後の今の私《わたし》たちの国家目標は何か、ありません。では機軸《きじく》は何か。私《わたし》は平和憲法《けんぽう》でいいと思うんです。が、嫌《いや》だという人が多いんですね。早く憲法《けんぽう》を改正して、軍隊をもつ普通《ふつう》の国にしようという意見が多いと新聞などが報《ほう》じています。

じゃあ、国をふたたび滅亡《めつぼう》へ向かわせないためにはどうすればいいか。これは私《わたし》なんかには手に余《あま》る難問《なんもん》です。でも一つだけ言えるのは、官僚《かんりょう》計画経済《けいざい》国家ではどうにもならないということです。金属疲労《きんぞくひろう》を起こしてしまっています。長くつづくと権力《けんりょく》は腐敗《ふはい》します。とにかく、今の官僚諸君《かんりょうしょくん》は過去《かこ》の栄光に乗っかって悪くなり過《す》ぎました。拙著《せっちょ》『ノモンハンの夏』に関連して、平成十一年（一九九九）一月一日に載《の》った朝日新聞「天声人語《てんせいじんご》」の一部を引きます。

「経済企画庁《けいざいきかくちょう》が先日まとめた一九九八年版《ばん》の『経済《けいざい》の回顧《かいこ》と課題』（ミニ経済《けいざい》白書）は、硬《かた》い内容《ないよう》ながら示唆《しさ》に富む。「バブル崩壊《ほうかい》の十年」を解析《かいせき》した個所《かしょ》では、不良債権《さいけん》の処理《しょり》の遅《おく》れは〈「起きると困《こま》ることは起きないことにする」という意識《いしき》が官民双方《そうほう》に強かった結果〉でもあったと断《だん》じた▼「敗北（失敗）を率直《そっちょく》に認《みと》めないことが、さらなる敗北（失敗）の原因《げんいん》になった」との指摘《してき》もある。この二点、どちらも『ノモンハンの夏』の内《ない》容《よう》と重なり合う。状況《じょうきょう》は違《ちが》うけれど、日本人は幻想《げんそう》、独善《どくぜん》、泥縄《どろなわ》的な発想から抜《ぬ》け出《で》ていないのではないか。年の初め、そんな懸念《けねん》が、ふと頭をもたげる」

要するに、バブル経済崩壊《けいざいほうかい》後の日本人がやっていることはノモンハン、つまり戦前の時代と変わらないんじゃないか。やはり幻想的《げんそうてき》であり、独善的《どくぜんてき》であり、泥縄的《どろなわ》というところがあるということ。これは戦前の昭和史《しょうわし》の結論《けつろん》で話したことでもあります。最初の頃《ころ》はじつに熱心で誠《せい》実《じつ》だった官僚《かんりょう》も、二代目、三代目になってくると、やはり官僚《かんりょう》は官僚《かんりょう》と言いますか、戦争中の官僚《かんりょう》である軍人、参謀《さんぼう》連中がやったのと同じようなことを繰《く》り返《かえ》してしまう、そう言えるんじゃないでしょうか。根拠《こんきょ》なき自己過信《じこかしん》をもち、実に驕慢《きょうまん》なる無知であり、底知れぬ無責任《むせきにん》であるということです。バブルがはじけてから十年間で私《わたし》たちがみたのは、政《せい》・官・財《ざい》のまったくの無責任《むせきにん》でした。

　戦争中の軍人同様、官僚《かんりょう》というのは往々《おうおう》にして自分たちのいるところだけでしか責任《せきにん》を感じないんですね。自分たちの組織《そしき》を守るためにしか動かない。さらに言うと、その組織内《そしきない》の論理《ろんり》や慣習《かんしゅう》にのみ従《したが》って新しい発想をまったく生もうとしない。ですから何か問題が起こった時に即座《そくざ》に有効《ゆうこう》な対策《たいさく》が出せず、常《つね》に後手後手《ごてごて》にまわる。かつての軍人がまったくそうであり、同時にバブルがはじけ飛んだ後の私《わたし》たちの周りの官僚《かんりょう》および政治家《せいじか》、財界人《ざいかいじん》もそうなんだと言わざるを得《え》ません。現在《げんざい》の日本をみますと、政治家《せいじか》はほとんど二代目、三代目で苦労知らず、官僚《かんりょう》はエリート意識《いしき》と出世欲《しゅっせよく》のかたまりみたいなもので、一種の偏差値優等生《へんさちゆうとうせい》の集団《しゅうだん》です。この人たちが先に説明しました官僚経済《かんりょうけいざい》国家、官僚統制《かんりょうとうせい》システムの中にあって自分たちの好きなように裁量《さいりょう》行政《ぎょうせい》ができる、さらに情報《じょうほう》を独占《どくせん》し、人事の勝手なルールをつくる（天下りです）、そしてお金も独占《どくせん》している。六〇年代に非常《ひじょう》に安定的な経済《けいざい》成長をつくったシステムを、かつての人たちとは違《ちが》ってしまった官僚《かんりょう》が握《にぎ》るうちに、なんともおかしな国家が出来上がったのかなと思えてくるのです。

今の日本は、財政《ざいせい》は八百兆円の大借金（国債《こくさい》）を抱《かか》えています。ケタが大きすぎてわけがわからなくなりますが、一兆円と言えば、仮《かり》に誰《だれ》かが毎日十万円使って百年それを続けても届《とど》かない、まあなにしろすごい額《がく》で、八百兆円と言えばタダゴトではありません。ちなみに日本が戦後、はじめて国債《こくさい》の発行を決めたのは昭和四十年（一九六五）十一月十九日、佐藤内閣《さとうないかく》の時です。戦争中は国債《こくさい》で戦って莫大《ばくだい》な借金をしましたから、戦後はもうやるまいとガマンしていたのですが、この時は不況《ふきょう》でどうしようもなくなって二千五百九十億円の赤字国債《こくさい》発行を決めました。これはあくまで特例でした。ところがそれから四十年たって、八百兆円。極端《きょくたん》に言えばまったく手を打たなかった、何かといえばすぐ国債《こくさい》を出してごまかしてきたわけです。

日本というのはなんと手を打つのが遅《おそ》いこと、何ら有効《ゆうこう》な対策《たいさく》を出さず後手後手《ごてごて》に回ることといったらすごいものです。今、少子化時代と言われていますが、厚生省《こうせいしょう》がはじめてこれに気付き真剣《しんけん》に憂慮《ゆうりょ》したのは平成二年（一九九〇）六月三日です。一・五七ショックと言われるもので、一人の女性《じょせい》が産む赤ちゃんの数が平均《へいきん》一・五七人と史上《しじょう》最低の出生率《しゅっせいりつ》が判明《はんめい》したからです。憂《うれ》えたままでそれから何の手も打たず、十五年後の今になってもっと少ない赤ちゃんしか生まれず、大騒《おおさわ》ぎしているのもいい例です。

今の日本は、戦後ずっと意思統合《とうごう》をしてきた「軽武装《けいぶそう》・経済《けいざい》第一」の吉田《よしだ》ドクトリンの分解《ぶんかい》がはじまっているようです。いい加減《かげん》に戦後の経済主義《けいざいしゅぎ》を卒業したらどうか、の声が高まっています。いや、平和的発展《はってん》路線をさながら欠陥品《けっかんひん》のようにみなす人も増《ふ》えています。このままひたすら世界平和のために献身《けんしん》する国際《こくさい》協調的な非軍事《ひぐんじ》国家でいくか、いやいやそれはもう時代遅《おく》れも甚《はなは》だしい、これからは平和主義《しゅぎ》の不決断《けつだん》と惰弱《だじゃく》を清算して、責任《せきにん》ある主体たれ、世界的に名誉《めいよ》ある役割《やくわり》を果たせる「普通《ふつう》の国」にならなければならない。この二つです。その選択《せんたく》は、まさに若《わか》い皆《みな》さん方《がた》の大仕事というわけです。ロートルには発言権《はつげんけん》はないと考えます。

でもね、横町の隠居《いんきょ》なりのお節介《せっかい》な忠言《ちゅうげん》を申し上げることはできます。今の日本に必要なのは何か？　一つには、無私《むし》になれるか。マジメさを取《と》り戻《もど》せるか。日本人皆《みな》が私《わたくし》を捨《す》てて、もう一度国を新しくつくるために努力と知恵《ちえ》を絞《しぼ》ることができるか。その覚悟《かくご》を固められるか。二つめに、小さな箱から出る勇気。自分たちの組織《そしき》だけを守るとか、組織《そしき》の論理《ろんり》や慣習《かんしゅう》に従《したが》うとか、小さなところで威張《いば》っているのではなく、そこから出ていく勇気があるか。三つめとして、大局的な展望能力《てんぼうのうりょく》。ものごとを世界的に、地球規模《きぼ》で展望《てんぼう》する力があるか。そのためにも大いに勉強することが大事でしょう。四つめに、他人様《ひとさま》に頼《たよ》らないで、世界に通用する知識《ちしき》や情報《じょうほう》をもてるか。さらに言えば五つめ、「君は功を成せ、われは大事《だいじ》を成す」（吉田松陰《よしだしょういん》）という悠然《ゆうぜん》たる風格《ふうかく》をもつことができるか——現在《げんざい》の日本に足りないのはそういったものであって、決して軍事力ではないと私《わたし》は思います。

日本よ、いつまでも平和で穏《おだ》やかな国であれ。

長い間、どうもありがとうございました。

こぼればなし

昭和天皇《てんのう》・マッカーサー会談秘話《ひわ》

この章の

ポイント

敗戦直後の一九四五（昭和二十）年から五一（昭和二十六）年までの間で、昭和天皇《てんのう》とマッカーサーは、実に全十一回にも及《およ》ぶ会談を行ないました。この時の様子は、同席した通訳《つうやく》が残したメモや手記により、うかがい知ることができます。これらをひもとくと、新憲法《けんぽう》や食糧《しょくりょう》問題、労働問題、安全保障《ほしょう》・講和《こうわ》問題まで、戦後日本の形づくりのために、天皇《てんのう》がさまざまな局面でマッカーサーに働きかけていたことがわかります。

キーワード

昭和天皇《てんのう》／マッカーサー／奥村勝蔵《おくむらかつぞう》／松井明《まついあきら》／寺崎英成《てらさきひでなり》／東京裁判《さいばん》／日本国憲法《けんぽう》／沖縄問題／GHQの右旋回《みぎせんかい》／サンフランシスコ講和条約《こうわじょうやく》

◆マッカーサーの感動

半藤《はんどう》でございます。今日は『昭和史《しょうわし》 戦後篇《へん》』の出版《しゅっぱん》を記念するという形ですので、それに関することをお話しします。

『戦後篇《へん》』をお読みになっていただいた方はご存《ぞん》じでしょうが、昭和天皇《てんのう》とマッカーサーが昭和二十年（一九四五）、敗戦直後の九月に会談をした第一回目のことはかなり丁寧《ていねい》に語ったわけです。九月二十七日、天皇《てんのう》がお忍《しの》びでアメリカ大使館にマッカーサーを自ら訪《たず》ね、そのときの天皇《てんのう》のお言葉にマッカーサーがえらく感動して、はじめは非常《ひじょう》に横柄《おうへい》で出迎《でむか》えもしなかったんですが、帰るときは玄関口《げんかんぐち》まで送ってきて丁寧《ていねい》にお辞儀《じぎ》をして「またお会いしましょう」と言ったというような話をしたんです。

『戦後篇《へん》』でもふれていますが、このときはお忍《しの》びですので、交通規制《きせい》をしなかったんですね。いつもの天皇《てんのう》の車と侍従《じじゅう》が乗った車とで行ったら、途中《とちゅう》で信号に引っかかった。信号が赤になった瞬間《しゅんかん》に車がとまると、そこへ、今はありませんけれども都電が走ってきて、天皇《てんのう》の車の隣《となり》にとまったんです。都電の中にいたおばさんがじっと外を見ていると、どうも似《に》ている方がいらっしゃる。当時の運転手さんに話を聞きますと、天皇《てんのう》がどうしているかと思ってバックミラーで見ていたら、黙《だま》って前を向いていたそうですが、目はきょろきょろしていたというような話をしていました。都電のおばさんが天皇陛下《てんのうへいか》だとわかって、これはこれはとばかりに丁寧《ていねい》に最敬礼《さいけいれい》したなんて話もしました。

そして、天皇《てんのう》がはじめてマッカーサーに会ったとき、戦争の全責任《ぜんせきにん》は私《わたし》にあると言ったという話になるわけです。マッカーサーの回顧録《かいころく》が朝日新聞から出ていて、半分以上自慢話《じまんばなし》なのであまり当てにならないところがあるんですが、でもこのくだりは当てになるんじゃないかと思うんです。「私《わたし》は、国民が戦争遂行《すいこう》にあたって政治《せいじ》・軍事両面で行なったすべての決定と行動にたいする全責任《ぜんせきにん》を負《お》うものとして、私《わたし》自身をあなたの代表する連合国の裁決《さいけつ》にゆだねるためにおたずねしました」と天皇《てんのう》が言ったと。マッカーサーははじめ、天皇《てんのう》が許《ゆる》しを請《こ》うとか命を助けてくれとかいうことを頼《たの》みに来たのであろうと思っていたら、そんなことは一切《いっさい》言わずにこう話した、それで大そう感動したというふうに回顧録《かいころく》には書かれている。このときのマッカーサーの感動といいますか、昭和天皇《てんのう》に対する尊敬《そんけい》の念が、その後の日本占領政策《せんりょうせいさく》の上にものすごく大きな影響《えいきょう》を与《あた》えたということを『戦後篇《へん》』ではしゃべったのです。

ところが最近、といっても平成十四年（二〇〇二）十月十七日、外務省《がいむしょう》がそのときの通訳《つうやく》の奥村勝蔵《おくむらかつぞう》が残した公式メモの記録を出しました。奥村《おくむら》さんというのは、戦争が始まる前にワシントンの日本大使館におりまして、アメリカに手渡《てわた》す最後通牒《つうちょう》というべき文書を、下手《へた》な、といったら悪いですが、上手ではないから下手《へた》だったと思いますが、タイプでポツンポツンと打って、それが間に合わなくて開戦通告《つうこく》が遅《おく》れたときの、そのタイプを打った外交官です。戦後、大磯《おおいそ》に住んでおりまして、私《わたし》は二度会いました。薔薇《ばら》をきれいに栽培《さいばい》しているいいお宅《たく》に住んでいましたが、開戦通告《つうこく》の遅延《ちえん》のことに関しては語りたくないと言って一切《いっさい》話されませんでした。

それはともかく合計十一回行なわれた昭和天皇《てんのう》・マッカーサー会談（表参照）のうち、第一回と第四回で奥村《おくむら》さんが通訳《つうやく》をしている。会談の内容《ないよう》については一切《いっさい》外へ出さないというのが昭和天皇《てんのう》とマッカーサーの男の約束でしたが、四回目のときに、奥村《おくむら》さんが内容《ないよう》を少しばかりすっぱ抜《ぬ》いたんです。それでマッカーサーがかんかんに怒《おこ》りまして、こういうやつは直《ただ》ちに罷免《ひめん》だといってクビになりました。そのときの話は、奥村《おくむら》さんは実に丁寧《ていねい》にしゃべってくれました。これは後でお話します。こっちの件《けん》は自分でもいいことをしたと思ってかなり自信があったのか、話されたのですが、真珠湾《しんじゅわん》のほうはいいことをしたと思わなかったのかどうか知りませんが、一切《いっさい》語りたくないと。もうお亡《な》くなりになりましたが。

昭和天皇・マッカーサー会談

	期日（昭和）	場所	通訳	テーマ
①	20年９月27日	米大使館	奥村勝蔵	天皇の戦争責任……
②	21年５月31日	米大使館	寺崎英成	食糧援助、東京裁判
③	21年10月16日	米大使館	寺崎英成	食糧援助、憲法９条、地方巡幸……
④	22年５月６日	米大使館	奥村勝蔵	新憲法下での選挙、日本の安全保障、日本経済の現状……
⑤	22年11月14日	米大使館	寺崎英成	沖縄問題
⑥	23年５月６日	米大使館	ＧＨＱ	
⑦	24年１月10日	米大使館	ＧＨＱ	
⑧	24年７月８日	米大使館	松井明	国内の治安……
⑨	24年11月26日	米大使館	松井明	講和問題、シベリア抑留、ソ連の原爆開発……
⑩	25年４月18日	米大使館	松井明	共産圏の脅威？
⑪	26年４月15日	米大使館	松井明	儀礼的（お別れ）

昭和天皇とマッカーサーの最初の会談。３枚撮られたうちの、マッカーサーが目をつぶっている珍しい写真。昭和20年９月27日、アメリカ大使館で行なわれた

いずれにしろ、第一回の会談のときに奥村《おくむら》さんが残したメモには、天皇《てんのう》が「私《わたし》が全《ぜん》責任《せきにん》を負います」などとは一《いっ》切《さい》言ってないと書いてあって、それを外務《がいむ》省《しょう》が発表し、各新聞が大きく扱《あつか》ったのです。私《わたし》も毎日と朝日と読売からどういうふうに思うかと談話を求められまして、三つの新聞に「同じ談話では悪いのか」と聞いたら「悪い」と言うから、いくらかは良心が——大してないんですけれども——働いて少しずつ変えましたが。

その当時は、いわゆる東京裁判《さいばん》が、もちろんまだ始まっておりませんが話題になっているころで、軍事法廷《ほうてい》となると戦争犯罪人《はんざいにん》を処刑《しょけい》することは明白です。天皇《てんのう》がその裁判《さいばん》にかけられるかかけられないか、被告《ひこく》になるかならないかは非常《ひじょう》に微妙《びみょう》な問題でした。ですからこの時期に天皇《てんのう》が「私《わたし》に戦争の全責任《ぜんせきにん》がある」などと発表してそれが連合国諸国《しょこく》に漏《も》れたら、たとえばソ連、豪州《ごうしゅう》、オランダなどでは天皇《てんのう》を絞首刑《こうしゅけい》にせよと言わんばかりの論説《ろんせつ》がわーっと広がって

いるころですから大変なことになるじゃねえかというので、奥村《おくむら》さんは多分隠《かく》したのであろう、そこは承知《しょうち》して削《けず》ったに違《ちが》いないと、私《わたし》は新聞の談話でしゃべったんです。が、証拠《しょうこ》は何にもなかったんです。証拠《しょうこ》がなくたってこういうのは歴史探偵《れきしたんてい》の勘《かん》でございまして、間違《まちが》いないと思っていたんですが、実はその証拠《しょうこ》らしいものが出てきたのです。

十一回に及《およ》ぶ会談の最後のほうで、松井明《まついあきら》さんという方が通訳《つうやく》として非常《ひじょう》に活躍《かつやく》されました。この方も残念ながら平成六年（一九九四）に八十六歳《さい》でお亡《な》くなりになりまして、もう一人の通訳《つうやく》、寺崎英成《てらさきひでなり》さんも亡《な》くなっておりますから、今はもう会談についての日本人証言者《しょうげんしゃ》はいません。その松井《まつい》さんが天皇《てんのう》の通訳《つうやく》としてマッカーサーとの会談に立ち会ったことをお書きになり、それを「松井《まつい》手記」としてどうしても出版《しゅっぱん》したいと強く希望された。しかし内容《ないよう》が内容《ないよう》ですから、勝手にやるわけにいかない、出版社《しゅっぱんしゃ》のほうも天皇陛下《てんのうへいか》に関することですからあっさりとは出せない、そこで宮内庁《くないちょう》へ持っていって意向を聞いたんです。

ところで、昭和天皇《てんのう》の侍従長《じじゅうちょう》だった入江相政《いりえすけまさ》という方の『入江相政日記《いりえすけまさ》』という膨大《ぼうだい》なものが出ておりまして、これは中身はそれほどおもしろくありません。とんと役に立たなくて、粋人《すいじん》あるいは人生を上のほうで歩いた人というのは資料的《しりょうてき》にはあまり役に立たないことを日記に書くんだなという証拠《しょうこ》みたいな日記なんですけれども、それでもよく読むと、ところどころにすばらしいことを書いているのがわかります。宮城《きゅうじょう》の内部の話で、だれとだれがけんかした、たとえば天皇陛下《てんのうへいか》と皇后陛下《こうごうへいか》だとか、皇后陛下《こうごうへいか》と侍従長《じじゅうちょう》がけんかしたとかも書いてあるんです。そういう意味では非常《ひじょう》におもしろいところはあるんです。

この入江《いりえ》さんの一九八一年十月二日の日記に、「松井明《まついあきら》君がマッカーサー及《およ》びリッジウエイ（マッカーサーがクビになった後の軍司令官です）の御通訳《ごつうやく》の顚末《てんまつ》を出版《しゅっぱん》したいとのこと。とんでもないこと。コピーを渡《わた》される」とあり、それで松井《まつい》さんが昭和五十五年（一九八〇）に回想録を書き上げて、宮内庁《くないちょう》に翌年《よくねん》そのコピーを届《とど》けたことがわかるわけです。

宮内庁《くないちょう》では大いにもめました。入江《いりえ》さんは猛反対《もうはんたい》だと書いてありますが、また十月二十二日の日記、つまり約二十日たった後の日記になりますと、「十一時前長官来室（前の宮内庁《くないちょう》長官が来た）。この間からの懸案《けんあん》の松井明《まついあきら》君の通訳《つうやく》の記録の出版《しゅっぱん》、侍従《じじゅう》長、侍従《じじゅう》次長、官長（書記官長）すべて反対と告《つ》げ、思いとどまってもらった由《よし》。そして侍従長《じじゅうちょう》の秘庫《ひこ》（秘密《ひみつ》の金庫ですね）に入れておいてくれとのこと」とあります。つまり松井《まつい》さんの手記の出版《しゅっぱん》はまかりならんというので、侍従長《じじゅうちょう》の金庫があるんでしょう、そこに入れて門外不出にしてしまった。
このため、残念ながら世に出ないことになったのです。

ところが日本では出なくても、よその国だと出るんだそうです。これが出版界《しゅっぱんかい》のすばらしいところで、自分のところだけ抑《おさ》えておけば大丈夫《だいじょうぶ》かと思ったらとんでもない話で、フランス語訳《やく》の松井明著《まついあきらちょ》『天皇《てんのう》の通訳《つうやく》』という本が出ているんだそうです、人から聞いた話ですが。これからお話する十一回の会談の内容《ないよう》も主にフランス語訳《やく》の松井《まつい》さんの手記に基《もと》づいています。

それによりますと、第一回目の会談のとき、奥村《おくむら》さんは確《たし》かにメモを消した、そして実はこれこれこういうわけで消したと理由を述《の》べていたそうです。その理由が、「あまりの重大さを考《こう》慮《りょ》し、記録から削除《さくじょ》した」と。要するにそのころの世界の輿論《よろん》の動きなどを配慮《はいりょ》して削《けず》っておいたほうがいいと判断《はんだん》した。しかも「その（天皇《てんのう》が全責任《ぜんせきにん》は私《わたし》にあると言った）発言は、元帥《げんすい》が滔々《とうとう》と戦争哲学《てつがく》を語った直後に述《の》べられた」とあるんですね。ということは、マッカーサーがものすごく長い大演説《だいえんぜつ》をぶった後に天皇陛下《てんのうへいか》がはっきりと言われた、奥村《おくむら》さんもそれを承知《しょうち》したうえで、しかしながら諸般《しょはん》の事情《じじょう》を考えると発表するのはまずいというので削除《さくじょ》した、奥《おく》村《むら》さんがそう言っていたと松井《まつい》さんの手記には書かれているんです。

この問題に関しては、現在《げんざい》でも昭和天皇《てんのう》にははじめから責任《せきにん》なんかないのだからそんなことを言うはずはないという人から、あの方はそんな下々のことは考えない方だから責任《せきにん》がどうのなんて言うはずはないという、右と左と両方からの勝手な推量《すいりょう》による発言が絶《た》えないようです。が、事実、昭和天皇《てんのう》はマッカーサーにはっきり、政治的《せいじてき》・軍事的なことで、日本人がやったすべてのことに対して全責任《ぜんせきにん》は私《わたし》にあると言ったというふうに考えて間違《まちが》いないのではないか、と私《わたし》は思うわけです。

さてこれからいよいよ松井《まつい》さんの手記などに基《もと》づいて以下をお話するんですが、じつは『昭《しょう》和史《わし》戦後篇《へん》』では二回目以降《いこう》のことはふれていません。したがいまして、ここにおいでにならないであの本を買った方には、まことに申しわけないことでございますが、あとの十回はいったいどこに行ってしまったんだろうということになる。ま、どうかお許《ゆる》しいただきたいと。おいでになっている皆《みな》さんに謝《あやま》ってもしようがないんですが、いずれ通じるときもあると思いますので、お詫《わ》びした次第《しだい》です。

◆歴史《れきし》を知るおもしろみ

ところで、このことは実は私《わたし》だけではなくてすでに何人かの方が研究しております。昭和五十年（一九七五）八月十五日付サンケイ新聞と平成十四年（二〇〇二）八月五日付朝日新聞で、ともにでっかく松井《まつい》日記、あるいは天皇《てんのう》とマッカーサーの会談をめぐっての大特集が掲載《けいさい》されています。今日はそれをもう少し詳《くわ》しくお話しますが、もしさらにお調べになりたければ両新聞をお読みになるとよろしいかと思います。

もうひとついえば、国会図書館の中に元総理大臣・幣原喜重郎《しではらきじゅうろう》の記念館というのか、幣原《しではら》平和文庫という図書館みたいのがありまして、そこに寺崎英成《てらさきひでなり》さんの手記が残されています。私《わたし》も見ましたが、なかなか詳《くわ》しく書かれています。

とまあ、ごらんになりたければごらんになれる形で、いくらか世の中に発表されておりますし、関西学院大学の豊下楢彦《とよしたならひこ》先生、下町生まれは間違《まちが》いやすい、「ナラヒコ」ですね、「シコ」ではございません、という方の天皇《てんのう》・マッカーサー会談に関するかなり立派《りっぱ》な研究もございます。

まあとにかく男の約束だか知りませんが、マッカーサーと天皇《てんのう》が余計《よけい》な約束をしたんですよ。

昭和天皇《てんのう》という方はクソのつくほど律儀《りちぎ》な、なんていうと怒《おこ》られてしまいますが、まじめな方でいらっしゃいますので、男の約束ですからといって、会談に関する話は本当にお亡《な》くなりになるまで一切《いっさい》しゃべっておりません。しゃべっているのは専《もっぱ》らマッカーサーのほうで、あいつは軍人のくせにおしゃべりなんです。男の約束を知らないやつなんですが、どうもこの男の話は当てにならないところがありまして、いろいろと誤解《ごかい》を生むことになるんです。いずれにしろ男の約束を守ったのは天皇《てんのう》で、守らなかったのはマッカーサーでした。

ただ、マッカーサーがしゃべらなかったことも、松井《まつい》さんの手記と寺崎《てらさき》さんの残したもの、その他のことでいくらかずつ明るみに出てきております。今日はそれをお話いたします。退屈《たいくつ》なところもあるかと思いますが、日本の戦後に昭和天皇《てんのう》がいかにかかわったか、マッカーサーにどんどん意見を言い、マッカーサーもそれを取り入れ、あるいはそれに影響《えいきょう》されて占領政《せんりょうせい》策《さく》を進めていった、といってもいいかと思います。とにかく戦後日本の形づくりのために昭和天皇《てんのう》は大変な仕事をなさっていた、そのことがわかるかと思います。

ですが、考えようによってはこれは憲法違反《けんぽういはん》なんですよね。ご存《ぞん》じのように昭和二十一年に憲法《けんぽう》が審議《しんぎ》を経《へ》て成立し、翌《よく》二十二年に公布《こうふ》されました。そこでは天皇《てんのう》は象徴《しょうちょう》であって政治《せいじ》には一切《いっさい》かかわりなしとされ、現在《げんざい》でも皇室《こうしつ》は政治《せいじ》には一切《いっさい》かかわりはないのです。ですから女帝《じょてい》がどうだのごちゃごちゃいっても、皇室典範《こうしつてんぱん》の改定は内閣《ないかく》の仕事であり、皇室《こうしつ》は一切《いっさい》発言をしない、できない、天皇家《てんのうけ》は政治《せいじ》には一切《いっさい》口出しをしないと決められているわけです。

ところが、昭和天皇《てんのう》はどんどんマッカーサーに話をして、政治《せいじ》に口出しをしています。世の中に出さないという男の約束があるから憲法違反《けんぽういはん》にならないのか、そんなことはねえんじゃないかと思うんですけれども、まあその辺はどうぞ皆《みな》さん方《がた》がご自身でお考えいただきたいと思います。いずれにしろ戦後日本の占領《せんりよう》期間というのは、ある意味では天皇《てんのう》とマッカーサーの合作ではなかったろうかと思われるところが若干《じやつかん》あるわけで、そこに歴史《れきし》を知ることのおもしろみもあり、楽しさもあると思います。

◆話題の中心は東京裁判《さいばん》？［第二回目］

では早速本邦初公開《さつそくほんぽう》、それほどえらいものではありませんが、第二回目の会談からはじめます。

二回目は昭和二十一年（一九四六）五月三十一日に行なわれました。はじめは五月三日に東京裁判《さいばん》（国際《こくさい》軍事法廷《ほうてい》）が開廷《かいてい》する前、四月二十三日に行なわれるはずだったんですが、その前日に幣原内閣《しではらないかく》が総辞職《そうじしよく》をしてごたごたがはじまってしまったので、とてもそんな暇《ひま》はないということで延《の》びたんです。それで裁判《さいばん》がすでに開廷《かいてい》している非常《ひじよう》に微妙《びみよう》なときに行なわれてしまい、残念ながらこの回に関しては空白です。いろいろなものを調べたんですが、いまのところまったく出てきません。多分奥村《おくむら》さんのメモがあるかと思いますが、外務省《がいむしよう》はこれをまだ出しておりません。ですから何もわかっていないといっていいと思います。

ただしこのとき通訳《つうやく》をした寺崎英成《てらさきひでなり》さんの日記が、文藝春秋《ぶんげいしゅんじゅう》から出た『昭和天皇独白録《てんのうどくはく》・寺崎英成御用掛日記《てらさきひでなりごようがかり》』の、文庫本のほうには載《の》っておりませんが、単行本のほうにあります。そこには「マックト御会見《ごかいけん》。十時十五分、半蔵門《はんぞうもん》、十二時七分前迄《まで》。チョコレート。記録をつくる。フェラーズ、アチソン、宴会《えんかい》」、これしか書いてないので、眼光紙背《がんこうしはい》に徹《てっ》す、で眺《なが》めたって何にもわかりません。「十時十五分、半蔵門《はんぞうもん》」、このとき出たんだなと、そして「十二時七分前迄《まで》」というんですから、二時間近く会談が行なわれた。第一回は三十分そこそこ、そんなに長くはありませんが、このときは二時間もやっているんです。なのに何にも書いてない。

ただ「チョコレート」とありますね。何だい、このチョコレートはと思いましたら、寺崎《てらさき》さんの奥《おく》さんのグエン・テラサキさんという方が、戦後に『太陽にかける橋』という本を出してベストセラーになりました。それをのぞいてみますとチョコっと出てきたんです。「天皇《てんのう》はこの日の会見を終えて仮御所《かりごしょ》に戻《もど》ると、銀紙に包まれたチョコレートをいくつも取り出して『これ貰《もら》ったよ』と出迎《でむか》えた侍従《じじゅう》にいい、『何か不自由なことがあったら、いってほしいといってくれたよ』と嬉《うれ》しそうに語った」と載《の》っているんですよ。ははあ、チョコレートは天皇《てんのう》からもらったものか、なるほど、それで天皇《てんのう》はマッカーサーからもらったんだと。でも、これしかない。これでは何もないと同じです。ただマッカーサーが、不自由なことがあったら何でも言ってくれと言ったほど天皇《てんのう》に親近感をもったといいますか、二時間も心を割《わ》って話したことがわかる。そして多分、食糧援助《しょくりょうえんじょ》を天皇《てんのう》が強く頼《たの》んだのではないかと想像《そうぞう》できるわけです。

寺崎《てらさき》さんの手記でも、松井《まつい》さんの手記でもそうですが、とにかくマッカーサーは滔々《とうとう》としゃべるらしい。ですから二時間のうち一時間半ぐらいはマッカーサーがしゃべって、天皇陛下《てんのうへいか》は三十分ぐらいじゃないかと思いますけれども、いずれにしても想像《そうぞう》されるのは、もうひとつ、東京裁判《さいばん》が話題になったに違《ちが》いないだろうなということです。というのはすでに四月三日、GHQを監視《かんし》するために各国の代表がつくった極東委員会が、天皇《てんのう》をもはや訴追《そつい》しないことを決定しているんです、日本はそんなことは知りませんが。そして五月三日開廷《かいてい》した東京裁判《さいばん》では、天《てん》皇《のう》が訴追《そつい》されていない、戦犯《せんぱん》として起訴《きそ》されていないことも明瞭《めいりょう》になっている。そう考えを進めてみれば、東京裁判《さいばん》に関することが両者の間で話されたんだろうと想像《そうぞう》はできるわけです。残念ながら、実際《じっさい》の内容《ないよう》はまったくわかりませんが。

◆新憲法《けんぽう》とマッカーサーの予言［第三回目］

三回目は昭和二十一年十月十六日です。この日付を見てぱっと何かを思いつかれる方はあまりいないと思いますが、新憲法《けんぽう》が成立して十日後なんです。つまり今の憲法《けんぽう》が、公布《こうふ》はまだですが、国会で審議《しんぎ》され、通過《つうか》して成立したのが十月六日で、その十日後なわけです。

これは先ほど申しました、国会図書館の幣原《しではら》平和文庫にある寺崎《てらさき》さんの手記で、ある程度《ていど》承《しょう》知《ち》することができます。松井《まつい》さんのほうの手記で見ると、「前回と同様会談の中心は食糧《しょくりょう》問題と労働問題であった」とあります。前回は間違《まちが》いなく東京裁判《さいばん》が話題になっていると思うんですが、松井《まつい》手記には書いてないんですね。それはともかく、三回目は「寺崎《てらさき》手記」によってかなり読み取ることができます。少し読んでみます。

天皇《てんのう》「今回憲法《けんぽう》が成立し、民主的新日本建設《けんせつ》の基礎《きそ》が確立《かくりつ》せられたことは、喜《よろこ》びにたえない所であります」。憲法《けんぽう》が成立して翌年公布《よくねんこうふ》されることは、非常《ひじょう》に喜《よろこ》ばしいとまず言って、「この憲法《けんぽう》成立にさいし貴将軍《きしょうぐん》（あなた、マッカーサー将軍《しょうぐん》ですね）において一方《ひとかた》ならぬご指導《しどう》に当たられたことに感謝《かんしゃ》いたします」。

本当はご指導《しどう》なんていう程度《ていど》のものじゃないんですけれどね。まあ天皇陛下《てんのうへいか》から見ると憲法《けんぽう》制定《せいてい》のためにマッカーサーが非常《ひじょう》な努力をしたと承知《しょうち》して感謝《かんしゃ》したんだと思います。

マッカーサー「陛下《へいか》のお蔭《かげ》にて憲法《けんぽう》は出来上がったのであります（微笑《びしょう》しながら）」。マッカーサーはほとんど笑ったことのない男らしいですけれども、ここで（微笑《びしょう》しながら）と寺崎《てらさき》さんがわざわざ書いています。「陛下《へいか》なくんば憲法《けんぽう》もなかったでありましょう」。

これもまたすごい言葉ですね。片《かた》やあなたのご尽力《じんりょく》に大変感謝《かんしゃ》すると言い、片《かた》やあなたがいなければ、あなたがオーケーしなければ憲法《けんぽう》はできなかったんだと。

天皇《てんのう》「戦争放棄《ほうき》の大理想を掲《かか》げた新憲法《けんぽう》に日本はどこまでも忠実《ちゅうじつ》でありましょう。しかし世界の国際情勢《こくさいじょうせい》を注視《ちゅうし》しますと、この理想よりはいまだに遠いものがあるようであります。その国際情勢《こくさいじょうせい》の下、戦争放棄《ほうき》を決意実現《じつげん》する日本を、危険《きけん》にさらさせることのないような世界の到来《とうらい》を、一日も早く見られるように念願せずにはおられません」。

天皇《てんのう》からすれば世界情勢《じょうせい》はまだ非常《ひじょう》に激動《げきどう》している。そのときに日本だけがこういう新憲《けん》法《ぽう》のもとに生きようとすることは非常《ひじょう》に危険《きけん》なところもあるのではないかと率直《そっちょく》に言ったんでしょう。

マッカーサー「戦争はもはや不可能《ふかのう》であります。戦争をなくするには、戦争を放棄《ほうき》する以外にはありませぬ。それを日本が実行されました。五十年後において（私《わたし》は予言いたします）日本が道徳的に勇敢《ゆうかん》かつ賢明《けんめい》であったことが立証《りっしょう》されるでありましょう。百年後に、日本は世界の道徳的指導者《しどうしゃ》となったことが全世界に悟《さと》られることでしょう」。

「全世界に」というのは私《わたし》が勝手につけました、そうじゃないとちょっと文章が成り立たないんですね。

さらにマッカーサーはつづけます。「世界も米国もいまだに日本にたいして復讐《ふくしゅう》的気分が濃《のう》厚《こう》でありますから、この憲法《けんぽう》もうくべき賞賛《しょうさん》をうけないのでありますが、すべては歴史《れきし》が証《しょう》明《めい》するでありましょう」。

これはかなり有名な言葉なんです。五十年後には日本が賢明《けんめい》であったことは立証《りっしょう》されるだろうと。もう五十年終わりましたよね、六十年も過《す》ぎました。つまりまだ立証《りっしょう》されてないんじゃないか。さらに、百年後には日本は道徳的指導者《しどうしゃ》となったことが全世界にわかるでありましょうと。果たしてどうなることやら、皆《みな》さん方《がた》の決意いかんだと私《わたし》は思うわけです。こう予言するマッカーサーがたちまち憲法《けんぽう》の大理想を破《やぶ》るんですからしようがないんですけれど、それは後の話になります。で、ここで話はぽんと変わってしまった。

天皇《てんのう》「巡幸《じゅんこう》は私《わたくし》の強く希望するものであることは、ご承知《しょうち》のとおりでありますが、憲法《けんぽう》成立まではとくに差《さ》し控《ひか》えていたのでありますが、当分差《さ》し控《ひか》えたほうがいいというものもあります。貴将軍《きしょうぐん》はどうお考えになりますか」。

天皇《てんのう》の巡幸《じゅんこう》はこの年の二月、神奈川県の川崎《かわさき》をスタート地としてはじまっていたんですが、憲法《けんぽう》問題が国会でがんがん議論《ぎろん》されている間、ちょっと遠慮《えんりょ》されたほうがいいのではという声があったと見えて中止されていました。その巡幸《じゅんこう》をまたはじめたいがどうだろうかと聞いたわけです。天皇陛下《てんのうへいか》が親しく国民の間に入っていった巡幸《じゅんこう》は、実に戦後日本人に影響《えいきょう》を与《あた》えましたね。お年の方たちは皆《みな》さんご記憶《きおく》だと思います。私《わたし》が当時おりました越後長岡《えちごながおか》にも、この年ではないと思いますけれども天皇《てんのう》がやってまいりました。長岡《ながおか》市民は旗を振《ふ》ってお迎《むか》えしたようですが、私《わたし》は当時長岡《ながおか》中学校の四年生だったか五年生だったか、水泳部で専《もっぱ》ら平泳ぎの練習に熱中していて行かなかったために、昭和天皇《てんのう》のお姿《すがた》をじかに拝見《はいけん》することはついにありませんでした。残念のきわみであります。

マッカーサー「機会あるごとにお出かけになったほうがよろしいと存《ぞん》じます。回数は多いほどよいと存《ぞん》じます。日本を完全に破壊《はかい》せんとするロシアや、豪州《ごうしゅう》は、ご巡幸《じゅんこう》に反対しておりますが、米国も英国も、陛下《へいか》が民衆《みんしゅう》の中に入られるのを歓迎《かんげい》いたしております。司令部に関するかぎり、陛下《へいか》は何事もなし得《う》る自由をもっておられるのであります。何事であれ、私《わたし》にご用命願います」。

この最後の「何事であれ、私《わたし》にご用命願います」は、英語では「プリーズ・コマンド・ミー」だそうですが、「コマンド」は「指揮《しき》する」、いわゆる軍事用語ですね。つまりマッカーサーは天皇《てんのう》に対して非常《ひじょう》に敬意《けいい》を表している以上の表現《ひょうげん》をしているわけです。事実マッカーサーが言うとおり、巡幸《じゅんこう》はソ連などから非常《ひじょう》に問題視《もんだいし》されました。天皇制《てんのうせい》の復活《ふっかつ》ではないかとも言われ、GHQ内部にも猛反対《もうはんたい》の声があったんですが、マッカーサーは意に介《かい》さず「どんどんおやりください」と言ったのは事実だったようです。

三回目の会談は以上、憲法《けんぽう》成立直後ですので当然それが話題となりました。マッカーサーの百年後の予言に関しては楽しみなんですが、私《わたし》はもう生きておりませんので、どうぞお若《わか》い方に見届《みとど》けていただきたいと思います。

◆すっぱ抜《ぬ》かれた安全保障《ほしょう》［第四回目］

第四回目は昭和二十二年（一九四七）五月六日。まさに新憲法施行《けんぽうしこう》の直後、施行《しこう》は五月三日ですから三日後のことです。しかも会見の当日、四月の総選挙《そうせんきょ》で社会党《しゃかいとう》が第一党《とう》になり、負けた吉田内閣《よしだないかく》があっさりと辞表をとりまとめて総辞職《そうじしょく》しました。そして社会党内閣《しゃかいとうないかく》ができるわけですが、このときの吉田《よしだ》さんの引《ひ》き際《ぎわ》の見事さが、後に吉田内閣《よしだないかく》を再《ふたた》び生み出し、長く続かせる要素《ようそ》になったといいますか、いずれにしろ社会党《しゃかいとう》が天下をとった日が天皇《てんのう》とマッカーサーの会談の日であったわけです。

そして翌日《よくじつ》、さきにもふれましたが通訳《つうやく》の奥村勝蔵《おくむらかつぞう》さんが会談の中身をすっぱ抜《ぬ》きました。といっても外国人記者団《きしやだん》に気を許《ゆる》して語ったんですね。それで外報《がいほう》としてだーっと出ていって、国内にばーっと戻《もど》ってくるわけです。六日の会談内容《ないよう》を七日に奥村《おくむら》さんがすっぱ抜《ぬ》く、すると翌日《よくじつ》、八日にはマッカーサーが激怒《げきど》して全面否定《ひてい》した、そんなことは一切《いっさい》語っていない、とんでもない、奥村《おくむら》はけしからんやつだと直《ただ》ちにクビにしました。先ほど申しましたとおり、このときのことは奥村《おくむら》さんが私《わたし》に隠《かく》さずに話してくれました。この人はなかなか骨太《ほねぶと》のところがあったように思います。

さて会談では何が語られたか。もちろん新憲法《けんぽう》のこと、また社会党《しゃかいとう》が天下をとった選挙に関して若干《じゃっかん》の感想を交《か》わした後に、いよいよ日本の安全保障《ほしょう》問題をどうするかについて語り合ったことが明らかになっております。

天皇《てんのう》「日本が完全に軍備《ぐんび》を撤廃《てっぱい》する以上、その安全保障《ほしょう》は国連に期待せねばなりませぬ。その国連が極東委員会の如《ごと》きものであることは大変困《こま》ると思います」。

極東委員会では、アメリカ、イギリス、ソ連、中国の四大強国がいくらでも拒否権《きょひけん》をもつ。国連も安保《あんぽ》理《り》は拒否権《きょひけん》をもちますが、そのころはまだ使われていません。それが極東委員会では使われていた。そこで天皇陛下《てんのうへいか》は、ああいう形で自由に拒否権《きょひけん》が行使されるのでは困《こま》るという懸念《けねん》を訴《うった》えたわけです。

マッカーサー「日本は、完全に軍備《ぐんび》をもたないことが最大の安全保障《ほしょう》であり、日本が生きる唯一《ゆいいつ》の道です」。

これはマッカーサーの持論《じろん》なんです。彼《かれ》は少なくとも朝鮮《ちょうせん》戦争が起こるまでは、同じことを何遍《なんべん》もしゃべっております。ところが残念なことに、国連では米英とソ連の間にやたら確執《かくしつ》が起こっている。ただ、今はごちゃごちゃやっているがゆくゆくは大丈夫《だいじょうぶ》というので、マッカーサーは保証《ほしょう》する。

「将来《しょうらい》の見込《みこ》みとしては国連はますます強固になっていくものと思います」

マッカーサーはやたらと予言するんですね、当たらない予言を。

天皇《てんのう》「日本の安全保障《ほしょう》を確保《かくほ》するために、アングロサクソン（米英ですね）の代表者である米国が、そのイニシアチブを執《と》ることだ」。

昭和天皇《てんのう》は、国連でも米国がどんどんイニシアチブをとってもらいたいと、アメリカの支援《しえん》を大いに期待することを表明したものと考えられます。

マッカーサー「米国の根本観念は日本の安全保障《ほしょう》を確保《かくほ》することであります（米国は必ず日本を守る）。この点については、十分にご安心ありたい。日本の安全を侵《おか》すためには戦術的《せんじゅってき》にはもっとも困難《こんなん》と言うべき水陸両用作戦によらなければなりません」。

たとえばソ連にしても中国にしても、ということでしょうが、どっちみち日本の安全を侵《おか》す、侵攻《しんこう》するには、水陸両用作戦をやらなければいけない。「これはアメリカが現在《げんざい》の海軍力および空軍力を持っている限《かぎ》り絶対《ぜったい》になし得《え》ません」、あり得《え》ない話でありますと、マッカーサーは天《てん》皇《のう》に強く保証《ほしょう》したわけです。

ここまでは国会図書館の「寺崎《てらさき》メモ」に残っています。で、これで終わりかなと思ったらそうではなくて、どうもこの後があると。それは松井《まつい》さんの手記のほうにちょっと出てくるんです。どう出てくるか、マッカーサーがこう言ったというんです。

「日本を守るもっともよい武器《ぶき》は、心理的なものであって、それは即《すなわ》ち平和にたいする世界の世論《よろん》であります。自分はこのためにも日本がなるべく速《すみ》やかに国際連合《こくさいれんごう》の一員になることを望んでいる。日本が国連において平和の声を大きく上げ、世界の平和にたいする心を日本が積極的に導《みちび》いていくべきである」

この部分がなぜか寺崎《てらさき》さんのメモからは切り取られているんですが、日本が先進的・道徳的な世界の指導者《しどうしゃ》になれ、平和的な指導者《しどうしゃ》になれ、その先頭に立て、そうすることが日本の安全をしっかりと守ることになるのであると。つまり日本が国連に入って本当の平和主義《しゅぎ》を全世界に訴《うった》え、先頭に立ってそのために大いに働くことが、大きくいえば人類のため、世界のためになるとマッカーサーは言ったことになるわけです。

それを奥村《おくむら》さんはあっさりと省略《しょうりゃく》して、外国人記者団《きしゃだん》に、マッカーサーは天皇《てんのう》に対して「米国は日本の防衛《ぼうえい》を保証《ほしょう》すると約束した」と発表したわけです。マッカーサーがここまで言っているんですから、奥村《おくむら》さんがそう要約したとしてもさほどの間違《まちが》いはないのではと思うんですが、マッカーサーは激怒《げきど》したんですね。なぜ激怒《げきど》したかをちょっと考えてみるとおもしろいと思います。マッカーサーは、あくまで保証《ほしょう》すると前の段階《だんかい》では言っていました。ところがおしまいの段階《だんかい》では、日本自らが積極的にどんどん働きかけることが日本の平和を守るために一番いいんだと言っているのです。つまり本人の考え方に自己矛盾《じこむじゅん》といいますか、ぎくしゃくしたところがあり、それを見事につかれたことが、激怒《げきど》の理由ではないかと思うわけです。

一方、奥村《おくむら》さんは、これをなぜあえて発表したか。公務員《こうむいん》としては、特にこの会談の通訳《つうやく》としては許《ゆる》すべからざることを勝手にやったわけです。「なぜあのときあの発表をなさったんですか」と私《わたし》が聞きましたら奥村《おくむら》さんは、ちょっと沈黙《ちんもく》して考えた風をして、「今になってみれば私《わたし》は正しいことをやったと思う。私《わたし》は、あの時点でマッカーサーがそう言ったということを、日本国民に知らせておきたかった」と。つまり日本の安全は米国が必ず守ると保証《ほしょう》したということを国民に知らせておきたかったと。憲法施行《けんぽうしこう》直後ですから、安全保障《ほしょう》は当然これからの大問題なので、これを知らせておくことによって日本人みんなに安全保障《ほしょう》について考えてほしかったという意味のことを私《わたし》に語っていました。

ところが松井《まつい》さんの手記に、外務省《がいむしょう》で奥村《おくむら》さんの下で働いていた当時の報道《ほうどう》課長、法眼晋作《ほうげんしんさく》さん（外務《がいむ》官僚《かんりょう》としてかなり有名な方で皆《みな》さんお名前はご存《ぞん》じかと思います）が、奥村《おくむら》さんの真意はこうであったと語った話が載《の》っています。「当時日本でいちばん大事なことは安全保障《ほしょう》の問題で、マッカーサー元帥《げんすい》が天皇陛下《てんのうへいか》にこの会見で『アメリカは日本を守ることカリフォルニアを守るが如《ごと》く』と言ったことを、新聞の紙面ではなく（新聞は読まない人がたくさんいますから）何とかして広く知らせるために口コミを利用した」という法眼《ほうげん》さんの解釈《かいしゃく》が「松井《まつい》メモ」に書いてあるんです。

私《わたし》が奥村《おくむら》さんから直接《ちょくせつ》に聞いたこととはちょっと違《ちが》うんですが、いずれにしても奥村《おくむら》さんは、憲法施行《けんぽうしこう》後の安全保障《ほしょう》問題は、日本人がこれから考えなければならない重大事であり、そのことを考えてもらうためには広く知られたほうがいいと発表した、となるわけです。

◆天皇《てんのう》の真意［第五回目］

そして五回目になります。昭和二十二年十一月十四日。このときも残念ながらとくにお話する価値《かち》のある内容《ないよう》はほとんど伝わっておりません。ただ推測《すいそく》、あるいは推理《すいり》として、多分こういうことが語られたんだろうということは考えられます。寺崎《てらさき》さんの日記を見ると、「車八時半に来る。御文庫《おぶんこ》へ侍従長《じじゅうちょう》と九時半、十時一寸過《ちょっとす》ぎ発車。乾《いぬい》門、ハフ大佐、マッカーサーの通訳《つうやく》。十二時五分前終わる。／通訳《つうやく》ありがとうとマ将軍《しょうぐん》いう」、これだけですので何にもわかりません。ただ、この直前というのか九月十九日、これを非常《ひじょう》に大事な日として私《わたし》なんかは目をとめるのです。このとき、アメリカ軍が日本を守るために基地《きち》を設《もう》けて駐留《ちゅうりゅう》するという話が日本政府《せいふ》に伝わってきました。まだ吉田《よしだ》さんが首相《しゅしょう》になっておらず、片山《かたやま》・芦田《あしだ》の連立内《ない》閣《かく》で、外務《がいむ》大臣の芦田均《あしだひとし》さんが専《もっぱ》ら交渉《こうしょう》に当たりました。そこでアメリカ軍の日本駐留《ちゅうりゅう》は政府《せいふ》としてはやむを得《え》ないこととして認《みと》め、その場合どこに基地《きち》をおくのが一番いいかについて、あっさりと、「日本本土のどこでもよろしい」と言ったらしいんです。『戦後篇《へん》』でふれておきましたので、お読みになった方は思い出していただきたいんです。

このことが耳に入った天皇《てんのう》は「それはまずい」と寺崎《てらさき》さんを呼《よ》び、自分の意思をきちんと言《い》い含《ふく》め、そのうえで寺崎《てらさき》さんを介《かい》して、ＧＨＱに親書といいますか、天皇陛下《てんのうへいか》はこう考えておられるという形で寺崎《てらさき》さんが書いた文書を、メッセージとして届《とど》けた、それが九月十九日です。天皇《てんのう》の意向とは、日本本土はまずい、沖縄がよろしい、沖縄をお貸《か》しする、「二十五年から五十年、あるいはそれ以上にわたる長期の貸与《たいよ》というフィクション」のもとで米軍に沖縄占領《せんりよう》の継《けい》続《ぞく》を認《みと》めるという内容《ないよう》で、それをアメリカ軍のシーボルトという方を通じてＧＨＱに届《とど》けました。これは「寺崎《てらさき》日記」にはっきり出てきます。

『戦後篇《へん》』でもふれましたが、のちに昭和天皇《てんのう》が倒《たお》れられたとき、ベッドの上で「沖縄には行かなければならなかった」と何度も言ったといいます。新聞にそう報《ほう》じられました。実際《じつさい》、直前に沖縄に行かれる予定だったのが倒《たお》れて叶《かな》わなかったので、「残念だ、沖縄には行かなければならなかった」と病床《びようしよう》で話されたというのです。天皇《てんのう》は第二次世界大戦の最後の激戦《げきせん》であったいわゆる沖縄決戦、そして本土決戦までの時間を稼《かせ》ぐため沖縄軍に頑張《がんば》って最後まで戦ってもらおうというので、兵隊さんばかりでなく市民、学生さん、女学生さんまで動員して抵抗《ていこう》したことが心にずっと大きくひっかかっていて、「沖縄には行かねばならなかった」と言ったんだなと思っていた。

これは別に間違《まちが》ってはないんですね、そのこと自体。だけれどもそれだけではないんだということがわかったわけです。そうだ、天皇《てんのう》は国防《こくぼう》のための本土駐留《ちゅうりゅう》に関して沖縄を二十五年から五十年、あるいはそれ以上にわたる長期の貸与《たいよ》というフィクション、つくりものの契約《けいやく》として、沖縄に軍隊を駐留《ちゅうりゅう》してもらいたいと自らアメリカにメッセージを与《あた》えた。そのことのお詫《わ》びのために沖縄へ行かねば、と言っていたのではないか。

昭和天皇《てんのう》は、太平洋戦争においてもそうなんですが、子供《こども》のときから軍人として非常《ひじょう》に鍛《きた》えられた方ですので、戦術的《せんじゅつてき》・戦略的《せんりゃくてき》な目は特に秀《ひい》でております。ですから、これから中国共《きょう》産党《さんとう》も出てくる、北朝鮮《きたちょうせん》も共産国になる、ソ連もどんどんアジアへ進出しているといったときに、アジアをその進出から守るためには、グアム、沖縄、台湾《たいわん》の弧《こ》を描《えが》いた線で守るほうがいいと戦略的《せんりゃくてき》にわかっていたのだと思います。

余計《よけい》な話ですが、太平洋戦争もそうでした。太平洋戦争は早くいえばぶんまわしの戦争でした。つまり戦闘機《せんとうき》の制空権《せいくうけん》の範囲《はんい》でぶんまわしを回してそこに基地《きち》をつくる。さらにその基地《きち》から制空権《せいくうけん》のぶんまわしを回して、新たな基地《きち》をつくる。制空権《せいくうけん》の外側では戦争をしない。要するに制空権《せいくうけん》内で基地《きち》から基地《きち》へとカエル跳《と》び作戦をするのです。そのアメリカの戦術《せんじゅつ》が大成功した。つぎの戦争もまた然《しか》り、なんです。それで制空権《せいくうけん》下の戦略《せんりゃく》を考えた場合、北海道にどんなでかい基地《きち》をもっても、ぶんまわしを回してみればかんじんのところへ届《とど》きません。それを天皇《てんのう》はわかっていた、だから早い話が沖縄を売《う》り渡《わた》したといったら悪いんですが、沖縄を貸《か》し与《あた》えたと。

マッカーサーもＧＨＱもバカじゃありませんから、天皇《てんのう》の炯眼《けいがん》といいますか、すぐれた戦略《せんりやく》眼《がん》を認《みと》めまして、では沖縄がいいというので、日本本土にでかい中心基地《きち》をもつようなことはしなくなったわけです。

そのことを昭和天皇《てんのう》は亡《な》くなるまで、「申しわけないことをした、沖縄の人たちには長い苦痛《くつう》を与《あた》えたままであった、それをお詫《わ》びに行かなければいけなかった」とベッドの上で言われたのではないだろうか、何も太平洋戦争の沖縄決戦だけではなくて、そういう戦後の複雑《ふくざつ》な事情《じじよう》もあったのではないかなと思うわけです。

したがって、こういう事実が裏側《うらがわ》にあったとすれば、第五回の会談は当然のことながら沖縄問題が語られたと思うのです。繰《く》り返《かえ》しますが、残念ながら証拠《しようこ》となる文書は今のところ見つかっておりません。寺崎《てらさき》さんがここのところは記録として残しておりませんので。もちろん外務省《がいむしよう》にはあると思いますよ。

第六回、第七回は、寺崎《てらさき》さんが第五回の直後に病気になってとてもお供《とも》できないというので、ＧＨＱ側の通訳《つうやく》がやったものと思います。したがって日本側はノータッチで知りようがない。空白のほら吹《ふ》きマッカーサーも、この六回、七回に関しては何にもほらを吹《ふ》いておりません。

ままです。お若《わか》い方が、どうぞこの空白を埋《う》める何かすばらしいものをアメリカへ行って見つけてきてほしいと思わないでもありません。「おまえ、行け」と言われても困《こま》るのです。だいぶ年をとりまして、腰《こし》も痛《いた》くなりまして、飛行機はあまり長々と乗っていられませんので若《わか》い人に期待するわけです。

◆ゆらぐ日本の治安［第八回目］

第八回からは、松井《まつい》さんが日本側の通訳《つうやく》として起用されました。起用に際《さい》して、松井《まつい》さんは日本からもアメリカ側からもきつく言われました。「いいか、奥村《おくむら》のような不手際《ふてぎわ》なことをしてはいかんぞ。一切《いっさい》しゃべるなよ」と。こうして松井《まつい》さんが通訳《つうやく》となり、マッカーサーがクビになってリッジウエイ大将《たいしょう》に替《か》わってからも通訳《つうやく》として残りました。リッジウエイと昭和天皇《てんのう》との会談もなかなかおもしろく、それも松井《まつい》さんの「手記」に記録が残っています。今回はふれませんが。

さて松井《まつい》さんは「メモもとるな、何もするな」と上からあまりいわれたものですから、外務《がいむ》官僚《かんりょう》というのはそういうところはまじめなんでしょうね、そんなにうるさく言うならとメモもとらず、それで二人の間で何が話されたか残念ながら一切《いっさい》記憶《きおく》しとらんと。人間というのはおもしろいもので、終わった後、メモをとっておくと頭に残るんですね、何にも残さんでその場の記憶《きおく》だけにしておくと本当にすっ飛んで抜《ぬ》けてしまう。手の動きとか働きは頭に伝えるために重要なものですから、皆《みな》さんもどうしてものときはメモなどで残されたほうがいいと思います。

いずれにしろ残念ながら松井《まつい》さん、いわれたとおりに忠実《ちゅうじつ》にメモをとらず、したがって一切《いっさい》記憶《きおく》も飛んだという。ただ、「松井《まつい》手記」に「陛下《へいか》が国内の治安について深い憂慮《ゆうりょ》の念を示《しめ》した」とあります。国内の治安をどうしたらいいか非常《ひじょう》に深い憂慮《ゆうりょ》の念を示《しめ》し、そうした言葉が何遍《なんべん》も出たことは脳裏《のうり》に焼きついていると、それだけは残っているそうです。

治安のことを天皇《てんのう》が気になさったのは、年表を見るとおわかりになると思います。昭和二十四年（一九四九）の七月八日ということは、『戦後篇《へん》』でもふれましたが、その年の三月からドッジ・ラインといって、ひどい日本のインフレをとめなければいけない、緊縮財政《きんしゅくざいせい》という大手術《じゅつ》をやれというアメリカの命令で、まず現在《げんざい》のＪＲ、国鉄の膨大《ぼうだい》な数のクビ切りがはじまりました。それに関連して、この会談の二日前に下山事件《しもやまじけん》が起きています。さらに会談の一週間後に三鷹事件《みたかじけん》、またその後に松川事件《まつかわじけん》と、奇怪《きかい》な事件《じけん》が連続すると同時に、クビ切りに反対する人民電車が走ったり、労働者のほうからの猛烈《もうれつ》な抗議《こうぎ》運動がはじまって、社会がぐらぐらと揺《ゆ》れていた、国内の政治的《せいじてき》・社会的な情勢《じょうせい》が激動《げきどう》していたことは確《たし》かなんですね。ま、これもＧＨＱの右旋回《みぎせんかい》の煽《あお》りなんですけれどもね。それを天皇《てんのう》は非常《ひじょう》に心配されて、マッカーサーに強く訴《うった》えたと推察《すいさつ》されるわけです。

◆国際情勢《こくさいじょうせい》への懸念《けねん》［第九回目］

九回目になります。昭和二十四年十一月二十六日。この少し前、ソ連が原子爆弾《ばくだん》を保有《ほゆう》したことを公表し、核戦争《かくせんそう》への赤信号が大きくともります。さらに十月には中国で共産党政権《きょうさんとうせいけん》、現在《げんざい》の中華人民共和国《ちゅうかじんみんきょうわこく》が成立しました。アジアの中心部が完全に広大な共産主義《しゅぎ》国家でまとまったのです。この辺からアメリカの占領政策《せんりょうせいさく》も、これではだめだ、日本をいつまでも民主化民主化といって押《お》さえつけていたのでは向こう側へいってしまうかもしれない。むしろ逆《ぎゃく》にこれを緩《ゆる》め、日本を反共の最前線、橋頭堡《きょうとうほ》にすべきである、日本への締《し》めつけをやめよう、という方向に傾《かたむ》くのです。

したがって天皇《てんのう》とマッカーサーの話も、共産主義的《しゅぎてき》国家の進出をどう見るか、どうその進出を食いとめるかになったかと思います。同時にこの辺りから、いま言ったようなGHQの政策《せいさく》転換《てんかん》もあり、何とか早く講和《こうわ》会議を開いて占領《せんりょう》を終結させ日本を独立国《どくりつこく》にし、アメリカ側に引《ひ》き込《こ》もうというので、講和《こうわ》会議の開催《かいさい》が大きな問題になってきました。皆《みな》さんご存《ぞん》じでしょうが、講和《こうわ》会議については日本のインテリゲンチアの間で単独講和《たんどくこうわ》か全面講和《こうわ》かの大議論《だいぎろん》が起こりまして、お二人の話もそっちのほうになりました。

マッカーサー「速《すみ》やかに講和条約《こうわじょうやく》を締結《ていけつ》することが望ましい」。

天皇《てんのう》「ソ連による共産主義《しゅぎ》思想の浸透《しんとう》と、朝鮮《ちょうせん》（といっても韓国《かんこく》のほうです）にたいする侵《しん》略《りゃく》などがありますと、日本国民が甚《はなは》だしく動揺《どうよう》するが如《ごと》き事態《じたい》になることを恐《おそ》れます（そのことを私《わたし》は非常《ひじょう》に心配している）。ソ連が単独講和《たんどくこうわ》を唱えるのも（ソ連が甘《あま》い言葉を盛《さか》んに言いかけているのは）、共産主義《しゅぎ》にたいする国民の歓心《かんしん》を買おうとする意図にほかならないと思います」。

朝鮮《ちょうせん》戦争はまだ起きていないんですけれども、「朝鮮《ちょうせん》に対する侵略《しんりゃく》などがありますと」というんですから、天皇《てんのう》は朝鮮《ちょうせん》戦争を予見していたのでしょうか。国際情勢《こくさいじょうせい》的にはほとんどの人が考えてもいなかったことなんでしょうが、天皇《てんのう》は、そういう事態《じたい》になると日本国民はうんと動揺《どうよう》してしまうから非常《ひじょう》に心配していると。

マッカーサー「日本国民はソ連を含《ふく》めた全面講和《こうわ》ができるというような間違《まちが》った希望（フェールス・ホープ）をいつまでも持ち続けることはできないでありましょう。日本が完全に中立を守ることによって（いいか、向こう側についてはいかんよということですね）、その安全を確《かく》保《ほ》し得《う》るならば、それに越《こ》したことはありません。しかし、米国としては空白状態《じょうたい》に置かれた日本を侵略《しんりゃく》に任《まか》せておくわけにいきません。だからといって、日本が不完全な武装《ぶそう》をしても侵《しん》略《りゃく》から守ることはできません。かえって侵略《しんりゃく》を招《まね》き、日本経済《けいざい》を破綻《はたん》に導《みちび》きます」。

つまり日本は中途半端《ちゅうとはんぱ》な武器《ぶき》をもって対抗《たいこう》しようなどと考えるな、中立的にならないほうがいい、アメリカの傘下《さんか》にいなさい、そのほうが安全である、といっているわけです。

さらにマッカーサーは、講和条約《こうわじょうやく》によって日本が独立《どくりつ》したとしても、これから先の「数年間、過渡的《かとてき》な措置《そち》として、米英軍の駐屯《ちゅうとん》が必要でありましょう。それは独立《どくりつ》後のフィリピンにおける米軍や、エジプトにおけるイギリス軍や、ギリシャにおけるアメリカ軍と同様な性格《せいかく》をもつものとなりましょう」と。駐留《ちゅうりゅう》しても、その駐留《ちゅうりゅう》は軍事的な占領《せんりょう》ではなく、フィリピンにおけるアメリカ軍のようなものであると言っているんですが、どこまで本気で考えていたのかわかりません。

天皇《てんのう》「講和《こうわ》を早く実現《じつげん》し独立《どくりつ》を回復《かいふく》することは、日本の強く希望するところであります。その場合、国内治安維持《いじ》についても万全《ばんぜん》の措置《そち》を講《こう》ずべきであると思います」。

国内問題を天皇《てんのう》は非常《ひじょう》に心配していますね。その後、朝鮮《ちょうせん》半島の情勢《じょうせい》、ソ連の原爆《げんばく》保有《ほゆう》などについて話し合い、天皇《てんのう》はこう言います。

「日本は千島《ちしま》がソ連に占領《せんりょう》され、もし台湾《たいわん》が中共の手に落ちるようなことになれば、米国は日本を放棄《ほうき》するのではないかということを心配している向きがあります」と。

「向きがあります」と言ってますが、天皇《てんのう》は一番これを心配していたのではないか、そういう危険《きけん》な情勢《じょうせい》があったわけです。千島《ちしま》はもちろんソ連が占領《せんりょう》していますが、台湾《たいわん》が中共の手に落ちるようなことになるとアメリカは、日本は危《あぶ》なっかしくてしようがないから「もう助けるのをやめた」と日本を放棄《ほうき》するのではないか、それを心配しているというわけです。

するとマッカーサーが、

「アメリカの政策《せいさく》はまったく不変であります。米国は極東を共産主義《しゅぎ》の侵略《しんりゃく》から守るために固い決意をいたしております。米国は日本に止まり、日本及《およ》び東亜《とうあ》の平和を擁護《ようご》するために断《だん》固《こ》として戦うでありましょう」

と確言《かくげん》したんですね。日本を守るためにアメリカは全力を挙げて戦うということを。それを聞いて天皇陛下《てんのうへいか》は「お話を伺《うかが》い本当に安心いたしました」と、非常《ひじょう》に安堵《あんど》されたという記録が残っているわけです。

◆いよいよ講和《こうわ》問題へ［第十回目］

あっという間に時間が来てしまいましたが、残りをぺらぺらとしゃべってしまいます。十回目、昭和二十五年（一九五〇）四月十八日です。

天皇《てんのう》「日本にとりまして対日講和《こうわ》を成立させることができれば何より先決であると思います」（もう講和《こうわ》問題が話されています）。「国際《こくさい》関係の利害は必ずしも一致《いっち》していません。四大国間の意思の一致《いっち》もなかなか困難《こんなん》のように見受けますが、その間の消息は如何《いかが》でしょう」。

マッカーサー「確《たし》かにアメリカとソ連・中共との対立はいっそう強まり、まことに残念ですが、対日講和《こうわ》の成立は早期の講和《こうわ》の見通しがつかなくなりました」。

天皇《てんのう》「米国はアジアにたいする重点の置き方がヨーロッパに比《くら》べて少しく軽いのではないですか」。

もう少しアジアをしっかり守ってくださいと、天皇《てんのう》はマッカーサーをしかるわけです。

マッカーサー「米国は従来《じゅうらい》ヨーロッパ第一主義《しゅぎ》の政策《せいさく》をとってきております。このバランスの誤《あやま》りが、いわば中国の悲劇《ひげき》（共産国になってしまったこと）を招《まね》いたのだと思います」。

天皇《てんのう》「日本共産党《きょうさんとう》は国際情勢《こくさいじょうせい》の推移《すいい》にしたがい、巧《たく》みにソ連のプロパガンダを国内に流しております。国民の不安をかきたてようとしているように私《わたくし》には見受けられます」。

マッカーサー「わかりました。共産党《きょうさんとう》が法律《ほうりつ》に違反《いはん》したようなことがあったらどしどし取《と》り締《し》まり、宣伝《せんでん》に対してもこれを厳《きび》しく見守ります」。

すると天皇《てんのう》は「こういうイデオロギー国家に対しては、共通の世界観をもった国家の協力によって対抗《たいこう》しなければならないと思います」と言います。

日米が協力して対抗《たいこう》すべきだというわけです。

マッカーサー「共産主義《しゅぎ》はマルキシズムに立脚《りっきゃく》した独裁制《どくさいせい》をもって世界制覇《せいは》をもくろんでおります。その手段《しゅだん》は暴力《ぼうりょく》に訴《うった》えて巧《たく》みであり極《きわ》めて危険《きけん》であります。自由主義諸国《しゅぎしょこく》も十分その危険《きけん》を自覚して互《たが》いに協力しなければならないと思います」。

二人はここで意見が一致《いっち》しました。

そしてこの直後の五月三日、ＧＨＱは日本共産党《きょうさんとう》の非合法《ひごうほう》化を示唆《しさ》します。さらに六月六日、共産党《きょうさんとう》中央委員二十四名の公職《こうしょく》追放の指令が出されました。徳田球一《とくだきゅういち》さんや志賀義雄《しがよしお》さんら、共産党《きょうさんとう》のおもだった人たちが地下にもぐることになりました。

そして天皇《てんのう》・マッカーサー会談から一週間後、吉田茂《よしだしげる》さんが池田勇人《いけだはやと》大蔵大臣《おおくらだいじん》をアメリカに派遣《はけん》して、「もしアメリカ側からそのような希望を表立《おもてだ》って申し出しにくいならば、日本政府《せいふ》としては、日本側からそれをオファーするような形の持ち出し方を研究してもよい」と伝えます。これは安保《あんぽ》条約《じようやく》の前哨戦《ぜんしようせん》になる話で、日本を守るための米軍駐《ちゆう》留《りゆう》ということをアメリカ側が言い出しづらいならば、日本側からそれを言い出してもいいですよというのです。アメリカ側が日本を命がけで守ると言っている、それならば日本は講和《こうわ》会議の後、いたずらに中立的な武装《ぶそう》国家をつくって（独立国《どくりつこく》になるんですからそれが理想でしょうが）中国やソ連と対立するよりは、むしろアメリカの傘《かさ》の下に入ったほうがいいだろうと決め、吉田《よしだ》さんは池田《いけだ》さんを送《おく》り込《こ》んだのです。このことについては安保《あんぽ》条約《じようやく》の基礎《きそ》になる話として『戦後篇《へん》』でしゃべっております。

いずれにしろ天皇《てんのう》とマッカーサーの会談でそういうことが話し合われ、二人の見解《けんかい》が一致《いっち》した形で、時の政府《せいふ》が日本の今後のあり方を考え、決定しようとしていたといえるのではないかと思います。そしてこの直後、六月二十五日に朝鮮《ちようせん》戦争が勃発《ぼっぱつ》しました。

◆別れの挨拶《あいさつ》［第十一回目］

最後の第十一回目ですが、これまで年に二回ないし三回行なわれていた二人の会談はしばらく行なわれず、トルーマンによってマッカーサーがクビになり、日本から立ち去ることになったときにようやく行なわれます。ですから十一回目はむしろ、天皇《てんのう》がマッカーサーにお別れの挨拶《あいさつ》に行ったということでしょう。ただここでおもしろい話がひとつあります。

「お別れすることは、まことに残念なことと思っております」と天皇陛下《てんのうへいか》が言うと、マッカーサーは「(実は私《わたし》がクビになった理由として)正直なところ私《わたし》としても判断《はんだん》に苦しむものでありまして、大統領《だいとうりょう》としては政治的《せいじてき》理由から私《わたし》の解任《かいにん》を決定したものと思いますが、米国の日本にたいする政策《せいさく》は不変であります」。

マッカーサーは、去るに当たっても、アメリカが日本を守るという政策《せいさく》は不変ですと保証《ほしょう》したわけです。

すると天皇《てんのう》は「戦争裁判《さいばん》にたいして、貴《き》司令官(マッカーサー)のとられた態度《たいど》について、この機会に私《わたくし》は謝意《しゃい》を表したいと思います」。

マッカーサー「私《わたし》は戦争裁判《さいばん》の構想《こうそう》に当初から疑問《ぎもん》をもっておりました。しかしワシントンからの指令によりやむを得《え》ず実行したのであります。私《わたし》はワシントンから天皇裁判《てんのうさいばん》について意見を求められましたが、もちろん真っ向から反対いたしました」。

……といった会話も残されているようです。つまり東京裁判《さいばん》が、何とはなしに天皇《てんのう》を訴追《そつい》しない、起訴《きそ》しない、免訴《めんそ》するという形において実行された。それに天皇《てんのう》は感謝《かんしゃ》し、マッカーサーはそれを得意《とくい》げといってはおかしいんですが、自分がやった大仕事であるといわんばかりに天皇《てんのう》に言ったことが、最後の記録として残っているわけです。

◆二人の会談を知ることの意味

というわけで十一回、非常《ひじょう》に早足でしたが一応《いちおう》お話しました。これは現在《げんざい》わかっている範囲《はんい》において、天皇《てんのう》とマッカーサーの十一回の会談、話し合いにおいて戦後日本がいかにしてつくられてきたかを物語るひとつの事実、ストーリーであるわけです。

これを憲法違反《けんぽういはん》だとかどうだとか言うよりも何よりも、戦後日本をつくるとき、あまりにも私《わたし》たち日本人は無知で、ためにいろいろなことがわからないままに今日に至《いた》ってしまいました。そしていまは、戦後日本は押《お》しつけてつくられたのだと珍《ちん》なる議論《ぎろん》がかまびすしいときです。そのとき両国のトップによる、それこそサミットともいえる会談がこのような形で行なわれていた事実を知ることは、必ずしもむだではないと思います。それが正しかったか正しくなかったかは皆《みな》さん方《がた》一人ひとりがお考えいただきたいと思います。

とにかくこのようにして日本という国が、つまり占領《せんりょう》下の戦後日本がつくられてきたのです。それが、朝鮮《ちょうせん》戦争が起きたばかりにずっと後になったんですが、講和条約《こうわじょうやく》を経《へ》て、ふたたび独立《どくりつ》した日本がどういう国家をつくるか、新しい国家はどうすべきか……講和条約《こうわじょうやく》の時点で日本人は考えなかった、ある意味ではもうすでにでき上がってしまっていたからです。つまり昭和二十年から二十六年の六年間はあまりにも長い時間でありました。そのために日本はつぎの国家をどうすべきかを考えないで、そのままずるずると引《ひ》っ張《ぱ》ってきてしまった、つまり占領《せんりょう》時代をそのままに受けついできてしまった。これは事実だと思います。ですから今の日本がどういう風につくられたかの一面を理解《りかい》するためにも、この十一回の天皇《てんのう》・マッカーサー会談はもう少し知られていいことではないだろうかと思うのです。

さきほども言いましたが、残念ながら私《わたし》も年です。老骨《ろうこつ》です。横町の隠居《いんきょ》です。アメリカへ飛んでいってもっと詳《くわ》しいことを調査《ちょうさ》して知るための旺盛《おうせい》なるエネルギーがもうなくなっております。ぜひ若《わか》い方にハッスルしていただいて、頑張《がんば》って研究していただきたいと思う次第《しだい》です。

長時間ありがとうございました。（了《りょう》）

＊本講演録《こうえんろく》は平成十八年（二〇〇六）五月八日、紀伊國屋《きのくにや》書店新宿《しんじゅく》本店・紀伊國屋《きのくにや》ホールで行なわれた第39回新宿《しんじゅく》セミナー「昭和史《しょうわし》こぼればなし」をもとに作成しました。

あとがき

まず、お断《ことわ》りしておかねばならない。本書では、GHQによる占領期《せんりょうき》の日本が奔馬《ほんば》のごとく勢《いきお》いよく、こまごまと語られている。戦後日本の基本的《きほんてき》な骨組《ほねぐ》みが、その時代に形成されたとみるからである。そのあと、一応丁寧《いちおうていねい》に語ったのは昭和四十七年（一九七二）までで、残りの昭和終焉《しゅうえん》への十七年はさながら脱兎《だっと》のごとくすっ飛び抜《ぬ》けた。本文でも申したとおり、その時代はまだきちんとした「歴史《れきし》」になっていない、言ってしまえば、わたくしたちが呼吸《こきゅう》しているいまそのものである。いろいろと証言《しょうげん》できる当事者も多くおられ、史料《しりょう》的にもすべて出きっておらず、わかったような顔をして得々《とくとく》とは到底《とうてい》語れない「現代《げんだい》」である、と思うからである。それでやむなくこうなった。

戦前の『昭和史《しょうわし》』を上梓《じょうし》してから読者のかなり多くの方より、是非《ぜひ》にも戦後日本篇《へん》が読みたいとの、有難《ありがた》いお手紙をいただいた。編集者《へんしゅうしゃ》の山本明子さんの前回以上の執拗《しつよう》な口説きがはじまるのであるが、わたくし自身も戦後篇《へん》を当然話さなければならないとの読者に対する義務《ぎむ》のようなものを感じていた。昭和二十年（一九四五）までで昭和史《しようわし》は終わりというわけにはいくまい、歴史《れきし》は断絶《だんぜつ》することはなくつづくのであるから。では、早速《さつそく》はじめましょうと、また日本音声保存《ほぞん》のスタッフ三人も加わってきて、ゆっくり調べたり考えたりする余裕《よゆう》もなく、また寺子屋をひらくこととなる。二〇〇五年一月二十五日に開講《かいこう》、前回と同じように毎回一時間半（ときに二時間超《ちよう》）しゃべりまくって、今年の一月十一日に終講《しゆうこう》した。ちょうど一年間で、全十七回の授業《じゆぎよう》になった。戦前篇《へん》同様に授業《じゆぎよう》はときに張《は》り扇《せん》の講談《こうだん》調、ときに落語の人情《にんじよう》噺《ばなし》調であったことに変わりはなく、それに戦後の流行歌も何回かうたったのであるが、わが名調子はやがて発売されるであろうＣＤのほうに譲《ゆず》らざるをえないのが、ちょっぴり残念である。ともあれ、準備《じゆんび》不足の杜撰《ずさん》きわまりないおしゃべりが、きちんとして文章に書き起こされ、また前よりぶ厚《あつ》い一冊《さつ》となったのは、山本さんのおかげである。もう一度、深く深く感謝《かんしや》申しあげる。有難《ありがと》うございました。そして、ほんとうに御苦労《ごくろう》さんでありました。

それにしても歴史《れきし》を語るということはつくづく難《むずか》しいと思う。結局、わたくしの狭《せま》い体験をとおして理解《りかい》できたものしか話していない。が、経験《けいけん》したからといって、ものが明確《めいかく》にみえるわけではない。取捨選択《しゆしやせんたく》して記憶《きおく》する。それを語ったにすぎないのかもしれない。読者は、本書とは違《ちが》う見方からする自分の「昭和史《しようわし》」をきっとおつくりになることであろう。

語り終わっていま考えることは、幅広《はばひろ》く語ったつもりでも、歴史《れきし》とは政治的《せいじてき》な主題に終始するもんだな、ということである。人間いかに生くべきかを思うことは、文学的な命題である。政治的《せいじてき》とは、人間がいかに動かされるか、動かされたか、を考えることであろう。戦前の昭和史《しょうわし》はまさしく政治《せいじ》、いや軍事が人間をいかに強引《ごういん》に動かしたかの物語であった。戦後の昭和はそれから脱却《だっきゃく》し、いかに私《わたし》たちが自主的に動こうとしてきたかの物語である。しかし、これからの日本にまた、むりに人間を動かさねば……という時代がくるやもしれない。そんな予感がする。

二〇〇六年二月三日「福は内、鬼《おに》は外」の夜　　　半藤一利《はんどうかずとし》

平凡社《へいぼんしゃ》ライブラリー版《ばん》 あとがき

昭和も遠くなりにけり、をもじっていえば、戦後も遠くなりにけり、である。廃墟《はいきょ》からの再《さい》生《せい》、復興《ふっこう》そして繁栄《はんえい》と、何ともすごい時代を生きてきたが、それもたしかに遠い遠い昔ばなしとなっているようである。そして何とも情《なさ》けない国をつくってしまったものよ、と老骨《ろうこつ》は歎《なげ》き節を口誦《くちず》さんでいる。何時《いつ》、何処《どこ》で、どう間違《まちが》ったものか。昔ばなしとしてではなく、ライブラリー版《ばん》になるにさいして、本書をこんどあらためて読み直してみたら、その答えが何となく見つかったような気になっている。明治のわれらが父祖《ふそ》がペリー来航《らいこう》によって突《つ》きつけられた過去《かこ》とまったく違《ちが》う新国家の建設《けんせつ》に辛《かろ》うじて成功したのとは違《ちが》って、私《わたし》たち昭和戦前と戦後の日本人は、建国いらいはじめて体験した〝国家敗亡《はいぼう》〟という大断絶《だんぜつ》に直面し、それをいかにして乗《の》り越《こ》えるか、という大いなる命題を解《と》くことに、ことによったら、躓《つまず》いてしまったのではないか。そういう思いがしているのである。その理由の一つとして、いま考えられることは、歴《れき》史《し》はじまっていらい初の国家敗亡《はいぼう》の衝撃《しょうげき》、それにともなう物資欠乏《ぶっしけつぼう》による生活難《せいかつなん》などで、命題に真剣《しんけん》に向き合う意欲《いよく》も気力も胆力《たんりょく》も喪失《そうしつ》していたことが挙げられようか。読者もどうか自分なりの答えを見つけるつもりになって本書を読んで欲《ほ》しいと思っている。

なお、お断《ことわ》りするが、三年前に寺子屋風な授業《じゅぎょう》で語っていた時点と、いまは政治《せいじ》や経済状況《けいざいじょうきょう》も時の人も、人のささやかな営《いとな》みも、急激《きゅうげき》な変化をとげている。あらゆるものを容赦《ようしゃ》なく激変《げきへん》させて流れゆく時の勢《いきお》いというものにはびっくりするばかり。いまとの比較《ひかく》、あるいは批判《ひはん》、または話題の人など、ときどき引《ひ》っ張《ぱ》りだしてきて語っている事例は、いわゆる〝時代遅《おく》れ〟となっている。しかし、あえて直さないことにした。それもまた時がたってみると（つまり歴史《れきし》になって）それなりの意味もでてくるし、これもまた、歴史《れきし》を読む楽しみになると思うからである。

なお、付録として講演録《こうえんろく》「こぼればなし　昭和天皇《てんのう》・マッカーサー会談秘話《ひわ》」を加えた。せめてものお礼のつもりである。

二〇〇九年三月　　　　　　半藤一利《はんどうかずとし》

半藤《はんどう》先生の「昭和史《しょうわし》」で学ぶ非戦《ひせん》と平和

復興《ふっこう》への道のり 1945~1989 下

解説《かいせつ》

文 山本明子《やまもとあきこ》
（「昭和史《しょうわし》」シリーズ編集者《へんしゅうしゃ》）

下巻《げかん》では、日本が講和条約《こうわじょうやく》を結んで独立《どくりつ》国家となり、国の方向性《ほうこうせい》を模索《もさく》し、経済《けいざい》大国への道のりを歩んでゆく過程《かてい》が語られます。

終戦までを語り終えた半藤《はんどう》さんが、戦後史《せんごし》の授業《じゅぎょう》をはじめるまで、一年以上の準備《じゅんび》期間がありました。もともと昭和の終わりまで一気に語ってもらうつもりでしたから、やきもきしながら催促《さいそく》を重ねていたことを思い出します。「昭和史《しょうわし》」といっても、もっぱら前半の戦争周辺を研究や探偵《たんてい》の対象《たいしょう》としてきた半藤《はんどう》さんにとって、「戦後史《せんごし》」はいわば本業ではなかったのでは、と気づいたのはずっと後になってからです。自ら定めた〝昭和史《しょうわし》三部作〟にも『戦後篇《へん》』は入れませんでした。膨大《ぼうだい》な著作《ちょさく》にも戦後に関するものは多くありません。目をつむってでも話の尽《つ》きない（？）戦前・戦中史《し》とは異《こと》なり、準備《じゅんび》に時間がかかったのも今はうなずけるのです。それでもひるまず挑《いど》んでくれたことで、同時代を生きたジャーナリストならではの鋭《するど》い観察と諷刺《ふうし》精神《せいしん》、リアルな回顧《かいこ》や名調子の歌声をも盛《も》り込《こ》んだ膨《ふく》らみのある、独自《どくじ》の語りが生みだされたのです。残された貴重《きちょう》な語りを、大事に読《よ》み継《つ》いで長く生かしたいものです。

本書の内容《ないよう》——講和条約《こうわじょうやく》から沖縄返還《へんかん》へ

各章の内容《ないよう》とポイントに入りましょう。

第九章は、日本が独立《どくりつ》を回復《かいふく》する昭和二十六年のサンフランシスコ講和《こうわ》会議とその前後が語られます。

戦争に敗《ま》けて日本は連合国の監視《かんし》下におかれました。しかし、いつまでも敗戦国のままでいるわけにはゆかず、「講和《こうわ》会議で当事者同士《どうし》が平和条約《じょうやく》を結ぶことによって、日本ははじめて国際的《こくさいてき》に認知《にんち》され、独立国《どくりつこく》として再出発《さいしゅっぱつ》することができる」――戦後のごたごたはさておき、講和条約《こうわじょうやく》が不可欠《ふかけつ》であることを思い出さねばなりません。

「日本をアジアの防波堤《ぼうはてい》に」というアメリカの思惑《おもわく》とそれに反発する国内の反米ムードが高まるなか、昭和二十五年に入ると講和《こうわ》会議への具体的な動きがはじまります。問題となったのは、当事者国との「全面講和《こうわ》」か、アメリカや追随《ついずい》する国との「単独講和《たんどくこうわ》（多数講和《こうわ》）」か、でした。単独講和《たんどくこうわ》を主張《しゅちょう》する吉田茂首相《よしだしげるしゅしょう》に、そうそうたる学者たちが全面講和《こうわ》を訴《うった》える声明を出して反対するなど、議論《ぎろん》が巻《ま》き起《お》こります。さらに朝鮮《ちょうせん》戦争による経済復興《けいざいふっこう》はじめ、さまざまな背景《はいけい》を抱《かか》えて講和条約《こうわじょうやく》がかたちを成してゆく過程《かてい》は、歴史《れきし》の動き方を知るには絶好《ぜっこう》の材料かもしれません。

アメリカから講和《こうわ》問題の担当者《たんとうしゃ》としてやってきたダレスと吉田首相《よしだしゅしょう》の攻防《こうぼう》もその一つです。吉田《よしだ》さんの「独特《どくとく》のキィキィ声」を著者《ちょしゃ》が真似《まね》て「日本は再軍備《さいぐんび》などできましぇん！」と叫《さけ》んだときはケッサクでしたが、そんな吉田《よしだ》さんのタヌキぶりは、裏《うら》を返せば著者《ちょしゃ》が珍《めずら》しくほめるほどの外交上手でもありました。戦時中とは異《こと》なる政治《せいじ》上の手腕《しゅわん》が必要となります。虚々実々《きょきょじつじつ》のかけひきを積み重ねて、両者は落としどころに近づいてゆきます。

九月、ようやく講和条約《こうわじょうやく》が締結《ていけつ》されます。「多数講和《こうわ》」での調印でした。日本が独立国《どくりつこく》と認《みと》められたことはよしとしても、「全面講和《こうわ》」でなかったことによる大きな代償《だいしょう》がありました。中国代表として台湾《たいわん》と調印したため、中国との国交回復《かいふく》に大いに苦労したことです。またアメリカと安保条約《あんぽじょうやく》を同時に結んだことによる問題も残りました。日本の防衛《ぼうえい》をアメリカが担《にな》う代わりに日本国内の米軍基地《きち》を認《みと》めるという条約《じょうやく》ですが、そのさい沖縄諸島《しょとう》の管理を、主権《しゅけん》をあやふやにしたままアメリカに全面譲歩《じょうほ》してしまったのです。これらは国内での闘争《とうそう》を招《まね》き、今も解決《かいけつ》していません。いかに最初が肝心《かんじん》か、というい例です。

何はともあれ表向きの体裁《ていさい》はととのい、独立国《どくりつこく》日本がスタートしました。

第十章は、日本から占領《せんりょう》の影《かげ》が薄《うす》れ、〝復古調《ふっこちょう》〟が流行《はや》るなか、基地《きち》問題や核実験《かくじっけん》など新たな火種が表面化してゆきます。

平和条約《じょうやく》が発効《はっこう》して日本が独立国《どくりつこく》となると、街を米兵が闊歩《かっぽ》する光景が消えゆくとともに、生活のなかにアメリカ文化が流《なが》れ込《こ》んできました。空には線が引かれているわけではないものの、日本の飛行機が飛べるようになりました。「日本の空が戻《もど》ってきた」の言葉は、占領《せんりょう》の影《かげ》も飛び去ったすがすがしい喜《よろこ》びを感じさせます。昭和二十七年には、敗戦国は除外《じょがい》されていたオリンピックへの参加も許《ゆる》されました。これは国際《こくさい》社会の一員と認《みと》められたことを国民が実感できる大きな出来事であったようです。ちなみに著者《ちょしゃ》がこのヘルシンキ五輪にボート選手としての出場を逃《のが》したいきさつは、生前周りにいた人は例外なく耳にタコができるほど聞かされたものでした。

音楽や演劇《えんげき》などエンターテインメントの隆盛《りゅうせい》からも、暮《く》らしが活気づいてきたことがうかがえます。ただ、この年にアメリカは人類初の水爆《すいばく》実験を行ない、その恐怖《きょうふ》が翌々年《よくよくねん》の日本映画《えいが》『ゴジラ』に反映《はんえい》することとなります。また戦後の傷痕《きずあと》が、米軍基地《きち》をめぐる闘争《とうそう》などで表立ちはじめます。ものごとはつねに一面だけでは捉《とら》えきれません。

そんな時代の気分を表わす格好《かっこう》のものとして、小津安二郎監督《おづやすじろうかんとく》の『東京物語』が紹介《しょうかい》されているところがミソです。すたれない芸術《げいじゅつ》が時代を如実《にょじつ》に表現《ひょうげん》していれば、いつでもだれでも追体験できます。今なお、戦後の空気を実感できるのです。

なおこのあたりから、著者《ちょしゃ》が強く感じていた「官僚《かんりょう》の功罪《こうざい》」（または弊害《へいがい》）への警告《けいこく》がちらちらと顔を出します。国の独立《どくりつ》とともに次々に生まれる法案は、政治主導《せいじしゅどう》でなく、すべて優秀《ゆうしゅう》な官僚《かんりょう》がつくっていたのです。このことは与党《よとう》と業界が利益《りえき》を得《え》るシステムを生み、最終的には天下りにつながります。ちょうど昭和二十八年、著者《ちょしゃ》が出版社《しゅっぱんしゃ》に就職《しゅうしょく》し、世の中にジャーナリスティックな眼《め》を注ぎはじめたことが関係しているかもしれません。

昭和二十九年になると、変化つづきの風潮《ふうちょう》への反発か、紀元節《きげんせつ》の復活《ふっかつ》が叫《さけ》ばれるなど〝復古《ふっこ》調《ちょう》〟が流行《はや》りだすなか、第五福竜丸《ふくりゅうまる》がビキニ環礁《かんしょう》でアメリカの水爆《すいばく》実験の死の灰《はい》を浴びる被《ひ》害《がい》を受けました。映画《えいが》『ゴジラ』に込《こ》められた重い警鐘《けいしょう》と合わせて、語《かた》り継《つ》がねばならない大《だい》事件《じけん》です。いずれにしても「独立《どくりつ》した日本は、あっちを向いたりこっちを向いたり（中略《ちゅうりゃく》）とにかく皆《みな》がせっせと働きました」、それは明治維新《いしん》後の日本とよく似《に》ている、と著者《ちょしゃ》は述《の》べます。しかし民《たみ》の懸命《けんめい》な働きも、国が進む方向を間違《まちが》えれば徒労にさえなりかねません。その国の方向をめぐって、大いなるゴタゴタの時期へと入ってゆきます。

第十一章は、政党《せいとう》と政治家《せいじか》が離合集散《りごうしゅうさん》を繰《く》り返《かえ》すなかで、「五五年体制《たいせい》」と呼《よ》ばれる与党《よとう》の団結《だんけつ》、いわゆる「保守《ほしゅ》合同」が成立してゆく過程《かてい》です。

昭和二十三年から六年をこえる長期政権《せいけん》を担《にな》った吉田茂首相《よしだしげるしゅしょう》は「通商国家ないし貿易《ぼうえき》国家としてしか生きられない日本に軍備《ぐんび》は不要」という「吉田《よしだ》ドクトリン（主義《しゅぎ》）」を掲《かか》げました。防衛《ぼうえい》はアメリカにお任《まか》せです。これに「軽武装《けいぶそう》で経済復興《けいざいふっこう》など生ぬるい」と反対する鳩山一郎《はとやまいちろう》さんらの主張《しゅちょう》は「憲法《けんぽう》を変えて再軍備《さいぐんび》し、堂々《どうどう》たる〝普通《ふつう》の〟国家にすべき」というものでした。ここで語られるのは、吉田《よしだ》路線がいかに潰《つぶ》されて反対派《はんたいは》が台頭してゆくのか、ひと言でいえば政党《せいとう》や政治家《せいじか》の実にややこしい動きです。こまかくたどれば切りがないので突《つ》っ走《ぱし》る、と著者《ちょしゃ》がいうのは、一つひとつを覚えたり追究するより、全体の大まかな流れと「政界《せいかい》とはこのように動いてゆくのか」といった感覚をつかむことが肝要《かんよう》だからでしょう。今も似《に》たことが繰《く》り返《かえ》されていますので。

昭和二十六年、自由党《じゆうとう》の初代総裁《そうさい》であった鳩山《はとやま》さんはじめ、石橋湛山《いしばしたんざん》、岸信介《きしのぶすけ》ら、戦前の大物政治家《せいじか》たちが追放を解除《かいじょ》されて復帰《ふっき》してきます。すると早々に吉田《よしだ》路線に反対する鳩山派《はとやまは》が結成され、戦前の軍部さながら党内《とうない》で足の引《ひ》っ張《ぱ》り合《あ》いがはじまります。吉田首相《よしだしゅしょう》の「バカヤロー」発言、党内《とうない》の分派《ぶんぱ》、個性派《こせいは》の人物の不穏《ふおん》な動きなど、新聞の名物コラムや諷刺《ふうし》画を紹《しょう》介《かい》しながら、著者《ちょしゃ》が退屈《たいくつ》させないよう語った工夫《くふう》がうかがえます。当時は絵になる、マスコミが茶化《ちゃか》し甲斐《がい》のある（？）政治家《せいじか》が多かったともいえます。

そうこうするうち「政界《せいかい》というのは裏《うら》で何が行なわれているのかはわかりません」、〝打倒吉《だとうよし》田《だ》〟で鳩山《はとやま》、岸《きし》、重光葵《しげみつまもる》、三木武吉《みきぶきち》らが結束して日本民主党《みんしゅとう》をつくったのです。吉田首相《よしだしゅしょう》は退陣《たいじん》に追《お》い込《こ》まれて長期政権《せいけん》は終わりを告《つ》げ、鳩山内閣《はとやまないかく》が成立することとなりました。ここからです、日本の新路線として再軍備《さいぐんび》をにらんだ改憲《かいけん》への動きが表面化するのは。

対する社会主義勢力《しゅぎせいりょく》は、保守《ほしゅ》一強の危機《きき》感から団結《だんけつ》に動き、日本社会党《しゃかいとう》として一つにまとまります。これに脅威《きょうい》をおぼえた保守勢力側《ほしゅせいりょくがわ》は、内部対立をのりこえようと、犬猿《けんえん》の仲の三木《みき》武吉《ぶきち》、大野伴睦《おおのばんぼく》の大物二人を、うわてを行く仲介者《ちゅうかいしゃ》、正力松太郎《しょうりきまつたろう》が引き合わせます。そして「キツネとタヌキの化かし合い」の末、三時間も顔を突《つ》き合《あ》わせたころには旧知《きゅうち》の仲のように意気投合したというのです。政治《せいじ》も生身の人間がやるもの、人が人を動かすのですね。こうして保守《ほしゅ》合同が成立して今の自由民主党《みんしゅとう》が結成されました。この後えんえん、自民党《じみんとう》と社会党《しゃかいとう》の二大政党《せいとう》時代がつづくのです……とはいえ、ほとんどは自民党《じみんとう》が与党《よとう》として政局《せいきょく》をリードしました。著者《ちょしゃ》はしめくくりに肝《きも》に銘《めい》ずべきことを述《の》べています。「自民党《じみんとう》の一党独裁《いっとうどくさい》だったなんて、悪口をいう人もありますが、それはいけません。国民の選択《せんたく》を常《つね》に基盤《きばん》にしているという事実は隠《かく》せない」と。そう、選んできたのは私《わたし》たち国民なのです。

第十二章は、国際舞台《こくさいぶたい》に復帰《ふっき》した日本がソ連と国交を回復《かいふく》し、「もはや戦後ではない」と言われるなかで改憲《かいけん》、再軍備《さいぐんび》、北方領土《りょうど》など今につながる問題が根を下ろしはじめます。

憲法《けんぽう》改正・再軍備《さいぐんび》をもくろむ鳩山内閣《はとやまないかく》でしたが、核実験《かくじっけん》や米軍基地《きち》に反対する紛争《ふんそう》へと進む平和運動ひいては護憲《ごけん》運動が盛《さか》んとなり、保守《ほしゅ》合同で圧倒《あっとう》多数の与党《よとう》となっても見通しは盤石《ばんじゃく》ではありません。そこで鳩山《はとやま》さんが思いついたのが小選挙区制《しょうせんきょくせい》――一選挙区で議員一人を選出する、今の日本で採用《さいよう》されている多数党《たすうとう》に有利な制度《せいど》です。しかし党利党略《とうりとうりゃく》がみえみえで世論《よろん》やマスコミの大反対にあい、採用《さいよう》はなりませんでした。小選挙区制《しょうせんきょくせい》は結局、平成六年（一九九四）に比例代表制《ひれいだいひょうせい》と並立《へいりつ》で導入《どうにゅう》が決まり、同八年の衆院選《しゅういんせん》から実施《じっし》されます。著者《ちょしゃ》は小選《しょうせん》挙区制《きょくせい》にかねて批判的《ひはんてき》でした。戦前のドイツでヒトラーが最初に出てきたのは、小選挙区《しょうせんきょく》で比《ひ》例代表制《れいだいひょうせい》という選挙法《せんきょほう》をナチス党がうまく利用したからであり、その結果がヒトラー独裁《どくさい》であったと。そのため日本で最初にそれを導入《どうにゅう》しようとした動きについて、あえて言及《げんきゅう》したのではないかと思います。

鳩山首相《はとやましゅしょう》がもう一つ公約に掲《かか》げたのがソ連、中国との対共産圏《たいきょうさんけん》外交です。折しも第三次内《ない》閣任期《かくにんき》中の昭和三十一年二月、ソ連の第一党《とう》書記フルシチョフが議会で元首相《しゅしょう》のスターリンを猛批判《もうひはん》、生前の粛清《しゅくせい》など残虐行為《ざんぎゃくこうい》を赤裸々《せきらら》に明かして世界を仰天《ぎょうてん》させました。同時に「開かれたソ連」を国際的《こくさいてき》に印象《いんしょう》づけたのです。チャンスとみた鳩山《はとやま》さんは一気に自主外交を進め、日ソ漁業条約《じょうやく》を調印します。車椅子《くるまいす》でソ連に乗《の》り込《こ》む熱意をもみせ、平和条約《じょうやく》にはいたらなかったものの、国交回復《かいふく》の調印にこぎつけました。やはりタイミングは大事です。しかし最大の目標だった北方領土《りょうど》返還《へんかん》については合意に至《いた》らず、今も揉《も》めつづけています。

ともかく日ソ国交回復《かいふく》は、世界で日本の力を認《みと》めさせました。病をおして使命を果たした鳩《はと》山《やま》さんは、帰国するや退陣《たいじん》を表明します。「人気のあるうちに自分の意志《いし》に従《したが》ってお辞《や》めになったケースは、野垂《のた》れ死《じ》にが多いこれまでの首相《しゅしょう》のなかにあっては、この方だけじゃないでしょうか」。首相《しゅしょう》に限《かぎ》らず、人が後世に残す印象《いんしょう》は引《ひ》き際《ぎわ》でずいぶん変わるものです。

巷《ちまた》では「もはや戦後ではない」のフレーズが流行《はや》るべくして流行《はや》りました。昭和三十一年の経済《けいざい》白書に用いられた言葉で、ＧＮＰ（国民総生産《そうせいさん》）が一〇パーセントの伸《の》びを達成する、まさに経済《けいざい》成長期に生きる国民の胸《むね》に響《ひび》く言い回しだったのです（書かれた意図は「もう戦後の伸《の》びは期待できない」という警告《けいこく》だったという話もありますが）。ただ、この言葉自体は、英文学者で評論家《ひょうろんか》の中野好夫《なかのよしお》さんが少し前に「文藝春秋《ぶんげいしゅんじゅう》」に発表した論文《ろんぶん》のタイトルでした。もっとも中野《なかの》さんは、敗戦の傷《きず》は「むしろ土台にして、堂々《どうどう》と明るい方へ向かって進んでいこうじゃないか」と、人の気持ちや意識《いしき》の面で戦後意識《いしき》からの脱却《だっきゃく》を説いたとのこと。多くの人の口にのぼるフレーズは時代を表わし、同時にそのフレーズによって人も影響《えいきょう》されるものです。流行語も一度立ち止まり、自分なりに考えて受け止めようではありませんか。

鳩山《はとやま》さんの後を受けて首相《しゅしょう》となったのが石橋湛山《いしばしたんざん》です。戦後の総理《そうり》大臣では初の私学《しがく》出身者でジャーナリスト出身のため「野人首相《やじんしゅしょう》」と人気が出ました。しかし過労《かろう》で倒《たお》れ、「国政審議《こくせいしんぎ》に病気で出席できないのでは総理《そうり》大臣の資格《しかく》はない」とわずか六十三日間で退陣《たいじん》します。もっとも、彼《かれ》が打ち出した「一千億円減税《げんぜい》」は実現《じつげん》への道が開かれ、編成《へんせい》した積極予算も原案通り可決《かけつ》しました。「私利私欲《しりしよく》のまったくない、まあ非常《ひじょう》にさわやかな人」だったと、石橋《いしばし》さん贔《びい》屓《き》の著者《ちょしゃ》は短命政権《せいけん》をことのほか惜《お》しんでいます。なにせこのあと間もなく病状回復《びょうじょうかいふく》、政界《せいかい》に復帰《ふっき》したというからなおさらで、人生にはままならない大きな力がはたらくようです。のちに外相《がいしょう》となった〝最後の井戸塀政治家《いどべいせいじか》〟藤山愛一郎《ふじやまあいいちろう》さんなど、読むうちに自《おの》ずと著者《ちょしゃ》の好む人《じん》物像《ぶつぞう》がみえてくるのもご愛敬《あいきょう》です。

こうして岸信介内閣《きしのぶすけないかく》が誕生《たんじょう》します。A級戦犯《せんぱん》として巣鴨《すがも》に入り「箔《はく》をつけて」政界《せいかい》に戻《もど》った大物中の大物です。「戦前の大日本帝国《ていこく》の栄光を取《と》り戻《もど》す」と鳩山《はとやま》さん以上の改憲《かいけん》・再軍備論《さいぐんびろん》者《じゃ》で、不平等な安保条約《あんぽじょうやく》を改定するとまで言い出す、どうも〝危《あぶ》ない〟匂《にお》いがします。日教《にっきょう》組《そ》（日本教職員《きょうしょくいん》組合）に目をつけて教員を採点《さいてん》する「勤務評定《きんむひょうてい》」を導入《どうにゅう》し、「道徳教育」の実施《じっし》を促《うなが》すなど、反政府《はんせいふ》運動の芽を押《お》さえ込《こ》もうとして議論《ぎろん》をよびますが、懲《こ》りずに今度は警察官《けいさつかん》の権限《けんげん》を戦前並《な》みに強化する「警職法《けいしょくほう》」を打ち出して国民を驚《おどろ》かせました。そんなトップをいただいて、日本はどこへゆこうとするのでしょうか。

第十三章は、政治闘争《せいじとうそう》が終わり、日本が経済《けいざい》大国へと舵《かじ》を切ってゆくさまをみていきます。

歴史《れきし》におけるタイミングの大きさはたびたび痛感《つうかん》させられますが、昭和三十三年末は、前章でみた政治面《せいじめん》での暗雲や世の中のギスギスを「うまい具合に」沈静《ちんせい》する出来事が突然現《とつぜんあらわ》れた、というのです。皇太子殿下妃《こうたいしでんかひ》に正田美智子《しょうだみちこ》さん（現在《げんざい》の上皇后《じょうこうごう》）が決まり、全国が〝ミッチーブーム〟に沸《わ》いたのです。翌春《よくしゅん》のご成婚《せいこん》に向けて、「日本じゅうに和《なご》やかなほわんほわんした空気が流れ、険悪化《けんあくか》していた世情《せじょう》もたちまち安定ムードとなりました」。皇室《こうしつ》には世の中の気分を変えるという成文化されない大役があるようです。ミッチーブームは、テレビと週刊誌《しゅうかんし》の時代をもたらしました。一般人《いっぱんじん》には高嶺《たかね》の花《はな》だったテレビが、ご成婚《せいこん》パレードの中継《ちゅうけい》を見ようと一気に普及《ふきゅう》します。また既存《きそん》の新聞社系《けい》の週刊誌《しゅうかんし》が急激《きゅうげき》に部数を伸《の》ばし、ならばと出《しゅっ》版社《ぱんしゃ》もどんどん参入しました。その一つ、「週刊《しゅうかん》文春」創刊《そうかん》時の編集《へんしゅう》部員だった著者《ちょしゃ》は、ご成《せい》婚《こん》のトップ記事を書いたエピソードを披露《ひろう》しています。その週刊誌《しゅうかんし》が時代とともに凋落《ちょうらく》の一《いっ》途《と》をたどり、二〇二三年に最古参の「週刊《しゅうかん》朝日」が休刊《きゅうかん》になったとは、隔世《かくせい》の感があります。昭和前期は戦争報道《ほうどう》で新聞が、戦後は社会の話題やゴシップで週刊誌《しゅうかんし》が隆盛《りゅうせい》を極《きわ》め、今はいずれもインターネットに取って代わられました。メディアと世論《よろん》が互《たが》いを利用しながら時代を変え、時代に変化を余儀《よぎ》なくされる、そんな景色が見えてくるようです。

世の空気が和《やわ》らいだのを好機とみたか、岸首相《きししゅしょう》は安保条約《あんぽじょうやく》改定に動きだします。ともかく「アメリカと日本が対等でなければならぬ」と、「極東における国際《こくさい》平和および安全の維持《いじ》のために日本は協力する」というのです。つまり、単に反共産主義《しゅぎ》の砦《とりで》として守ってもらうだけでなく、アメリカの有力な共同陣営《じんえい》として憲法《けんぽう》の範囲内《はんいない》で積極的な軍事行動をとるというわけです。アメリカにすれば結構《けっこう》な話で、あっさり調印しました。

しかし国内では、改憲《かいけん》や再軍備《さいぐんび》につながると野党《やとう》も世論《よろん》も反発、大運動に発展《はってん》します。「再軍《さいぐん》備《び》反対」「安保《あんぽ》改定阻止《そし》」の叫《さけ》びは労働組合や学生に広がり、昭和三十五年前半は国じゅうにデモの嵐《あらし》が吹《ふ》き荒《あ》れます。新安保《あんぽ》条約《じょうやく》が衆議院《しゅうぎいん》可決《かけつ》される五月十九日という期日が事態《じたい》を過《か》激化《げきか》させ、岸《きし》さんは強行突破《とっぱ》を決意、何がなんでも阻止《そし》したい野党《やとう》が議長を缶詰《かんづめ》にするなど大《おお》騒動《そうどう》の末、「野党《やとう》に知らせずいきなり本会議のベルを鳴らしてたちまち採決《さいけつ》、閉会《へいかい》」、大事な法案がわずか数分で可決《かけつ》されました。強行採決《さいけつ》もまた繰《く》り返《かえ》されてきた暴挙《ぼうきょ》で、近年では二〇一五年九月、連日の反対デモや膨大《ぼうだい》な署名《しょめい》にもかかわらず安全保障《ほしょう》関連法案が強行採決《さいけつ》され成立しました——国会とは誰《だれ》のためにあるのか。民主主義《しゅぎ》とは何でしょうか。

批准《ひじゅん》してもデモはおさまらず、一般《いっぱん》市民も巻《ま》き込《こ》んで議事堂《ぎじどう》周辺などは戦場と化します。全国から請願《せいがん》デモが国会に押《お》し寄《よ》せるなかで六月十九日を迎《むか》え、新安保《あんぽ》条約《じょうやく》は自然成立します。岸首相《きししゅしょう》は批准書《ひじゅんしょ》を交換《こうかん》した直後、退陣《たいじん》を表明しました。

週刊誌《しゅうかんし》記者だった著者《ちょしゃ》はデモの記事に奮闘《ふんとう》しましたが、一段落《だんらく》したあとの特集は「デモは終わった　さあ就職《しゅうしょく》だ」でした。戦争を知らない、戦後民主主義《しゅぎ》の申し子といえる学生たちの、軍国主義《しゅぎ》や戦争を徹底的《てっていてき》に悪と見る〝真面目さ〟は、冷めやすさと背中合《せなかあ》わせだったようで、騒動《そうどう》は驚《おどろ》くほどサアーッとしずまります。六〇年安保騒動《あんぽそうどう》は、戦後の憤懣《ふんまん》を吹《ふ》き飛《と》ばしたガス抜《ぬ》きであり、〝戦後日本のお葬式《そうしき》〟をすませた日本は、この時ほんとうの戦後の終わりを迎《むか》えたのかもしれない、と著者《ちょしゃ》は振《ふ》り返《かえ》ります。

もう政治闘争《せいじとうそう》はたくさんと、目指す国家はいよいよ経済《けいざい》大国と定まりました。デモに明《あ》け暮《く》れた人たちが「こんどはたいへんな働きバチになって一所懸命《いっしょけんめい》働きはじめ」ます。岸《きし》さんの後を受けた池田勇人首相《いけだはやとしゅしょう》が掲《かか》げたのは、「寛容と忍耐《かんようとにんたい》」「国民の所得《しょとく》を倍増《ばいぞう》する」のスローガンでした。やはり言葉の力というもので、日々浸《ひた》るうちその気になり、ガムシャラに働く、働いただけ利益《りえき》が出る——こうして日本は高度経済《けいざい》成長期へと突入《とつにゅう》してゆくのです。

第十四章は、昭和三十年代、日本がめざましい高度成長を遂《と》げてゆくさまをスピーディーにながめます。世界では冷戦が激化《げきか》し、ケネディ米大統領暗殺《だいとうりょうあんさつ》など大事件《だいじけん》も起きました。所得倍増《しょとくばいぞう》の掛《か》け声《ごえ》のもと、少年ならぬ「国民よ大志《たいし》を抱《いだ》け」と鼓舞《こぶ》された日本人はせっせと働き、〝神武《じんむ》景気〟にはじまる昭和三十年代の経済成長率《けいざいせいちょうりつ》は一〇パーセント前後の高水準《こうすいじゅん》を維持《いじ》します。政府《せいふ》の後押《あとお》しを受けた企業《きぎょう》もハッスルしました——「ハッスル」は半藤《はんどう》さんがちょくちょく発した語句《ごく》の一つで、昭和三十八年、阪神タイガースが米軍キャンプに行ったとき「ハッスルプレー」から持ち帰った言葉とか。当人もこのころ働《はたら》き盛《ざか》り、ハッスルした〝モーレツ社員〟（昭和三十年代末のコマーシャルが生んだ流行語）だったのです。

今の日本を代表する企業《きぎょう》が生まれ、急成長したのもこのときです。ソニーとホンダの例が詳《くわ》しく紹介《しょうかい》されますが、ソニーはほとんど注目されていなかったトランジスタに目をつけ、ラジオに生かすことで、誰《だれ》でも欲《ほ》しがり、誰《だれ》でも買える製品《せいひん》を生み出しました。発想力はもとより、時代が大衆《たいしゅう》消費《しょうひ》に入ったという的確《てきかく》な読みの勝利でした。本格的《ほんかくてき》なオートバイを開発したホンダも、「技術《ぎじゅつ》と経営《けいえい》のコンビネーション」が成功しました。土台となる技術《ぎじゅつ》に自信をもち、信念さえあれば、ここぞというとき勝負に出る。本田宗一郎《ほんだそういちろう》さんの「会社はつぶれても機械は残る。誰《だれ》かが使うから、日本のためになる」という企業者精神《きぎょうしゃせいしん》の潔《いさぎよ》さ。著者《ちょしゃ》が本田《ほんだ》さんにインタビューしたいきさつは、価値観《かちかん》が多様化してきた社会をも感じさせます。

一方で、高度成長とともに日本の長い海岸線に原料を海外にたよる工場がどんどん建ち、「昔からの自然はかろうじて日本海側に少し残りましたが、太平洋沿岸《えんがん》はほとんど様相を変え、今日見る新しい日本の風景ができあがってしまった」――活力に満ちた上り坂の裏《うら》で、自然破壊《はかい》や公害が確実《かくじつ》に進んでいたのです。

時代の変化は文学も変えます。それまでの常識《じょうしき》を破《やぶ》る石原慎太郎《いしはらしんたろう》さん、大江健三郎《おおえけんざぶろう》さんらの作品が芥川賞《あくたがわしょう》を受賞《じゅしょう》、また松本清張《まつもとせいちょう》さんの社会派《しゃかいは》ミステリがブームとなります。清張《せいちょう》さんは犯人探《はんにんさが》しの探偵《たんてい》小説でなく「普通《ふつう》の人間が罪《つみ》を犯《おか》さざるを得《え》なくなる社会的な背景《はいけい》を描《えが》」き、犯罪《はんざい》を誰《だれ》もが身につまされるものとした点が共感を誘《さそ》いました。著者《ちょしゃ》は編集者《へんしゅうしゃ》として芥川賞《あくたがわしょう》選考会の激論《げきろん》に立ち会い、また清張《せいちょう》さんと親しくつき合いましたから、文学の変遷《へんせん》で昭和史《しょうわし》を語っても面白《おもしろ》い一冊《さつ》ができたことと思います。同時に、文学作品や出版社《しゅっぱんしゃ》への右翼《うよく》などの脅《おど》しやテロ行為《こうい》が相次ぎ、暴力《ぼうりょく》を前にしたジャーナリズムの弱さが露呈《ろてい》されます。

生活面では、公団住宅《こうだんじゅうたく》が売り出され、電化ブームでテレビ、電気洗濯機《せんたくき》、電気冷蔵庫《れいぞうこ》の

「三種の神器」（とインスタントラーメンの発売？）が「主婦《しゅふ》を家事から解放《かいほう》した」と言われました。同時に、ちゃぶ台、たらい、火鉢《ひばち》などが暮《く》らしから消えていきます。この昭和三十三、四年に「貧《まず》しかった戦後生活がパァッと様変わり」し、「いまの私《わたし》たちの日常《にちじょう》生活のスタートはまさにこのころに切られた」のです。生活の基本《きほん》が変わると意識面《いしきめん》でも新しさがやってきた、のはいいとしても、それが「お金、お金」で「精神《せいしん》はどうでもよい」の経済重視《けいざいじゅうし》であった——とすれば、新しさや便利さや利益《りえき》の追求はいったい何を目指していたのでしょうか。

世界では、もっぱら核兵器《かくへいき》競争だった冷戦の舞台《ぶたい》が、昭和三十二年ソ連の人工衛星《えいせい》打ち上げで宇宙《うちゅう》に移《うつ》った感をもたらしました。ソ連がヴォストーク一号の地球一周に成功し、ドイツではベルリンの壁《かべ》がつくられた同三十六年、アメリカではケネディ大統領《だいとうりょう》が誕生《たんじょう》しました。その就任演説《しゅうにんえんぜつ》が引かれています。

「国が何をしてくれるかではなく、国のために自分が何をできるかを問うてもらいたい。世界の同胞諸君《どうほうしょくん》、アメリカが何をしてくれるかではなく、人類のため、みんなで何ができるかを問うてもらいたい」

誰《だれ》かに何かをしてもらおうという前に、自分が、そしてみんなで、何ができるかを考える——この言葉を知って心がふるえたのを思い出します。就任《しゅうにん》して三年もたたずに銃弾《じゅうだん》に倒《たお》れたことが、いっそう印象《いんしょう》を強めたことは否《いな》めません。昭和三十八年十一月の暗殺《あんさつ》の遠因《えんいん》になったとされるのが、前年のキューバ危機《きき》です。あわや冷戦が核戦争《かくせんそう》になり、第三次世界大戦が起きるのではと世界をふるえさせた事態《じたい》は、ケネディとフルシチョフのやりとりでなんとか回避《かいひ》されました。このとき日本は出る幕《まく》なしです。情報《じょうほう》に疎《うと》く、知ったとしても打つ手はないという、相変わらずの「外交なき日本」を執拗《しつよう》に指摘《してき》するのは、著者《ちょしゃ》の切実な憂《うれ》いゆえでしょう。キューバ危機《きき》を過去《かこ》のものとせず、いかに危機《きき》が回避《かいひ》されたかを詳細《しょうさい》に知るだけでも、今後の日本に役立つヒントが見つかると言いたいのではないでしょうか。

昭和三十九年は、なんといっても新幹線《しんかんせん》とオリンピックです。ぼろぼろの敗戦国だった日本が、この年には先進国としてIMFやOECDに加盟《かめい》したとは……。国際貿易《こくさいぼうえき》が盛《さか》んとなり「大国」という自意識《じいしき》が芽生えるなか、十月、急ピッチで準備《じゅんび》を進めた東海道新幹線《しんかんせん》が開業、東京オリンピックが開幕《かいまく》しました。「戦後ニッポンが世界的に名乗りを上げ、実力を世界に示《しめ》した」この年を、著者《ちょしゃ》は「ひとつのエポック・メイキング」と位置づけます。そういえば、経済的《けいざいてき》な利益《りえき》のみを追求するというので日本人が「エコノミック・アニマル」といわれはじめたのはこの直後からでした。なんとなしに、しっぺ返しの予感がただよいます。

第十五章は、「昭和元禄《げんろく》」を謳歌《おうか》した〝ツケ〟がまわって「造反《ぞうはん》」の嵐《あらし》が吹《ふ》き荒《あ》れるなか、宿願だった沖縄返還《へんかん》で戦後が終わりを告《つ》げます。

オリンピックが終わると病身の池田首相《いけだしゅしょう》が引退《いんたい》し、後をうけた佐藤栄作首相《さとうえいさくしゅしょう》は、沖縄返還《へんかん》を「自分の内閣《ないかく》のなさなくてはならない最大の解決事項《かいけつじこう》」として掲《かか》げました。「沖縄が祖国復帰《そこくふっき》しない限《かぎ》り、戦後が終わっていない」とは信念のにじむ言葉です。「戦後日本の内閣《ないかく》というのは、それぞれ自分が首相《しゅしょう》になったかぎりは『これは必ずやってみせる』という大きな命題を抱《かか》えてそれを成《な》し遂《と》げる、そういうかたちで継承《けいしょう》されてきました」――吉田《よしだ》さんが講和条約《こうわじょうやく》、鳩山《はとやま》さんがソ連との国交回復《かいふく》、岸《きし》さんが安保《あんぽ》改定、池田《いけだ》さんが高度経済《けいざい》成長、といった具合です。何を命題とするかと合わせて、国の一時代を担《にな》うトップには（おそらく組織《そしき》のトップにも）大変重要なことでしょう。佐藤内閣《さとうないかく》の最大の課題は「沖縄返還《へんかん》」でした。そんな佐藤《さとう》さんが、破《は》天荒《てんこう》な吉田茂《よしだしげる》さんなどと比《くら》べて、成果を上げながらも最後まで不人気だったとは、能力《のうりょく》とはまた別の人間の魅力《みりょく》ということを考えさせます。その吉田《よしだ》元首相《しゅしょう》が昭和四十二年十月二十日に亡《な》くなり、戦後初めての国葬《こくそう》が日本武道館《ぶどうかん》で行なわれました。五十五年後の安倍《あべ》元首相《しゅしょう》とは異《こと》なり、このときは没後《ぼつご》十一日の早業《はやわざ》で、野党《やとう》には決定に異議《いぎ》を示《しめ》す動きがあったものの、世《よ》論《ろん》の賛否《さんぴ》が盛《も》り上《あ》がる機運もなく終わったようです。

昭和四十年前後の日本は、高度成長の流れで海外への団体《だんたい》旅行がはじまるなど、よく言えば平和で調子のいい、悪く言えば「レジャー、バカンス、その日暮《ぐ》らしの無責任《むせきにん》さ、無気力が充《じゅう》満《まん》」（福田赳夫《ふくだたけお》さんの言葉）する「昭和元禄《げんろく》」の時代が続いていました。対して世界は激動《げきどう》をはじめています。昭和四十年から十六年続いたベトナム戦争は、南ベトナムを支援《しえん》するアメリカが北ベトナムへの爆撃《ばくげき》命令を出すことで勃発《ぼっぱつ》しましたが、やがて中国やソ連の介入《かいにゅう》を招《まね》き被害《ひがい》を大きくしました。ここで押《お》さえたいのは、世界各地で起こった反戦運動が、やがて閉塞感《へいそくかん》を抱《かか》えていた日本の若者《わかもの》たちに刺激《しげき》を与《あた》え、反政府《はんせいふ》運動につながっていった点です。もはや世界の動きを抜《ぬ》きにして日本を見ることのできない時代となっていました。
昭和四十一年、中国では十年間に及《およ》ぶ文化大革命《だいかくめい》がはじまります。翌《よく》四十二年には第三次中東戦争、翌《よく》四十三年にはパリで学生たちと警官隊《けいかんたい》が衝突《しょうとつ》して大乱闘《だいらんとう》事件《じけん》が頻発《ひんぱつ》——といったように反体制《はんたいせい》、反社会、反戦など「反○○運動」が一九六〇年代後半から全世界で嵐《あらし》のように起こったのです。日本でその運動を担《にな》ったのは、戦後すぐのベビーブームに生まれた「団塊《だんかい》の世代」（堺屋太一《さかいやたいち》さんの命名）です。昭和元禄《げんろく》で浮《う》かれている大人たちを横目に、競争を強《し》いられて育った若者《わかもの》たちは、社会に自分たちの居場所《いばしょ》がないと感じて閉塞感《へいそくかん》、今でいう生きづらさを募《つの》らせていたのです。

折しも、水俣病《みなまたびょう》などの公害問題、光化学スモッグなどの環境《かんきょう》問題があちこちで表面化します。団塊《だんかい》の世代は「すべて大人たちが悪い」「何もかもが許《ゆる》せない」気分に拍車《はくしゃ》がかかったのですね。大学を中心に国内は乱闘《らんとう》が日常《にちじょう》と化しました。運動の中心だった東大安田《やすだ》講堂《こうどう》の攻防《こうぼう》戦《せん》は、突《つ》き抜《ぬ》けた地点までいかないと動乱《どうらん》には収《おさ》まりがつかないことを示《しめ》してはいないでしょうか。浅間山荘《あさまさんそう》の連合赤軍事件《じけん》の過激《かげき》さも、そんな一面を見る思いがします。

同じ昭和四十五年、大阪では「昭和元禄《げんろく》」を象徴《しょうちょう》するような日本万国博覧会《ばんこくはくらんかい》（万博《ばんぱく》）が開かれ、大いに賑《にぎ》わいました。日米安保《あんぽ》条約《じょうやく》は締結《ていけつ》から十年たち、多少ごたついたもののあっさりと自動延長《えんちょう》されます。となると「これでいいのか、日本は」と考える人も出てきます。小説家の三島由紀夫《みしまゆきお》は自衛隊《じえいたい》市ヶ谷《いちがや》駐屯地《ちゅうとんち》に乗り込《のこ》んでバルコニーで演説《えんぜつ》し、「だらしのない政府《せいふ》に対してクーデタを起こせ、日本精神《せいしん》はいずこにあったのか」と叫《さけ》んだうえで割腹自殺《かっぷくじさつ》するという、自分なりの決着をつけました。結果的に同調者はなく、日本は変わりませんでした。過激《かげき》な事件《じけん》が起きて儲《もう》かるのはマスコミで、過去《かこ》の戦争と同じです。

昭和四十六年、佐藤首相《さとうしゅしょう》はニクソン大統領《だいとうりょう》と沖縄返還《へんかん》の調印にこぎつけます。が、アメリカとしてはアジア戦略《せんりゃく》に利用価値《かち》の大きい沖縄から基地《きち》は撤退《てったい》できません。となると核兵器《かくへいき》をどうするかが大問題です。そこで政府《せいふ》は「核《かく》を造《つく》らず、核《かく》を持たず、核《かく》を持《も》ち込《こ》ませず」――のちの非核三原則《ひかくさんげんそく》を国策《こくさく》決定し、一応《いちおう》は「核抜《かくぬ》き」での返還《へんかん》で合意に至《いた》りました（後年、アメリカの解釈《かいしゃく》は異《こと》なっていたと判明《はんめい》しますが）。この沖縄返還《へんかん》で戦後日本は〝完成〟あるいは〝完結〟した――これが著者《ちょしゃ》の結論《けつろん》です。

まとめの章は、戦後昭和史《しょうわし》の総括《そうかつ》と未来への展望《てんぼう》が語られます。「戦後とは何だったか？」」。沖縄返還以降《へんかんいこう》、昭和が終焉《しゅうえん》を迎《むか》えるまでの十七年間は、資料《しりょう》やデータが出切っておらず、後から見方が大きく変わる可能性《かのうせい》もあるため大雑把《おおざっぱ》にまとめるかたちで話すと断《ことわ》ったうえで、著者《ちょしゃ》は戦後の昭和を六つの時期に分けて振《ふ》り返《かえ》ります。①占領《せんりょう》の時代、②政治闘争《せいじとうそう》の時代、③経済《けいざい》第一の時代、④高度成長による自信回復《かいふく》の時代、⑤日常《にちじょう》生活での価値観《かちかん》の見直しの時代、⑥国際化《こくさいか》の時代――です。

各時代において再考《さいこう》されるべき課題が挙げられています。たとえば②では「天皇家《てんのうけ》が日本国そして日本国民にとってこの後どういう意味をもつのか」。女帝《じょてい》について議論《ぎろん》が取《と》り沙汰《ざた》されている今、ますます真剣《しんけん》に考えなければならない課題でしょう。さらに、壊滅的《かいめつてき》な敗戦と占領《せんりょう》で言葉が独《ひと》り歩《ある》きして「平和とは何か、民主主義《しゅぎ》とは何か、そのこと自体、意味も内容《ないよう》も不鮮明《ふせんめい》になった」と言います。世界がめまぐるしく変わるなか、これも常《つね》に新しい問いです。

③では、復興《ふっこう》せねば何もはじまらなかった時代とはいえ、考えれば「経済《けいざい》活動が国家の本質《ほんしつ》であるというのはおかしい」という指摘《してき》はもっともで、「国家というものには、国際的《こくさいてき》に果たすべき役割《やくわり》もあり」「国そのものがどういう方針《ほうしん》で世界に訴《うった》えかけてゆくかの使命もある」。これからますます、柔《やわ》らかな発想力、それを世界にしめす表現力《ひょうげんりょく》、口だけに終わらない実践力《じっせんりょく》が問われるでしょう。たとえば、⑤の時代の石油ショックからの立ち直りの過程《かてい》、また昭和四十九年に第一号が開業したコンビニは、発祥《はっしょう》はアメリカでも、独自《どくじ》の発展《はってん》を遂《と》げて今の隆盛《りゅうせい》があり、未来にも生かせる日本人の発想・展開力《てんかいりょく》のヒントはあちこちにあります。

一方、日本が「資源的《しげんてき》には何もない小国」というウイークポイントは自覚しておくべきで、弱点を武器《ぶき》に変えていくしなやかな発想が待たれます。資源《しげん》のなさといえば、もともと低い日本の食料自給率《じきゅうりつ》はさらに悪化し、二〇二一年で三八パーセント（カロリーベース）とのこと。「ものの見方が変わり、それとともに新しい生きる道をしっかりつくっておく必要がある」とはいつの時代にもいえることです。

昭和が終わって平成が過《す》ぎ去《さ》り、令和の時代となりました。『戦争の時代』で著者《ちょしゃ》が示《しめ》した「四十年史観《しかん》」では、今また滅《ほろ》びの時代をむかえ、それも終盤《しゅうばん》に入ろうとしています。少子化はますます深刻《しんこく》、本書の時点で八百兆円と嘆《なげ》いていた国債《こくさい》はすでに一千兆円を超《こ》え、「ごまかしのきかない」事態《じたい》となっています。これからの日本はどうなるのか、昭和にめばえて今なおひきずる多くの難問《なんもん》、新たな課題にどう対応《たいおう》してゆけばいいのか。ゼロから出発した戦後史《せんごし》から学ぶことは尽《つ》きません。著者《ちょしゃ》が強調するのは、国家の機軸《きじく》と目標が必須《ひっす》ということであり、ケネディ大統領《だいとうりょう》が言ったように、一人ひとりが自分ごととして責任《せきにん》をもって考え、みんなで実践《じっせん》へと努力していくことの大切さです。

最後に「今の日本に必要なこと」として著者《ちょしゃ》は五つの提案《ていあん》をしています。一、無私《むし》になり、真面目さを取り戻《もど》し、国づくりのために努力と知恵《ちえ》を絞《しぼ》る。二、自分たちの組織《そしき》だけのことを考える「小さな箱」から出る勇気をもつ。三、世界的、地球規模《きぼ》の大局的な展望能力《てんぼうのうりょく》を養う。四、世界に通用する情報《じょうほう》をもつ。五、「君は功を成せ、われは大事《だいじ》を成す」という悠然《ゆうぜん》たる風《ふう》格《かく》をもつ――「現在《げんざい》の日本に足りない」のはこれらであり、「決して軍事力ではない」。防衛《ぼうえい》の名のもとで莫大《ばくだい》な予算をかけて「安全保障政策《ほしょうせいさく》の大転換《だいてんかん》」すなわち軍備《ぐんび》が強化されようとしている今こそ胸《むね》に刻《きざ》んでおきたい言葉です。

＊

そもそも通史《つうし》に取り組むことを考えていなかった半藤《はんどう》さんは、本シリーズで昭和史《しょうわし》に一から向き合ったことについて晩年《ばんねん》、次のように語っています。

「改めて一から昭和の歴史《れきし》に取り組んでよかったのは、自分のなかでわからなかったこと、つまりどうしてここでこうなっちゃうのかな、というところが理解《りかい》できたことです。ピンポイントでやってると見えないんですね。（中略《ちゆうりやく》）たとえば二・二六事件《じけん》という一つの大きな事件《じけん》、これだけを突《つ》っこんでやっているとたしかに面白《おもしろ》いですよ。だけどやっぱり『部分』なんです、ピックアップしているだけです。ところが歴史《れきし》の流れのなかで二・二六事件《じけん》をとらえると、見方がまた違《ちが》ってくる」（『わが昭和史《しようわし》』）。

一つのことを集中して学ぶ、視線《しせん》を引いて全体を眺《なが》める、その往復《おうふく》によって新たな発見や別の見方が生まれる――その成果が本シリーズにちりばめられています。歴史《れきし》に興味《きようみ》が湧《わ》いてきた皆《みな》さん、どうぞ参考になさってください。

最後にサンフランシスコ講和《こうわ》会議の余話《よわ》を。

イギリス軍の拠点《きよてん》があったため太平洋戦争で日本軍の攻撃《こうげき》による被害《ひがい》を受けたスリランカ（当時イギリス領《りよう》セイロン）からは、代表として後に首相《しゆしよう》となるジャヤワルダナ氏が出席しました。そして演説《えんぜつ》で「怨《うら》みに報《むく》いるに怨《うら》みを以《もつ》てしたならば、ついに怨《うら》みの息《や》むことがない。怨《うら》みをすててこそ息《や》む」（中村元訳《なかむらはじめやく》）とブッダの言葉を引いて、日本への賠償請求権《ばいしようせいきゆうけん》を放棄《ほうき》したのです。憎悪《ぞうお》の連鎖《れんさ》を断《た》ち切り、寛《ひろ》やかな慈悲《じひ》による世界平和を願ったのでした。多くの厳《きび》しい事実を教える歴史《れきし》は、その先の人間の可能性《かのうせい》も教えてくれます。

関連年表

年		内閣総理大臣	日本のできごと(＊は海外情勢など、★は世相、流行語など)
昭和	二十(一九四五)	鈴木貫太郎 東久邇宮稔彦 幣原喜重郎	ポツダム宣言受諾、終戦 マッカーサー来日／ミズーリ艦上で降伏文書調印／天皇がマッカーサーを訪問／GHQの占領政策はじまる ＊国際連合成立／社会党結成(片山哲)／憲法改正四原則発表(松本烝治)／大選挙区制、婦人参政権などへ改正／労働組合法公布／農地改革はじまる／修身・日本歴史・地理の授業廃止指令／★日米会話手帳刊行／★「リンゴの唄」大流行／★復員はじまる／★「一億総懺悔」発言
	二十一(一九四六)	吉田茂(第一次)	天皇の人間宣言／公職追放はじまる／金融緊急措置令／天皇の地方巡幸はじまる／＊チャーチル「鉄のカーテン演説」(冷戦の幕開け)／政府が憲法改正草案要綱発表／戦後初の総選挙／財閥解体が本格化／東京裁判はじまる／食糧メーデー／＊ニュルンベルク裁判判決／日本国憲法発布／★カムカム英語流行／★ソ連、中国から引揚者ぞくぞく
	二十二(一九四七)	片山哲	全官公庁2・1スト宣言、中止／＊トルーマン・ドクトリン発表／日本国憲法施行／改正民法公布／★ベビーブーム／★戦後初のヌードショー／★アプレゲール
	二十三(一九四八)	芦田均 吉田茂(第二次)	帝銀事件／＊イスラエル建国、第一次中東戦争／ドレーパー調査団報告／＊ベルリン封鎖はじまる／昭和電工疑獄事件／＊大韓民国・朝鮮民主主義人民共和国成立／★美空ひばりデビュー 東京裁判判決、絞首刑執行／経済安定九原則の指令／A級戦犯の釈放

昭和		
二十四(一九四九)	吉田茂(第三次)	ドッジ・ライン実施へ/一ドル=三六〇円の単一為替レートに/下山事件/三鷹事件/松川事件/＊中華人民共和国成立/湯川秀樹、ノーベル物理学賞受賞/★単独か全面かの講和条約論議が活発化
二十五(一九五〇)		＊中ソ友好同盟相互援助条約調印/吉田首相「曲学阿世」発言/＊朝鮮戦争はじまる/特需景気/レッドパージはじまる/警察予備隊令公布/池田蔵相「貧乏人は麦を食え」発言/★満年齢の実施
二十六(一九五一)		マッカーサー帰国/サンフランシスコ講和会議開催、対日平和条約・日米安全保障条約調印
二十七(一九五二)	吉田茂(第四次)	改進党結成(三木武夫)/対日平和条約・日米安全保障条約発効/血のメーデー/早大事件/吹田事件/大須事件/破防法公布/保安隊発足
二十八(一九五三)	吉田茂(第五次)	＊スターリン没/「バカヤロー」解散/分党派自由党結成(鳩山一郎)/中国からの引揚再開/内灘紛争/伊東絹子がミス・ユニバース三位入選/＊朝鮮休戦協定/日本自由党結成(三木武吉)/★映画『東京物語』
二十九(一九五四)	鳩山一郎(第一次)	皇居二重橋圧死事件/被災した第五福竜丸が焼津に帰港/造船疑獄事件/近江絹糸労組スト/自衛隊発足/日本民主党結成(鳩山一郎)/★三種の神器/★映画『ゴジラ』
三十(一九五五)	鳩山一郎(第二次・第三次)	砂川闘争/広島で原水爆禁止世界大会/保守合同で自由民主党結成/★家電の普及/★神武景気
三十一(一九五六)	石橋湛山	「太陽の季節」芥川賞に/＊フルシチョフのスターリン批判/憲法調査会発足へ/「もはや戦後ではない」(経済白書)/日ソ国交回復に関する共同宣言調印/＊スエズ動乱/日本が国連加盟/★マネービル
三十二(一九五七)	岸信介(第一次)	岸首相訪米し日米新時代を強調/＊ソ連、スプートニク1号打ち上げ成功/＊毛沢東「張り子の虎」演説/★「よろめき」流行

昭和		
三十三（一九五八）	岸信介（第二次）	★テレビ受信契約数が百万突破／勤評闘争／警職法改悪反対闘争／皇太子・美智子婚約発表／東京タワー完工／★ミッチーブーム／★ダンチ族はやる／★ロカビリー旋風／★松本清張「点と線」で本格ミステリブームへ／★インスタントラーメン発売される
三十四（一九五九）		＊キューバ革命／皇太子ご成婚／＊ソ連のロケットが月面着陸成功／水俣病問題で漁民が警官隊と衝突／★週刊誌の隆盛
三十五（一九六〇）	池田勇人（第一次・第二次）	新安保条約の強行採決／安保闘争、東大生樺美智子死亡／社会党の浅沼稲次郎委員長が刺殺される／国民所得倍増計画決定／★寛容と忍耐
三十六（一九六一）		「風流夢譚」事件／＊ソ連ヴォストーク1号、地球一周飛行／池田首相とケネディ大統領が会談／＊ベルリンの壁が築かれる／★レジャー・ブーム／★マイホーム主義
三十七（一九六二）		＊米国防省が南ベトナムに軍事顧問を置く／＊キューバ危機／光化学スモッグなど公害深刻化／★無責任時代／★女子学生亡国論
三十八（一九六三）		＊米英ソが部分的核実験停止条約調印／＊ケネディ米大統領暗殺
三十九（一九六四）	池田勇人（第三次） 佐藤栄作（第一次）	日本、ＩＭＦ八条国に／ＯＥＣＤ加盟／東海道新幹線開業／東京オリンピック開催／＊中国が初の原爆実験に成功／海外旅行の自由化
四十（一九六五）		佐藤首相訪米、ジョンソン大統領と共同声明／「期待される人間像」中間草案発表／＊米軍の北爆開始、アメリカで反戦運動／ベ平連がデモ／日韓基本条約と付属の協定調印／佐藤首相、首相として戦後はじめて沖縄訪問／★大学生数百万人突破／★「11ＰＭ」放映開始
四十一（一九六六）		★ビートルズ来日／＊中国で文化大革命はじまる

昭和		
四十二(一九六七)	佐藤栄作(第二次)	初の建国記念の日／＊第三次中東戦争(六日間で停戦)／＊中国が初の水爆実験／＊チェ・ゲバラ戦死／吉田茂没、戦後初の国葬／佐藤首相訪米、日米共同声明／非核三原則／★ベトナム特需
四十三(一九六八)		佐世保に米原子力空母エンタープライズ入港／＊ベトナムのソンミ村虐殺事件、アメリカで反戦運動盛んに／＊パリで五月革命／新宿で国際反戦デー騒乱／明治百年記念式典／川端康成、ノーベル文学賞受賞
四十四(一九六九)		東大安田講堂封鎖／機動隊により封鎖解除、東大の入試中止へ／＊米国アポロ11号、月面着陸に成功／＊全米にベトナム反戦運動／佐藤首相訪米、沖縄返還などの共同声明
四十五(一九七〇)	佐藤栄作(第三次)	大阪で万博開催／「よど号」事件／日米安保条約自動延長／三島由紀夫が自衛隊乱入、割腹自殺
四十六(一九七一)		沖縄返還協定調印／ドル・ショック
四十七(一九七二)	田中角栄(第一次・第二次)	軽井沢で浅間山荘事件／沖縄県本土復帰／「日本列島改造論」発表／＊アメリカでウォーターゲート事件発覚／田中首相訪中、日中共同声明に調印して国交回復／★パンダが上野動物園に来園
四十八(一九七三)		＊ベトナム和平協定調印／金大中事件／＊第四次中東戦争はじまる／第一次オイルショック
四十九(一九七四)		★コンビニ第一号開店／佐藤栄作、ノーベル平和賞受賞
五十(一九七五)	三木武夫	天皇・皇后が初訪米／＊第一回先進国首脳会議開催
五十一(一九七六)		ロッキード事件が問題化／＊中国で第一次天安門事件／＊南北ベトナム統一／★日本初の五つ子が誕生
五十二(一九七七)	福田赳夫	★平均寿命が男女とも世界一に／★「カラオケ」流行
五十三(一九七八)		日中平和友好条約調印／日米防衛協力のための指針(ガイドライン)決定

昭和		
五十四(一九七九)	大平正芳(第一次・第二次)	イラン革命により第二次オイルショック／＊米スリーマイル島原子力発電所で放射能漏れ／＊ソ連がアフガニスタンに侵攻／★「省エネ」／★インベーダーゲーム流行
五十五(一九八〇)	鈴木善幸	＊イラン・イラク戦争／★校内・家庭内暴力急増
五十六(一九八一)		中国残留孤児が初の正式来日／福井謙一がノーベル化学賞受賞
五十七(一九八二)	中曾根康弘(第一次)	＊フォークランド紛争
五十八(一九八三)	中曾根康弘(第二次)	★パソコン・ワープロなど急速に普及／★「おしん」ブーム
五十九(一九八四)		グリコ・森永事件／全斗煥韓国大統領来日、中曾根首相と会談
六十(一九八五)		群馬県御巣鷹山に日航ジャンボジェット機墜落／★小中学校で「いじめ」が深刻化／＊ジュネーブで米ソ首脳会談(レーガン・ゴルバチョフ)
六十一(一九八六)	中曾根康弘(第三次)	＊アメリカのスペースシャトル爆発／＊フィリピン革命／男女雇用機会均等法施行／＊チェルノブイリ原発事故／★「財テク」ブーム
六十二(一九八七)	竹下登	＊ルーブル合意／国鉄分割・民営化／★地価高騰続く／＊ソ連で「ペレストロイカ」／★「超伝導」ブーム
六十三(一九八八)		リクルート疑惑事件／＊イラン・イラク停戦／アメリカで対日強硬の包括的貿易法案可決
六十四(一九八九)〈平成元〉	宇野宗佑 海部俊樹(第一次)	昭和天皇崩御、平成時代となる／消費税三パーセントでスタート／＊中国で第二次天安門事件／＊ベルリンの壁撤去／東証平均株価が最高値記録(三万八九一五円)／★「ジャパン・バッシング」

参考文献

朝日ジャーナル編集部編『昭和史の瞬間』……朝日新聞社
朝日新聞論説委員室編『天声人語にみる戦後50年』……朝日新聞社
芦田均『芦田均日記』……岩波書店
五百旗頭真『日米戦争と戦後日本』……講談社
石川弘義『欲望の戦後史』……廣済堂出版
石田健夫『敗戦国民の精神史』……藤原書店
猪野健治編『東京闇市興亡史』……草風社
岩崎爾郎『物価の世相100年』……読売新聞社
尾崎秀樹・山田宗睦『戦後生活文化史』……弘文堂新社
木下宗一『日本百年の記録』……人物往来社
木下道雄『側近日誌』ならびに同書の高橋紘「解説」……文藝春秋
古関彰一『新憲法の誕生』……中央公論社
小林一三『小林一三日記』……阪急電鉄
斎藤信也『人物天気図』……朝日新聞社
佐々木毅・鶴見俊輔・富永健一ほか『戦後史大事典』……三省堂
幣原平和財団編『幣原喜重郎』……幣原平和財団
清水崑画・吉田茂記念事業財団編『吉田茂諷刺漫画集』……原書房
高松宮宣仁親王『高松宮日記』……中央公論社
高見順『高見順日記』……勁草書房
竹前栄治『占領戦後史』『GHQ』……ともに岩波書店
鶴見俊輔ほか『日本の百年』……筑摩書房
戸川猪佐武『戦後風俗史』……雪華社
永井荷風『断腸亭日乗』……岩波書店
中村隆英『昭和史』II……東洋経済新報社
林茂・辻清明編『日本内閣史録』第5巻・第6巻……第一法規出版
原田泰『テラスで読む戦後トピック経済史』……日本経済新聞社
深川英雄『キャッチフレーズの戦後史』……岩波書店
文藝春秋編『「文藝春秋」にみる昭和史』……文藝春秋
文藝春秋編『戦後50年 日本人の発言』……文藝春秋
保阪正康『父が子に語る昭和史』……双葉社
毎日新聞社編『岩波書店と文藝春秋』……毎日新聞社
百瀬孝『事典・昭和戦後期の日本』……吉川弘文館
山岡明『庶民の戦後』生活編・風俗編……太平出版社
山田風太郎『戦中派焼け跡日記』……小学館

は行

ま行

や行

ら行

～事項索引　さ行

た行

な行

事項索引《じこうさくいん》

あ行

か行

さ行

ま行

や行

ら行

わ行

な行

は行

～人名索引　さ行

た行

か行

さ行

半藤《はんどう》先生の「昭和史《しょうわし》」で学ぶ非戦《ひせん》と平和

復興《ふっこう》への道のり 1945 ～ 1989〔下〕 索引《さくいん》

・本文、解説《かいせつ》にあらわれた主な人名と事項《じこう》名を五十音順に並《なら》べました。
・人名は原則《げんそく》として姓《せい》、名の順に表記しています。
・文中に同じ意味の語句《ごく》がある場合、「⇒」で参照しました。
・文中で使われている事項《じこう》名に異《こと》なる表記がある場合、「→」で参照しました。
・項目《こうもく》の直後の(　)は、その語の補足《ほそく》説明です。

人名索引《じんめいさくいん》

あ行

半藤一利（はんどう・かずとし）
1930年、東京生まれ。東京大学文学部卒業後、文藝春秋入社。「週刊文春」「文藝春秋」編集長、取締役などを経て作家。著書は『日本のいちばん長い日』『漱石先生ぞな、もし』（正続、新田次郎文学賞）、『ノモンハンの夏』（山本七平賞）、『「真珠湾」の日』（以上、文藝春秋）、『幕末史』（新潮社）、『B面昭和史 1926－1945』『世界史のなかの昭和史』（以上、平凡社）など多数。『昭和史 1926－1945』『昭和史 戦後篇 1945－1989』（平凡社）で毎日出版文化賞特別賞を受賞。2015年、菊池寛賞を受賞。2021年1月12日永眠。

半藤先生《はんどうせんせい》の「昭和史《しょうわし》」で学《まな》ぶ非戦《ひせん》と平和《へいわ》

復興《ふっこう》への道《みち》のり 1945-1989 下《げ》

講和条約《こうわじょうやく》、安保闘争《あんぽとうそう》、高度経済成長《こうどけいざいせいちょう》

発行日　2023年5月25日　初版第1刷

著者　半藤一利
発行者　下中美都
発行所　株式会社平凡社
〒101-0051 東京都千代田区神田神保町3-29
電話　03-3230-6579（編集）
　　　03-3230-6573（営業）
平凡社ホームページ　https://www.heibonsha.co.jp/
印刷・製本　株式会社東京印書館
編集協力　山本明子
装幀　木高あすよ（株式会社平凡社地図出版）
DTP　有限会社ダイワコムズ

ISBN978-4-582-45468-0

シリーズ 半藤《はんどう》先生の「昭和史《しょうわし》」で学ぶ非戦《ひせん》と平和

「きちんと読めば、歴史《れきし》は将来《しょうらい》にたいへん大きな教訓を投げかけてくれます」という半藤一利《はんどうかずとし》さんの教えをもとに、「昭和史」シリーズを近《きん》現代史《げんだいし》学習の基本《きほん》図書として再編集《さいへんしゅう》しました。

『戦争の時代 1926～1945』上・下

なぜ日本は愚《おろ》かな戦争をはじめたのか。「底なしの無責任《むせきにん》」がひき起こした過《あやま》ちを繰《く》り返《かえ》さないために、今こそ読み直すべき昭和史《しょうわし》。

『復興《ふっこう》への道のり 1945～1989』上・下

焼《や》け跡《あと》からの復興《ふっこう》、講和《こうわ》条約《じょうやく》、高度経済《けいざい》成長、バブル崩壊《ほうかい》の予兆。現代《げんだい》日本のルーツを知り、私たちの未来を考えるための一冊《さつ》。

〈二〇二三年六月刊行予定〉

『戦争と人びとの暮《く》らし 1926～1945』上・下

国民の視点《してん》で「あの時代」とは何だったのか。著者《ちょしゃ》の少年期の体験も盛《も》り込《こ》み、太平洋戦争終戦までの昭和の人びとの様子を詳細《しょうさい》に綴《つづ》る。

〈二〇二三年七月刊行予定〉

『世《せ》界《かい》史《し》のなかの日本 1926～1945』上・下

昭和の日本はヒトラーやスターリンが動かす世界とどう関わったのか。アジアの「持たざる」小国の敗戦《はいせん》までを世界史《せかいし》の視点《してん》から読《よ》み解《と》く。